U0458082

软权力构建路径之探讨

以英法在非洲软权力构建为例

杨鸿柳 著

上海三联书店

摘　　要

在"非洲晴雨表（Afrobarometer）"2014—2015 年度的民意调查中，以英、法为代表的前殖民宗主国被非洲民众，尤其是撒哈拉以南非洲①民众认为是最具影响力的国家。值得注意的是：在这些人中，年轻人的比例居高②。这促使笔者思考为什么新生代的非洲人对英、法有如此高的认同度？为什么大多数非洲国家会采用英、法的政治、经济、法律和教育制度？为什么非洲国家在很大程度上接受了英、法推行的人权、民主、良治等价值观念？究其原因，除了学界经常批评的殖民传统、霸权主义、强权政治和欧洲中心主义外，笔者认为还有以英、法为代表的西欧前殖民宗主国几个世纪以来对其在非洲软权力不遗余力构建的影响。因此本书以英、法为例研究西欧在非洲的软权力构建。

软权力理论的提出始于 20 世纪 90 年代，学界主要集中探讨软权

---

① 对非洲国家殖民影响最深的西欧国家为英国、法国，所以本书在论述主体部分主要选取英、法两国作为研究西欧在非洲软权力构建的主要对象。

② 据非洲晴雨表（Afrobarometer）2014—2015 年的数据统计表，认为前殖民宗主国最具影响力的非洲民众中（Greatest external influence），18—35 岁的非洲人占 35%，26—55 岁的非洲人占 27%，56 岁以上的非洲人占 27%。

力的来源、含义、作用及主要内容等,却鲜有对软权力构建路径的探究。由于英、法在非洲软权力的构建长期而深远,因此通过分析英、法在非洲软权力构建进程,可以深化对软权力建设路径的认识。本书从两个维度探讨英、法对非洲软权力的构建:纵向维度沿着殖民时期、去殖民化时期和独立后时期三个时段的历史脉络进行梳理;横向维度从基督教文化和政治体制①两方面的具体领域展开探析,从而形成既有历史,又有现实的探究路径和基本观点。以英、法在非洲软权力的构建为例,通过对纵、横两个维度的剖析,形成软权力构建的立体结构,呈现清晰的英、法在非洲软权力构建路径。另外,本书不仅着眼于观察软权力实施者,而且关注软权力实施对象,注重探讨实施者与实施对象互动后产生的结果。因为软权力的构建能否成功,更多地取决于权力实施对象能否认同软权力资源。本书的主要观点如下。

一、英、法在非洲软权力构建的历史进程

从纵向探讨英、法在非洲软权力形成与发展的历史进程。回溯历史,英、法在非洲国家软权力的构建经历了这样一个历史进程:西欧国家暴力强权占领非洲土地与西方基督教的到来(殖民入侵时期)—建立殖民关系为殖民统治构建思想观念基础和提供行政制度保障(殖民统治时期)—基督教文化在非洲的传播促使其在非洲内化(非洲国家独立后至今)—英、法政治体制在非洲的移植为英、法思想观念的植入奠定制度基础(去殖民化时期)—英、法政治体制在非洲的运行和英、法外交政策的施行促进其价值观念在非洲内化(非洲国家独立后至今)。

英、法暴力入侵非洲为软权力向非洲植入开辟了通道。早在 16 世纪,英、法就以坚船利炮为后盾展开了对非洲的暴力入侵。由于力

---

① 本书中讨论的基督教包括天主教、新教各宗派在内的广义的基督教。——笔者注

量悬殊,英、法对非洲的占领残酷且迅速。与此同时,英、法的传教士们以国家强大的武力为后盾踏上了非洲的土地。基督教的传教士们伴随着侵略而来,担负着帮助侵略者塑造良好形象的重任。传教士通过传播基督教文化,一方面,瓦解了非洲传统文化和原始宗教;另一方面,将侵略者塑造成帮扶者、编造宗主国的"良好意图"、协助统治者将英、法文化价值观念和管理制度引入非洲。凡是侵略者所到之处,均可寻得传教士的踪迹。在殖民扩张与统治时期,英、法以暴力和强权为后盾推动西方基督教文化在非洲实现长期、持续地植入。基督教文化植入非洲为殖民者统治非洲提供了思想和文化支撑,促使非洲形成了和英法共同的文化。共同文化是共同价值观形成的基础,由此形成英、法对非洲影响至今的软权力要素。

基督教文化在非洲的传播使非洲民众对基督教文化和价值观念产生认同,这是英、法在非洲构建软权力进程中迈出的第一步。具体而言,英、法语言与基督教通过殖民统治,深深扎根于非洲的社会生活,塑造了非洲人民西方式的思考路径与人文理念。在非洲传播的西方语言与宗教历经时间的磨砺与同非洲人民的社会生活已经实现了几近完全的融合,全然成为非洲人民日常生活的重要组成部分。英、法教育培养了具有英、法理念的非洲年轻人和政治精英,对他们潜移默化的教育固化了非洲人对英、法理念的认同,由此为英、法在非洲构建软权力打下基础。

去殖民化时期,英、法通过制宪会议将其政治体制移植到非洲,为其软权力在非洲的渗透和发展提供了制度和法律保障。1945年第二次世界大战结束后,亚非拉民族独立运动风起云涌。非洲国家为争取民族独立和解放,与殖民者展开了艰苦卓绝的斗争。英、法在非洲的殖民统治日薄西山。在此背景下,为维护在非洲的既得利益,英、法通过操纵制宪会议对非洲进行宪政改革,塑造了非洲国家独立初期的政治体制。这为此后非洲国家政治体制的英、法化奠定了基础,也为其软权力在非洲的发展提供了法律保障。

英、法政治体制在非洲的运行推进了其在非洲内化的进程。从非洲国家获得独立至 21 世纪,非洲国家经历了从民主政体到集权政体,再回归民主政体的更替。非洲政治体制在矛盾和变迁后最终回到英、法式民主政体,其中一个重要原因是英、法的着力推进。英、法式民主政体的回归为英、法规范性力量在非洲的渗透塑造了政治文化,促进了规范性力量在非洲的形成。继而,英、法以规范性力量巩固和发展其在非洲的软权力。

二、对英、法在非洲软权力构建的理论思考

英、法在非洲软权力构建的过程中,无论是权力资源的运用,还是软权力构建方式的调整,或者是对软权力实施对象的选择,都表现出其自身特征。实践证明,这些特征都有助于软权力的形成和发展。对英、法在非洲软权力构建的历史考察和现实分析,引发笔者思考:

1. 英、法在非洲的软权力构建具有长期性与复杂性。从长期性来看,自 1530 年英国人首航西非开始,英、法软权力在非洲的构建便已起步,其间经历了数百年。从复杂性来看,软权力的构建需要考虑施力者与受力者的互动。只有受力者认同接纳,才意味着完成了软权力的构建。英、法在非洲构建软权力的过程中,要实现非洲人对其民主、人权等价值观念的自愿接纳,需要解决两大障碍,即非洲传统文化和非洲民族主义对基督教文化和英、法制度的抵制和反抗。两大阻力始终影响着英、法在非洲软权力构建的进程,这便是软权力构建过程中复杂性出现的诱因。

2. 英、法在非洲构建软权力的方式,随着情境的变化而不断调整。1530 年至 1960 年是英、法在非洲殖民扩张和殖民统治时期。这一时期英、法主要运用武力手段,推动其宗教、文化、管理制度等在非洲的传播和施行,即以军事力量为后盾,推动软权力的构建。1960 年至 1991 年冷战结束是非洲独立后的初步发展时期。这一时期英、法主要运用经济援助的手段,推动其文化、政治理念和政策在非洲的扩展,即以经济手段推动软权力的构建。1991 年冷战结束以后,英、法主要以规范性力量,即以人权、民主、良治等规范性理念巩固和发展其在非洲的软权力。在上述三个历史时期,英、法在非洲构建软权力的方式都在根据内部和外部情境的变化进行适时的调整。在上述三个不同时期中,权力的实施者(英、法)和实施对象(非洲)都是相同的,但在不同时期英、法在非洲构建软权力的方式是有差别的,英、法能够审时度势根据国际情境的变化而不断调整其在非洲软权力构建的方式,从而保证了软权力构建的实效。

3. 英、法在非洲软权力实施对象,不仅包括非洲各国权力结构的上层人物,也包括非洲各国的基层民众,甚至更加重视对后者的基督教文化和民主、人权等价值观念的灌输。殖民统治时期,英、法通过在非洲各地办教会学校、培养非洲牧师,广泛传播基督教文化。这种方式,既使受过教会或英、法教育的非洲人以代理人的身份为英、法的商务和殖民统治服务,又使非洲基层民众更容易接纳基督教文化和观念。后殖民时期,英、法通过受过西式教育的社会精英和英、法控制的大众传媒对非洲国家民众输出西方的民主、自由、人权等所谓的"人类普世价值"使非洲国家民众形成与西方国家相同或相似的价值观。在软权力的构建中,英、法大力支持欧洲语言的推广、发挥英、法媒体的舆论作用、重视基督教共同理念的形成和参与非洲教育事业。这些做法对英、法在非洲软权力的构建作用难以估量。

目　　录

图 表 索 引

导　论

0.1　问题的提出与研究的意义

本书研究的问题是以英、法为代表的西欧前殖民宗主国对非洲的软权力是怎么建立起来并达到今天这个程度的。

0.1.1　问题的提出

从 1960 年的"非洲独立年"算起,非洲摆脱殖民统治获得独立已近60 年。独立之后的非洲发生了一系列变化:一是非洲由欧洲国家殖民地变成了 57 个主权独立的现代民族国家,并均以独立国家的身份成为联合国成员走上世界政治舞台。二是非洲独立后建立了现代的政治经济制度,并在不断探索中谋求经济发展。三是在泛非主义思想的引领下建立了非洲统一组织(1963 年,以下简称非统),为争取整个非洲大陆的独立和解放而斗争。进入 21 世纪,在经济全球化的大背景下,非洲联盟(2002 年,以下简称非盟)取代了非统,并确定了促进非洲经济发展,巩固非洲的民主、人权,减少非洲内部的冲突和战乱,创造一个有效的共同市场,最终建立阿非利加合众国的目标。可见,独立后的非洲一直在追求自身的非洲特性。

然而,在非洲国家的政治、经济和社会文化生活中,至今依然能够看到种种殖民遗产,能发现英、法两国在非洲的传统影响力。如,文化教育上非洲的教育保留了殖民时期的体制和结构①,宗教信仰上非洲的基督教信徒占非洲人口的 46.53%②,政治制度上非洲国家普遍选择实行了英、法式的政治体制和多党制③,价值观念上欧洲联盟(英、法的代言人)推行的民主、人权与良治观念和实践在非洲国家不断深化扩展。④ 尽管英、法不是最受青睐的对象,但他们依然被视为"对非洲最有影响的国家"。据 2014—2015 年度"非洲晴雨表"的调查(见图 0-1 所示),就当前外部国

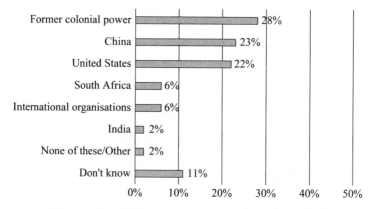

图 0-1　关于对非洲国家影响最大的国家和地区的调查⑤

① 费伊·钟:"今日非洲教育",联合国教科文组织五十周年报告,http://www.un.org/chinese/esa/education/lifelonglearning/conclusion_4.html.

② 梵蒂冈电台:"基督教信徒人数在非洲大陆居首位",梵蒂冈广播电台,http://zh.radiovaticana.va/storico/2012/09/25/%E5%9F%BA%E7%9D%A3%E4%BF%A1%E5%BE%92%E4%BA%BA%E6%95%B0%E5%9C%A8%E9%9D%9E%E6%B4%B2%E5%A4%A7%E9%99%86%E5%B1%85%E9%A6%96%E4%BD%8D_/ci2-624487.

③ 张宏明:"解读非洲部族主义对政治的影响",国际网,http://memo.cfisnet.com/2013/0122/1294295.html.

④ Africa Union: Call for Papers, The Fifth Annual High Level Dialogue on Democracy, Human Rights and Governance in Africa, Trends, Challenges and Prospects, Yaoundé, Cameroon, *Political Affairs*.

⑤ 非洲晴雨表:"西方眼中的"新殖民",非洲人民自己怎么看",http://www.guancha.cn/feizhouqingyubiao/2017_05_13_408086_1.shtml.

家在非洲影响力而言,有 28％的民众选择前殖民宗主国为最有影响力的国家。其中,在中部非洲(55％)和西部非洲(45％),认为殖民宗主国对其最具影响力的民众占比更高。值得注意的是:这种对前殖民宗主国影响力的认识中,年轻人的比例居高。(如表 0 - 1 所示)

表 0 - 1　对非洲最具影响力的国家和地区

年龄	前殖民宗主国	中国	美国
18—35 岁	35％	24％	23％
26—55 岁	27％	24％	22％
56 岁及以上	27％	20％	17％

这些现实不得不使人思考:为什么新生代的非洲人对英、法有这么高的认同?为什么非洲的前殖民地国家会更多地沿袭英、法的政治经济和法律制度?为什么非洲国家独立至今,英、法对非洲的干预要多于其他欧洲国家?为什么这些非洲国家在很大程度上接受了英、法推行的人权、民主、良治等价值观念?除了学界经常讨论的殖民传统、霸权主义、强权政治、欧洲中心主义、经济利益外,英、法几个世纪以来在非洲的宗教传播和制度建设对非洲产生了怎样潜移默化的影响?当借助今天的软权力理论来考察这种影响时,必须追问的是英、法在非洲的软权力究竟是怎么建立起来并达到今天这个程度的?本书将探讨这个问题。

0.1.2　研究的理论意义

本书的理论价值:第一,对于深入探讨软、硬权力之间关系具有理论意义。软、硬权力之间的关系问题是国际关系理论必须探讨的问题。关于软、硬权力之间的关系学界形成了基本一致的看法:硬权力是软权力的落脚点,同时,软权力有助于实现硬权力的维持及展示。从两者的相互关系上来看,软权力同硬权力之间互为补充,相互协调,形成相互联系与促进的关系。本书以历史发展为线索,围绕"英、法在非洲软权力构建"问题,从历史到现实的不同阶段对该问题进行全过程的历时性考察;试图在理论和实践的结合上梳理英、法在非洲软权力构建的整个过程,以论证其对非洲宗教文化、政治制度、价值观念等无形资源的植入是以其强大的强权暴力、经济实力等有形资源为后盾。在英、法对非洲软权力构建的全过程中,始终都存在硬权力的作用,但软权力与硬权力两者之间的关系不是对立的,而是相互促进的。因此,本书对深入探讨软、硬权力之间的关系具有重要理论意义。

第二,对于探索软权力构建的路径、方式等问题具有理论意义。目前有关软权力构建的路径、方式等研究,大多倾向于对软权力实施者及软权力要素的关注,而没有给软权力实施对象应有的重视。而本书无论是关于英、法政治制度的外塑与非洲的内化,还是关于基督教文化和价值观在非洲的传播与内化,或者是关于英、法对非洲外交政策的合法性及道德权威性的被认同等问题的研究,都是既研究英、法各项软权力要素,又分析非洲接纳上述各要素的条件或原因,并且更偏重于后者。特别是在软权力的构建方式上,探讨软权力的实施者和实施对象之间的互动关系。这是因为软权力的实现,更多地取决于软权力实施对象,或者说更多地取决于软权力资源是否对软权力实施对象产生吸引力。总之,本书在研究过程中,既注重软权力实施者,又注重软权力实施对象;既注重外塑,又注重内化。因此,这拓宽了对软权力构建路径和方式的研究视角。

0.1.3 研究的实践意义

本书研究的实践意义有三:第一,有助于理解英、法在非洲软权力构建的长期性。本书结合历史与现实,通过研究殖民过程中英、法以武力和强权为后盾对非洲进行西式宗教文化、行政制度渗透的历史以及非洲国家独立后英、法对非洲国家政治经济制度的设计和影响，来认识目前英、法在非洲拥有的软权力。进而发现这种软权力不仅源于当代英、法两国的权力资源，其构建还需追溯久远的历史。因而，英、法在非洲软权力的形成，是一个长期累积的过程。

第二，为中国同非洲国家合作服务。一方面，观察英、法对非软权力构建的历史，发现软权力的构建是一个复杂而长期的过程，不能一蹴而就。因此，中国需要建立同非洲国家合作的长期战略和策略规划，并在实践中不断修正和调整这种战略和策略。另一方面，在中非交往中应该继续寻求在历史、文化等方面的共同点或相似点，有利于双方的相互交流与理解。在同非洲国家合作中彻底摈弃英、法殖民主义者对待非洲殖民地的方式，建立符合中非实际的方式。

第三，有助于促进中国、非洲与英、法的多边合作。近年来，中国和英、法在处理对非关系时会受到来自对方因素的影响，在处理对非事务上遇到过一些障碍。本书的研究，可以帮助消除这些障碍、增加中国、非洲与英、法的相互了解，并在此基础上促进相互学习借鉴、取长补短，从而增进彼此的交往与合作。因而，有助于中国、非洲和英、法之间的相互了解、学习借鉴与合作发展。

0.2　研究对象的界定和研究方法的说明

为使该问题的研究更具学理性，对研究对象的界定和研究方法的说明是非常必要的。

0.2.1　研究对象的界定

本书题为"软权力构建路径之探讨"，而英、法是对非洲施加软权力最大的两个国家。因此，本书以英、法为例研究其在非洲软权力的形成和发展。

研究主体的界定。本研究的研究主体为英国、法国和非洲国家（后文中如没有特别说明，非洲指原属英国和法国殖民地的非洲地区）。本书选择英、法作为研究主体的具体原因在于，从时间上看，英、法在非洲进行了 300 多年殖民统治，长期的殖民统治对非洲政治制度和社会文化影响深远；从地域上看，英、法在非洲的殖民统治占据了非洲陆地面积的 65%，共计 48 个非洲国家，对非洲影响的面积广。此外，就英、法而言，研究分为国家、多边机制和区域国际组织三个层次。国家层次的英、法指从英、法成为非洲殖民地宗主国开始至今的英国和法国。多边机制层次的英、法指吸纳非洲国家后的英联邦与法非首脑会议。区域国际组织层次的英、法指其代言人欧共体/欧盟，欧共体/欧盟延续了英、法对非洲的传统关系，维系了英、法对非洲的重大影响力。非洲就地域而言应该包括整个非洲大陆，由于本研究主要探讨英、法对非洲的影响，所以本书所说的非洲主要是指曾经是英国和法国殖民地的非洲国家。[①]

本书研究的问题涉及到六个术语需要厘清。

其一，软权力及权力施力者与受力者的互动关系。所谓软权力，它是一种依靠吸引力，而非通过威逼或利诱的手段来达到目的的能力。这种吸引力源于一个国家的文化、政治理念和政策。[②] 因此，本书

[①] 英国在非洲的原殖民地国家，包括：莱索托、博茨瓦纳、英属喀麦隆、加纳、埃及王国、肯尼亚、毛里求斯、尼日利亚、赞比亚、马拉维、津巴布韦、塞拉利昂、索马里北部、南非、纳米比亚、斯威士兰、苏丹、坦桑尼亚、塞舌尔、乌干达等，共计 21 个国家或地区。英国在非洲殖民地面积合计约 902.1 平方公里土地，占非洲总面积的 30%。法国在非洲的原殖民地国家，包括：毛里求斯、摩洛哥、阿尔及利亚、突尼斯、毛里塔尼亚、塞内加尔、尼日尔、马里、几内亚、科特迪瓦、布基纳法索、贝宁、加蓬、中非共和国、刚果共和国、乍得、多哥、喀麦隆、科摩罗、马达加斯加、马约特、印度洋斯卡达岛、坦桑尼亚、吉布提等，共计 27 个国家或地区。法国在非洲殖民地面积合计约 1 038.7 平方公里，占非洲总面积的 35%。

[②] ［美］约瑟夫·奈著，马娟娟译：《软实力》，北京：中信出版社，2013 年版，第 XII 页。

主要选择了最能体现软权力的三个方面进行考察研究,即文化(在其能发挥魅力的地方)、政治价值观(无论在国内国外都能付诸实践)、外交政策(当其被视为合法,并具有道德权威时)。就文化而言,在一国认同了另一个国家的价值观后,该国便会推行被另一国所认同的政策,当被相同价值观塑造的外交政策实现碰撞时,双方会建立互为吸引与信赖的关系。由此双方便更容易形成利益契合,互为共赢的合作关系。就政治价值观而言,政治价值观能够强烈影响他国的喜好,因而它是软权力的一个来源。就外交政策而言,外交政策的合法性和道德权威感是软权力的又一来源。本书在关注软权力施力者(英、法)的过程中,同时注重软权力受力者(非洲)与施力者互动后形成的对软权力主要内容的内化。

其二,关于软权力中的文化。需要说明的是由于文化是一个内涵丰富、外延巨大、难以精准或精确定义的术语。因此,本书必须将它限定在可以操作的范围内。通常人们把它看做人类全部精神活动及其活动产品。这在研究时很难操作,但在内容上,文化涵盖的范围广泛,既包括意识形态,也包括非意识形态类型的自然科学和技术等。基于此,并鉴于本书研究的主题和为研究的便利,本书借助亨廷顿对世界文明划分的方式,将英、法文化归类为基督教文化,并重点考察基督教文化对撒哈拉以南非洲的影响。这不仅因为基督教在非洲的传播对塑造撒哈拉以南非洲人的人生观、价值观、世界观等意识形态方面发挥了重要作用,而且基督教在撒哈拉以南非洲的传播中,将英、法文化的非意识形态部分推广到撒哈拉以南非洲,使文化这类非意识形态部分成为承载和传递英、法文化意识形态部分的重要工具。据此,本书考察英、法在撒哈拉以南非洲软权力的构建,将基督教在撒哈拉以南非洲的传播作为切入点展开研究。

其三,研究的时空界定。英、法对非洲软权力构建的形成和发展涉及到时空问题,需要予以界定。本研究从时间轴来讲,主要分为两部分:历史部分,英、法殖民非洲时期;现实部分,非洲国家独立后至今。其中,历史部分主要探讨殖民统治时期英、法如何运用武力征服等硬权力方式,推进其宗教、文化、价值观、管理制度等软权力要素在非洲的硬植入。现实部分主要探讨非洲国家独立后,英、法如何根据情境的变化,改变历史上以武力手段推进软权力塑造的方式。非洲国家独立初期,英、法国家运用经济手段推动软权力的建设。从第四个《洛美协定》及其修改议定书生效开始,英、法(欧盟/欧共体)开始以规范性力量加深对软权力根基的巩固,即探讨英、法不断在非洲推行民主、人权、良治过程中,非洲国家如何推进国内的民主化,最终使英、法软权力在非洲确立下来并得以巩固。

其四,对研究要素的界定。主要从宗教文化、政治制度两个方面探讨英、法如何在非洲国家植入其软权力的。具体来讲,一是探讨基督教文化在非洲的传播与内化,即分别对英、法基督教文化和非洲本土文化进行溯源研究,并在此基础上探讨两类不同文化理念的碰撞、冲突和兼容。二是探讨英、法政治制度的外塑与非洲的内化,即:研究英、法如何将其政治制度植入非洲地区;非洲国家是如何将其政治制度本土化。并在此基础上,探讨其原因。

其五,对去殖民化与非殖民化的取舍(Decolonization)。从英语构词法来说,前缀 de-来自拉丁语,表示"去"和"非"的意思,与动词搭配,构成新的动词。"去"作动词时表示除掉、减掉,表现出的是一种施加动力推动前进的过程。去殖民化体现的是施动者推动殖民属性淡去的过程,是一种运动状态。"非"作动词时指事件违背、不契合、相背,表现出的是一种静止状态,词性较为中性。本书论述的施动者是作为宗主国的英、法两国,受动者是非洲的国家或地区。所以就本书而言,decolonization 需要从英、法两国的角度进行解释,需要从施动者推动殖民属性淡化的角度释义。故本书选择去殖民化作为基本用语。

其六,对软权力与软实力的取舍。实力在中文中指实在的力量,英语中指 strength,这是对单个行为体能量的形容。权力是人与人之间的一种特殊影响力,是一些人对另一些人造成他所希望和预定影响的能力,需要多方参与才能成为权力。根据剑桥词典的解释,power分别具有 ability to control people and events 和 strength 的意思。从约瑟夫·奈对 soft power 的论述中可知,soft power 是用于国家间相互关系的。又因权力在汉语中表达了多方参与性,所以本书选择软权力作为论述用语。

0.2.2　研究方法

本书主要研究方法有二:

第一,文献分析法。传统的文献分析法指对文献进行搜集、鉴别与整理,而后通过对整理出的文献进行深入研究,从而形成科学的认识。本书主要搜集的材料集中在:一是有关英、法殖民非洲的历史书籍和政策文件;二是有关去殖民化阶段英、法与非洲交往的史料书籍与对非政策文件;三是有关英、法代言人欧盟/欧共体与非洲交往的史料书籍与政策文件;四是有关英、法政治文化、宗教文化价值观、政治制度和外交政策的文献;五是有关撒哈拉以南非洲传统政治制度、宗教文化价值观的文献。通过整理归类这些文献,形成对英、法在撒哈拉以南非洲软权力构建的历史和现实的史料证据链,在此基础上提炼基本观点并烘托研究的主题。

第二,比较分析法。这一方法是把客观事物加以比较,以认识事物的本质和规律并作出正确的评价。本书包含了对历史与现实的比较,对权力资源在非洲本土的溯源与英、法外来植入的比较。在历史与现实的比较中,分析了软权力资源植入方式的区别。殖民时期,英、法两国用强硬手段武力征服非洲，以构建其在非洲的权力；后殖民时期英、法通过利用政治、文化、价值观念，以诱导同化的方法构建权力。由此追溯英、法在非洲软权力构建的源头：以军事征服为后盾，实现宗教与文化的传播，继而发现硬手段与软权力之间的内在关联。另外，通过比较非洲本土权力资源与英、法权力资源的契合性，分析英、法软权力资源得以形成软权力的情境与条件。

0.3　关于研究的现状与欠缺

目前在国内外尚无英、法对撒哈拉以南非洲软权力问题研究的专门文献，但是与本研究相关问题的研究则汗牛充栋。这些文献主要涉及以下几个问题。

0.3.1　关于软权力理论研究

随着软权力在综合国力竞争中发挥越来越重要的作用，很多国家在发展战略中突出了对软权力的关注。学术界对软权力的研究也不断地拓展、深入。根据本书，与软权力理论相关的文献主要集中在软权力的概念、来源、软权力与硬权力的关系、软权力的作用、软权力与对外政策五个方面。

其一，探讨软权力的概念。关于软权力的概念，有多种阐释。约瑟夫·奈最早提出软权力的概念，引发了学术界的广泛关注和争论，也为软权力的构建奠定了基础。他明确提出并阐述了"软权力"概念，打破了原有以原材料和重工业为衡量权力标准的理念，指出美国不仅在军事和经济上是最强国家，同时在第三维度——软权力方面也是最强的，所以美国不会衰落。这种第三维度涉及到文化、价值观同国民凝聚力等。这种通过拉拢而非胁迫别国，让别的国家也想实现你所愿的力量便是软权力。① 此后,约瑟夫·奈指出软权力是引诱和吸引的能力,吸引力往往导致默许或模仿。② 欧内斯特·威尔逊三世在《硬权力、软权力和巧权力》一文中指出软权力是说服他人按照自己意志行动的能力。③ 亚历山大·伍文在《软权力是如何运作的》一文中认为,软权力有狭义和广义之分,狭义软权力和文化影响力是相似的。从广义上来看,软权力是非军事力量的代名词,包括文化和经济力量。④ 理查德·罗斯在《语言、软权力与非对称的网络交流》一文中认为,在国际关系的相互依赖体系中,软权力的一般形式是理解其他国家,因为没有理解的吸引力只不过是空的热情。⑤ 丹尼斯·郑在《中国在发展中的世界里运用软权力》一文中认为软权力是通过吸引力而获得他人偏爱的能力,软权力的一个显著特征就是非强制。⑥

约瑟夫·奈的"软权力"学说在中国也得到了广泛的探讨。中国对软权力理论的研究主要分为四类:一是对软权力理论的介绍。⑦ 二是

---

① Joseph S. Nye Jr., *Bound To Lead*, *The Changing Nature Of American Power*, New York:Basic Books, 1991.

② Joseph S. Nye Jr., *Soft Power*, *The Means to Success in World Politics*, New York:PublicAffairs, 2004.

③ Ernest J. Wilson, Hard Power, Soft Power, Smart Power, *Annals of the American Academy of Politial and Social Science*, Vol. 616, 2008, pp. 110 - 124.

④ Alexander L. Vuving, How Soft Power Works, *American Political Science Association Annual Meeting*, September 3,2009.

⑤ Richard Rose, Language, Soft Power and Asymmetrical Internet Communication, *Oll research Report*, No. 7,2005.

⑥ Denis E. Zheng, China's Use of Soft Power in the Developing World. Chinese Soft Power and Its Implications for the United States, *A Report of the CSIS Smart Power Initiatite*, March, 2009.

⑦ 庞中英:"国际关系中的软力量及其它——评美国学者约瑟夫·奈的《注定领导》",载《战略与管理》,1997 年第 2 期。

王沪宁:"作为国家实力的文化:软权力",载《复旦学报》(社会科学版),1993 年第 3 期。

朱峰:"浅议国际关系理论中的'软权力'",载《国际论坛》,2002 年第 2 期。

张晓慧:"'软实力'论",载《国际资料信息》,2004 年第 3 期。

张小明:"约瑟夫·奈的'软权力'思想分析",载《美国研究》,2005 年第 1 期。(转下页)

从文化方面论述软权力理论。^① 三是用软权力理论分析和评价中国的软权力。^② 四是运用软权力理论对其他国家的软权力进行分析、比较

(接上页)刘德斌:"'软权力'说的由来与发展",载《吉林大学社会科学学报》,2004 年第 4 期。

刘卫东:"越来越硬的软实力",载《新广角》,2004 年第 9 期。

胡耀辉:"约瑟夫·奈的'软权力'论及其评价",载《牡丹江大学学报》,2010 年第 4 期。

周琪、李枏:"约瑟夫·奈的软权力理论及其启示",载《世界经济与政治》,2010 年第 4 期。

① 王沪宁:"文化扩张与文化主权:对主权观念的挑战",载《复旦学报》(社会科学版),1994 年第 3 期。

张骥、桑红:"文化:国际政治中的'软权力'",载《社会主义研究》,1999 年第 3 期。

李智:"试论美国的文化外交:软权力的运用",载《太平洋学报》,2004 年第 2 期。

李荣静:"浅析当代国际关系中文化因素的作用",载《理论与现代化》,2004 年第 2 期。

陈玉聃:"论文化软实力的边界",载《现代国际关系》,2006 年第 1 期。

贾海涛:"文化软实力:概念考辨与理论探源",载《红旗文稿》,2008 年第 3 期。

余玉花:"论文化软实力观",载《思想理论教育导刊》,2009 年第 3 期。

洪晓楠、林丹:"马克思主义文化软实力理论述要",载《大连理工大学学报》(社会科学版),2009 年第 1 期。

② 张战、李海君:"论国际政治中的中国软实力三要素",载《河北省社会主义学院学报》,2003 年第 3 期。

赵长茂:"中国需要软实力",载《瞭望》,2004 年第 23 期。

许知远:"中国的软权力",载《现代领导》,2004 年第 12 期。

谢晓娟:"论软权力中的国家形象及其塑造",载《理论前沿》,2004 年第 19 期。

詹得雄:"'软实力'的含义以及对我国的启示",载《中国党政干部论坛》,2004 年第 7 期。

赵长茂:"中国需要软实力",载《瞭望》,2004 年第 23 期。

邓显超:"提升中国软实力路径",载《理论与现代化》,2006 年第 1 期。

陈琴啸:"论软实力与中国外交",载《江南社会学院学报》,2005 年第 2 期。

宋效峰:"试析中国和平崛起中的软实力因素",载《求实》,2004 年第 8 期。

门洪华:"中国软实力评估报告(上)",载《国际观察》,2007 年第 2 期。

门洪华:"中国软实力评估报告(下)",载《国际观察》,2007 年第 3 期。

罗建波:"软实力与中国文化战略的发展走向",载《新远见》,2006 年第 9 期。

庞中英:"中国软力量的内涵",载《瞭望》,2005 年第 45 期。

黄婧、岳占菊:"'软实力'建设与中国的和平发展道路",载《当代世界与社会主义》,2006 年第 5 期。

苏长和:"中国的软权力——以国际制度与中国的关系为例",载《国际观察》,2007 年第 2 期。

陈玉刚:"试论全球化背景下中国软实力的构建."国际观察 2(2007):36—42.

黄仁伟、胡键:"中国和平发展道路与软力量建设",载《社会科学》,2007 年第 8 期。

和研究。①

　　关于软权力的概念学者们有代表性的定义,可以分成三类。第一类,软权力就是通过说服和吸引实现自己意志的力量。刘志强、刘迎指出,国家的软权力是通过吸引力实现的,以吸引与说服的方式实现预期。② 第二类,软权力是非军事力量的代名词。庞中英指出软权力所指为不同于军事或战争力量的外交力量。③ 第三类,软权力是权力资源的软应用。温家宝总理在 2009 年的夏季达沃斯论坛中指出,中国的软权力就是对以发展中国家和不发达国家为核心的所有国家表示尊重,并尽力帮助。④ 这三类观点虽然表述各有不同,但都贯穿了吸引、非强制的思想。吸引既是手段,也是目的,强制会招致排斥,所以非强制是必然的。可以说,这些对软权力概念的解释都抓住了软权力的核心特征,但若从这个核心特征去分析现实中的软权力,就会发现软权力被泛化了,很多力量都可以被认为是软权力。所

　　① 方长平:"中美软实力比较及其对中国的启示",载《世界经济与政治》,2007 年第 7 期。

　　阎学通、徐进:"中美软实力比较",载《现代国际关系》,2008 年第 1 期。

　　王京滨:"中日软实力实证分析———对大阪'产业大学大学生'问卷调查结果的考证",载《世界经济与政治》,2007 年第 7 期。

　　许华:"俄罗斯的软实力外交与国际形象",载《国外社会科学》,2009 年第 5 期。

　　时宏远:"软实力与印度的崛起",载《国际问题研究》,2009 年第 3 期。

　　李云智:"软实力视角的俄罗斯复兴",载《传承》,2013 年第 4 期。

　　项久雨:"论日本软实力的向度",载《江淮论坛》,2012 年第 5 期。

　　陈新明:"俄美关系中的硬实力和软实力———一项符号学意义的考察",载《俄罗斯中亚东欧研究》,2008 年第 6 期。

　　李庆四:"中美软实力外交比较研究:以东南亚地区为例",载《教学与研究》,2009 年第 3 期。

　　唐彦林:"美国对中国在非洲软权力的评估及启示",载《西亚非洲》,2010 年第 5 期。

　　② 刘志强、刘迎:"对软权力概念的探讨",载《科技咨询导报》,2007 年第 28 期,第 131 页。

　　③ 庞中英:"中国软力量的内涵",载《瞭望新闻周刊》,2005 年第 45 期,第 16 页。

　　④ 温家宝:"全面提升中国经济发展内在动力———在 2009 年夏季达沃斯论坛上的讲话",载《新华月报》,2009 年第 20 期。

以，众学者对软权力概念多有研究，但还没有被广泛接受的软权力的概念表述。

其二，软权力的来源。关于软权力的来源，学者们也进行了深入研究。约瑟夫·奈在《软权力：世界政治的成功之道》一书中指出软权力来源于三个方面：一个国家的文化吸引力、政治思想吸引力和政策吸引力。[①] 亚历山大·伍文在《软权力如何运作》一书中指出，软权力来源于美丽、才华和仁慈（理想、价值观、原因、幻想、可靠性、合法性、道德权威）。[②] 朱利奥在《软权力：是什么，为什么重要，如何发挥作用》一文中认为软权力有国际来源和国内来源。国际来源主要是对国际法、规范和制度的尊重，对多边主义的基本依赖，反对单边主义的倾向，尊重国际条约和联盟的承诺，愿意牺牲短期的国家利益以贡献集体利益，自由的对外经济政策。国内来源包括文化（明显的社会凝聚力，高的生活质量，自由、充足的机会，宽容、迷人的生活方式）和政治制度（民主、立宪主义、自由主义、政府机构的良好运转）。[③] 丹尼斯·郑在《中国的软权力及其对美国的影响》指出，软权力来自文化、政治价值和外交政策。[④] 安德烈·P. 齐甘科夫在《除了军事暴力，只有经济诱惑？——论软权力在普京政府外交政策中的作用》一文中指出软权力的来源可以分为三个部分：政治合法性、经济相互依存和文化价值观。政治合法性包括制度建设和领导的可信度。经济相互依

① Joseph S. Nye Jr. , *Soft Power*, *The Means to Success in World Politics*, New York：PublicAffairs, 2004, p. 11.

② Alexander L. Vuving, How Soft Power Works, *American Political Science Association Annual Meeting*, September 3,2009.

③ Giulio M. Gallarotti, Soft Power, What it is, Why it's Important, and the Conditions under which it Can Be Effectively Used, *Journal of Political Power*, Vol. 4, No. 1,2011, pp. 25 – 47.

④ McGiffert, Carola. Chinese soft power and its implications for the United States，competition and cooperation in the developing world, a report of the CSIS smart power initiative. *Csis*, 2009.

存关系指的是国内劳动市场、金融或贸易体系的吸引力。文化价值为语言的魅力,宗教、教育和历史特性,以及科技产品。①

　　国内学者对软权力的来源也提出了自己的看法。高占祥提出了软权力的核心是文化力,他运用大量的数据、事实,透过各学科,对人类文明的演进进行了详尽描述。同时,高占祥将文化力分解为文化元素力、文化潜移力、文化吸引力等 21 种不同类别。② 与此同时,他还尤为强调文化对软权力塑造的重要性。然而,其观点仅集中于文化,并将其视为软权力的核心,这一判断尚待考究。黄硕风将软权力归为综合国力的无形部分,简单而言可将其视为由政治力、文教力和外交力三种力量的综合体。进一步分解这一综合体,可分为内、外两个部分,其中内部软权力包括人力资源、制度创新、文化辐射力、凝聚力与亲和力、高科技研发能力等,而外部软权力包括国家形象、国际规则的创制力、国际机制的控制力和国际义务的承担能力等。"其中尤其以政治体制、核心价值观、国家认同和凝聚力等非经济因素作为国家综合国力或国家竞争力的重要组成部分。"③黄硕风对软权力的主要构成要素中软资源的种类整理得比较详细,但忽视了权力资源同权力的区别。

　　除此之外,李明江在《中国话语中的软实力》一文中指出软权力的来源并不固定,它是在培养的过程中形成的。④ 李明江的研究突破了以往对软权力来源的固有研究思路,扩大了软权力来源的范围,拓宽了对软权力来源的研究领域。虽然这与本书研究的视角有所不同,但都认识到软权力资源同软权力之间的区别,表示软权力资源可以来源

---

　　① Andrei P. Tsygankov, If not by Tanks, then by Banks? The Role of Soft Power in Putin's Foreign Policy, *Europe-Asia Studies*, Volume 58,2006, pp. 1079 - 1099.

　　② 高占祥:《文化力》,北京:北京大学出版社,2007 年版,第 1—7 页。

　　③ 黄硕风:"综合国力分析",载《中国军事科学》,1989 年第 3 期,第 32 页。

　　④ Li Mingjiang, Soft Power in Chinese Discourse, Popularity and Prospect. http,//hdl. handle. net/10220/4552.

于包括军事等在内的权力资源。

以上观点可以分为两类，一类观点认为软权力有特定的来源，其中公认的软权力来源有文化、政策、价值观、政治思想、合法性等。另一类观点认为软权力不存在特定的来源，软权力需要权力资源的软应用来培养。

其三，软权力与硬权力的关系。约瑟夫·奈指出软权力和硬权力的关系是密切的，都是通过影响他人的行为达到自己目的的能力。一个国家的软权力会影响它的硬权力，忽视软权力会对硬权力有一定的负面影响。软权力不能解决所有问题，但不结合软权力来运用硬权力是个严重的错误。[①] 亚历山大·伍文在《软权力如何运作》一书中也指出，同一资源可以产生软权力和硬权力，软权力不会简单地反映硬权力。[②] 笔者认同约瑟夫·奈和亚历山大·伍文的观点，同样的权力资源可以带来不同的行为，形成硬权力或软权力。对于本书而言，也就是说硬权力资源可以影响软权力的形成。理查德·罗斯在《语言、软权力与非对称的网络交流》一文中指出，逻辑上来讲，一个国家的政府会通过四种途径融合硬权力与软权力：强力、巧权力、说服和操纵旁观者。[③] 古原俊井和詹姆斯·霍尔姆斯在《中国强力推进软权力建设》一文中认为，硬权力在软权力中扮演着非常重要的角色。[④] 以上学者认识到软权力的重要性及其复杂性，并最终将其归于对巧权力的使用。

国内学者对软权力与硬权力关系也有自己的认识。一部分学者

---

① 约瑟夫·奈著，郑志国译：《美国霸权的困惑：为什么美国不能独断专行》，北京：世界知识出版社，2002 年版，第 187 页。

② Alexander L. Vuving, How Soft Power Works, *American Political Science Association Annual Meeting*, September 3,2009.

③ Richard Rose, Language, Soft Power and Asymmetrical Internet Communication, *Oll research Report*, No. 7,2005, pp. 1 - 24.

④ Toshi Yoshihara, James R. Holmes, China's Energy-Driven 'soft Power', *Orbis*, No. 1,2007, pp. 123 - 137.

着重论述软权力和硬权力的建设不能失衡。郭学堂指出,受到经济全球化发展的影响,硬权力和软权力的关系已经密不可分。软权力可以促进硬权力的全面发挥;反之,如果缺失软权力,硬权力发挥的效果则会大打折扣。软硬失衡会造成国家影响力的下降。[①] 董立人等学者指出,硬权力是提高国家竞争力的必要条件,软权力是充分条件,两者都不可或缺。可以把硬权力比作巨人的强壮身体的骨骼,软权力是他的思想和文化精髓。[②]

与此同时,还有一部分学者从软权力与硬权力的互动角度进行研究。王义桅在《如何克服中国公共外交悖论》一文中指出,在西式话语霸权之下,软、硬权力之间的关系会出现零和博弈,崛起的硬权力往往会导致软权力受损。[③] 另外,刘相平在《对"软实力"之再认识》一文中指出,硬权力和软权力的关系类似于物质与意识的关系,硬权力决定软权力,软权力具有自己的主观能动性,对硬权力有反作用力。[④] 张殿军在《硬实力、软实力与中国话语权的构建》一文中指出,硬权力和软权力的不同在于构建作用的不同。如果说,在物质硬权力主导国际关系格局的时代,强权即真理,那么在文化软权力作用日益凸显的今天,则是真理即强权。[⑤]

总的来看,在软权力与硬权力的关系上,国内外学者都认为两者关系密切,忽视其中的任何一个方面都不能取得成功。同时,软权力

---

① 郭学堂:"中国软实力建设中的理论和对策新思考",载《社会科学》,2009 年第 2 期,第 20—26 页。

② 董立人、寇晓宇、陈荣德:"关于中国的'软实力'及其提升的思考",载《探索》,2005 年第 1 期,第 146 页。

③ 王义桅:"如何克服中国公共外交悖论",载《东北亚论坛》,2014 年第 3 期,第 42—50 页。

④ 刘相平:"对'软实力'之再认识",载《南京大学学报》,2010 年第 1 期,第 148 页。

⑤ 张殿军:"硬实力、软实力与中国话语权的构建",载《中共福建省委党校学报》,2011 年第 7 期,第 60 页。

与硬权力并不是显性关系,需要国家恰当地综合运用硬权力与软权力,使两者发挥各自最大的优势,才能实现预期目标。

其四,软权力的重要性。朱利奥在《软权力:是什么,为什么重要,如何发挥作用》一文中指出世界政治的诸多变化使人们关注软权力。第一,全球化使财富的积累从强力榨取转向合作双赢;第二,全球化提升了国际系统中社会和经济的相互渗透和相互依赖;第三,使用核武器或核武器威胁的成本在飞涨;第四,民主的成长;第五,社会和政治的变化已经使现代人对他们的经济命运比较敏感,不再倾心于武士道;第六,国际组织的发展和战后的统治已经牢牢地嵌入合作网,成为软权力的基本组件。[①] 罗伯特·库伯在《硬权力、软权力和外交目标》一文中认为无尽的胁迫会引起阻力,并且成本很高,所以需要软权力。[②] 约瑟夫·奈在《美国权力的局限性》一文中,对 16 至 21 世纪领先国家及其权力资源进行了分析,认为随着时代的发展,单纯依靠强权、军队和贸易已经不能保证世界领先地位,而在文化、凝聚力、规范、科技、国际交流等软权力资源方面发展得好的国家在国际舞台上越来越处于优势地位。[③] 这说明软权力越来越重要,在经济规模和军事实力相当的情况下,谁的软权力更强,谁更容易获胜。

国内学者对于软权力重要性的研究主要集中在适应权力主体的多元化和提高国民凝聚力两个方面。唐昊在《为什么软权力如此重要》一文中指出,现代社会,随着经济发展和个体掌握资源的增多,更多行为主体——恐怖组织、跨国公司、非政府组织、公众、新闻媒体等

---

① Giulio M. Gallarotti, Soft Power, What it is, Why it's Important, and the Conditions under which it Can Be Effectively Used, *Journal of Political Power*, Vol. 4, No. 1, 2011, pp. 25 – 47.

② Robert Cooper, Hard Power, Soft Power and the Goals of Diplomacy, *American Power in the 21st Century*, 2004, pp. 167 – 180.

③ Joseph S. Nye Jr,. Limits of American Power, *Political Science Quarterly*, Vol. 117, No. 4, 2002, pp. 545 – 559.

似乎都能左右政局。① 唐昊的这种认识印证了权力正经历从国家行为体到其他行为体的扩散过程，而权力的软化是这种趋势的副产品。虽然作者认识到权力的分散带来了软权力的崛起，但作者在文中指出政府等价于硬权力的行使者的观点过于片面，忽视了政府政治观念、政治制度、对内对外政策在软权力中的作用。

综上可知，随着经济全球化和政治多极化的深入，在相互渗透、相互依赖的关系中，相比使用强力或胁迫来达到目的，人们更愿意在吸引、信赖和合作中实现多赢，而吸引和信任都需要依靠软权力来实现。

其五，外交政策对软权力的意义。许多学者从公共形象角度考量外交政策的软力量，罗伯特·库伯认为要维持国际秩序的合法性，温和形式的软权力可以有所作为。他指出在人们的心目中，美国是一个理想的社会，是和平与自由的无私供应商，他们可能会满足美国的诉求，愿意提供关于其敌人的情报，甚至欢迎它的军队。一个好的公众形象可以支持其存在的合法性，发达国家外交的目标就是将硬权力转化为软权力。② 约瑟夫·奈也指出软权力可用于建立长期关系，塑造决策环境，因而有助于一国的公共外交。在公共外交中，国际合作的程度受吸引力的影响，所以要利用公共外交解释好共同利益，以获得国际上有力的公众舆论和信誉。③

此外，一部分学者指出对外政策作为软权力发挥作用时，不仅要考虑国内因素，还要考虑国际环境和国家间关系。约瑟夫·奈指出有

① 唐昊："为什么软权力如此重要"，载《中国青年报》，2015年3月16日，第6版。

② Robert Cooper, Hard Power, Soft Power and the Goals of Diplomacy, *American Power in the 21st Century*, 2004, pp. 167 – 180.

③ Joseph S. Nye Jr., Joanne Myers, Soft Power, Means to Success in World Politics, http://www. carnegiecouncil. org/studio/multimedia/20040413/index. html # section-10815.

些国家容易获得软权力：第一，主流文化和思想更接近正在流行的全球规范；第二，通过多个渠道实现最多干预；第三，通过国内、国际成就提高可信度。[①] 朱利奥认为要提升软权力，首先，权力理论必须不断地质疑，持续以显著的敏感性面对世界政治权力的变化；其次，决策者必须考虑权力提升的多方面后果；再次，决策者必须拥有真正的权力而不是名义上的权力；最后，决策者必须基于结果而不是资源来判断权力。[②]

国内学者对于软权力与对外政策方面也提出了自己的看法。郭学堂指出公共外交不是单行道，而是双向的，它不仅具备传递信息的功能，还需要具备说服他人的功能。[③] 钟新指出公共外交的核心目标是提升国家的吸引力，这同软权力的内涵具有一致性，即公共外交通过单项信息传播、双向对话交流或合作等具有议程设置、吸纳、吸引功能的途径力求改善国家形象、提升国家吸引力、增进国家利益。[④] 这一论述所表达的公共外交的目标归结为一点就是增强国家吸引力、增进国家利益。

事实上，软权力与对外政策关系密切，软权力是对外政策的一个手段和工具，而明智的对外政策有利于增强国际信誉，塑造国家形象，提升一国的软权力。进一步而言，应该在外交政策制定和实施过程中对双方利益同时考量。

---

① Joseph S Nye Jr., *Hard and Soft Power in a Global Information Age*, Mark Leonard: Reordering the World, 2002, pp. 2 – 10.

② Giulio M. Gallarotti, Soft Power, What it is, Why it's Important, and the Conditions under which it Can Be Effectively Used, *Journal of Political Power*, Vol. 4, No. 1, 2011, pp. 25 – 47.

③ 郭学堂："中国软实力建设中的理论和对策新思考"，载《社会科学》，2009 年第 2 期，第 24 页。

④ 钟新："新公共外交——软实力视野下的全民外交"，载《现代传媒》，2011 年第 8 期，第 53 页。

0.3.2　关于英、法对撒哈拉以南非洲殖民历史的研究

当今学术界对于英、法对撒哈拉以南非洲殖民历史的研究，主要分为非洲殖民时期研究与非洲反抗殖民主义研究。约瑟夫·阿德贾伊的分类更为细致，他在其《透视加纳史学 50 年》一文中指出，非洲的史学研究可以分为前殖民时期、殖民时期、民族主义时期和后殖民主义时期。[①] 鉴于本书的研究范围，对于有关这部分的国内外研究，笔者主要收集了殖民时期和反抗殖民主义斗争的历史研究文献。

第一，关于欧洲对非洲的殖民历史研究。

关于欧洲对非洲的殖民历史的研究国内外学者都有深入的探讨。

西方学者亨特·戴维斯认为，受到唯心主义社会学和伪达尔文主义两个因素的影响，撒哈拉以南的非洲被欧洲认定为无历史的大陆。欧洲中心主义认为非洲的历史源于殖民时代的开始，即撒哈拉以南非洲历史是由欧洲人开启的。[②] 亨特指出，殖民时期是非洲历史上最重要的时期，殖民权力通过增强殖民地对宗主国的依赖性而改变了非洲，对非洲产生了持续而深远的影响。

费奇和奥利弗主编的《剑桥非洲史》[③]，威廉·沃格和南希·克拉

---

① Joseph K. Adjaye, Perspectives on Fifty Years of Ghanaian Historiography, *History in Africa*, Vol. 35, 2008, pp. 1 - 24.

② R. Hunt Davis, Interpreting the Colonial Period in African History, *African Affairs*, Vol. 72, No. 289, 1973, pp. 384. 385. 387.

③ JD Fage, R Oliver, *The Cambridge History of Africa*, Cambridge：Cambridge University Press, Vol. I, 1982.

Ibid., Vol. II, 1979.

Ibid., Vol. III, 1977.

Ibid., Vol. IV, 1975.

Ibid., Vol. V, 1977.

Ibid., Vol. VI, 1985.

Ibid., Vol. VII, 1986.

Ibid., Vol. VIII, 1984.

Ibid., Vol. IX, 1986.

克主编的《非洲和西方》①等著述在英国对非洲殖民历史方面有分散性的提及与论述,指出英国对非洲殖民统治期间,影响与作用不可小觑。查尔斯·艾伦在《来自黑暗大陆的故事:二十世纪英国殖民地非洲的形象》一书中讲述了英国在非洲殖民地的盛衰,跟随在非洲生活和工作者的足迹回顾了殖民时期的非洲,再现了英国对非洲残暴与血腥的殖民。② 相反,赫塞·杰弗和萨米尔·阿明在《非洲历史》一书中明确指出,非洲历史的关键动力来自于非洲大陆自身,英国向非洲强加欧洲中心理念的作用是微乎其微的。鉴于英、法殖民时期对非洲影响的范围之广、时间之长、程度之深,非洲不仅被英、法的武器所征服,还被英、法的文化所征服。③ 正因如此,在研究中需要重视殖民时期欧洲文化的植入对当代非洲的影响。

国内学者对殖民发展时期的非洲研究提出了自己的看法。杨人楩的《非洲通史简编》一书叙述了非洲古代至1918年的历史发展,书中不仅揭露了英、法等宗主国对撒哈拉以南非洲大肆掠夺的历史,还梳理了不同宗主国掠夺方式的不同特征。④ 艾周昌、郑家馨主编的《非洲通史·近代卷》一书根据近代非洲社会的运动,将论述分为殖民扩张时期、殖民统治时期和殖民崩溃前夕三个阶段。⑤ 陆庭恩、彭坤元主

---

① William H. Worger, Nancy L. Clark, *Africa and the West*, *A Documentary History*, *Volume 1*, From the Slave Trade to Conquest, 1441 - 1905, Oxford: Oxford University Press, 2010.

William H. Worger, Nancy L. Clark, *Africa and the West*, *A Documentary History*, *Volume 2*, From Colonialism to Independence, 1875 to the Present, Oxford: Oxford University Press, 2010.

② Charles Allen, *Tales From the Dark Continent*: *Images of British Colonial Africa in the Twentieth Century*, London: Abacus, 2015.

③ Hosea Jaffe, Samir Amin, *A History of Africa*, London: Zed Books Ltd., 2017.

④ 杨人楩:《非洲通史简编》,北京:人民出版社,1984 年版。

⑤ 艾周昌、郑家馨:《非洲通史·近代卷》,上海:华东师范大学出版社,1995 年版。

编的《非洲通史·现代卷》一书论述了从第一次世界大战结束到20世纪80年代末的非洲历史,并将这一阶段分为两个时期:第一个时期自帝国主义列强对非洲的再瓜分到20世纪50年代末,第二个时期是20世纪60年代以来的非洲。作者整理了宗主国殖民非洲时期的殖民政策,指出帝国主义在非洲殖民地的政治统治制度和经济掠夺政策并不是一成不变的。他们认为政策是随着宗主国本身利益的需要、殖民地状况的变动以及国际形势的发展而发生变化的,这种变化对宗主国在殖民地的统治和掠夺更加有利。① 高晋元的《英国:非洲关系史略》一书叙述了英国与非洲的交往史,作者以时间为线索详细论述了从奴隶贸易到21世纪初400年的英非交往,内容不仅涉及历史,而且涉及英非之间的政治、外交与经济联系。王助民的《近现代西方殖民主义史》一书认为殖民主义是西方列强对非洲的一种侵略,其目的是最大限度地掠夺财富。② 早期的研究集中揭露英、法殖民主义在非洲留下的种种恶果,如艾周昌的《早期殖民主义侵略史》③、严中平的《老殖民主义史话选》④、吴辅林的《殖民主义的恶果》⑤、徐韫知的《英国殖民政策》⑥、姚定尘的《英国与其殖民地》⑦。20世纪90年代后,国内学术界对殖民主义史的研究逐步深入,开始从正反两方面进行研究。研究不仅批判殖民主义的罪恶,还积极发现殖民主义推动历史进步的方面。郑家馨的《殖民主义史·非洲卷》一书重点研究了1415年以来英、法、葡、德、意等欧洲国家在非洲大陆500多年的殖民活动轨迹,深入研究

---

① 陆庭恩、彭坤元:《非洲通史·现代卷》,上海:华东师范大学出版社,1995年版。

② 王助民:《近现代西方殖民主义史》,北京:中国档案出版社,1995年版。

③ 艾周昌、程纯:《早期殖民主义侵略史》,北京:人民出版社,1982年版。

④ 严中平:《老殖民主义史话选》,北京:北京出版社,1984年版。

⑤ 吴辅麟:《殖民主义的恶果》,北京:中国友谊出版社,1987年版。

⑥ 徐韫知:《英国殖民政策》,上海:现代书局,1931年版。

⑦ 姚定尘:《英国与其殖民地》,南京:正中书局,1934年版。

了殖民主义对非洲经济、政治和社会的影响,详细论述了非洲国家反殖民主义斗争的正反两方面经验教训。①

由上述研究可知,国内外学者对殖民主义的探讨更多的是集中分析殖民主义给非洲带来的双重作用,殖民主义一方面诱发了非洲的社会灾难;另一方面,将非洲传统社会的落后部分彻底摧毁,并推动非洲迅速并入资本主义轨道和现代社会。

第二,关于反抗殖民主义斗争史研究。

对非洲人民反抗殖民主义斗争的研究主要集中在第二次世界大战结束后。这类文献主要从两个方面进行研究:

一是从非洲人民反抗殖民主义斗争、开展民族解放运动角度讨论西欧同非洲关系。如文森特·哈波亚在《非洲经验》一书中,叙述了帝国主义强权在非洲进行殖民统治期间会遇到非洲人民强有力的抵制,于是殖民主义者试图利用技术优势与欧洲观念征服与控制当地人民。非洲人认识到欧洲的同化手段,于是建立了自己的教会,树立非洲意识。同时,非洲人也注意到他们在世界大战中的付出与回报不均衡,这更激发了他们反抗殖民的决心。② 哈波亚在著述里还提到了欧洲殖民者对非洲疆界的强行划分,他认为这种划分虽然不符合传统的领土划分习惯,但它给疆界内的人民带来了反抗殖民者的团结力量。③ 施林顿在《非洲历史》一书中描述了摩洛哥、突尼斯以及阿尔及利亚反抗殖民者斗争的进程,同时对英、法去殖民化政策的出台作了详尽的论述。④

对反抗殖民主义史的研究同对非洲民族主义史的研究是相伴相

---

① 郑家馨:《殖民主义史·非洲卷》,北京:北京大学出版社,2000年版。

② Khapoya Vincent B, Khapoya, Vincent B., *The African Experience* (*2nd ed.*). Upper Saddle River, New Jersey, Prentice Hall, 1994, p. 148.

③ Khapoya Vincent B, Khapoya, Vincent B., *The African Experience* (*2nd ed.*). Upper Saddle River, New Jersey, Prentice Hall, 1994, p. 177.

④ Shillington Kevin, *History of Africa* (*2nd ed.*). New York, St. Martin's Press, 1995, p. 380.

生的,两者论述的阶段都是反抗英、法殖民者的阶段,两者的区别仅在于反抗殖民主义史这一概念论述的是非洲同宗主国的关系问题,民族主义史这一概念更多的是对非洲反抗殖民统治的系统论述。所以,在研究反抗殖民主义史的过程中,有关非洲民族主义史文献也能提供资料补充。保罗·泽勒扎以尼日利亚的阿契贝和南非的曼德拉为例,深入探讨了民族解放运动中的三大目标,分别是去殖民化、民主与发展。[①] 科尔曼的《热带非洲的民族主义》一文分析了非洲反殖民思想出现的原因。他指出,非洲经济上由自给自足的农业经济转变为依靠经济作物生产的商业经济,雇佣关系出现;社会文化中出现了英、法教育与城市化现象;政治上传统世袭权威与殖民总督制的权威性受到了质疑。[②] 非洲津巴布韦学者西索尔的《非洲民族主义》一书将非洲反抗殖民统治大致分为三种类型:对殖民侵略的反抗、殖民统治下的反抗、具有要求自治这一明确目标的活动。[③]

国内学者对非洲反殖民运动也提出了自己的看法。李安山在《非洲民族主义研究》一书中探讨了非洲民族主义思想,并深入解析了非洲民族主义思想与非洲民族解放运动中知识分子的作用。此外还分析了非洲国家独立后民族主义遭遇的各种困难,并探讨了国家民族构建的理论与实践,最后重点研究了非洲地方民族主义。[④] 李安山撰写的《殖民主义统治与农村社会反抗》一书是对英国殖民统治和殖民地农村社会反抗的个案研究。书中从黄金海岸人民与殖民政府的敌对、平民们与酋长们的冲突、宗教领袖与世俗权威的争斗,以及下属酋长

① Paul Tiayambe Zeleza, Africa's Struggle for Decolonization, From Achebe to Mandela, *Research in African Literatures*, Vol. 45, No. 4, 2014, p. 121.

② J. S. Coleman, Nationalism in Tropical Africa, *American Political Science Review*, No. 18, 1954, pp. 404 – 426.

③ Ndabaningi Sithole, *African Nationalism*, Oxford: Oxford University Press, 1959.

④ 李安山:《非洲民族主义研究》,北京:中国国际广播出版社,2004 年版。

的对立这四种矛盾，看到了殖民统治给殖民地带来的深刻变化。殖民主义从本质上说就是一种两难境地。当殖民政府将地方酋长纳入自己的政治体制后，它在政治舞台上造成了两个难以解决的问题：酋长权力的合法性和酋长对权力的滥用。这些问题引起了不同社会阶层的反抗。① 吴秉真、高晋元主编的《非洲民族独立简史》是一本系统研究非洲民族解放运动的著作，记述了几个世纪以来英、法殖民政府殖民统治的历史，对殖民者在非洲犯下的罪行作出了较为详尽的叙述，更重要的是该书介绍了非洲人民数百年来反抗殖民统治的斗争。② 通过该书，作者对非洲民族独立运动的兴起和发展进行了较为全面的研究。唐大盾的《泛非主义与非洲组织文选：1900—1990》③是一部重要的文献汇编，其中包括非洲民族主义中泛非主义和非洲统一组织两个重要内容。

二是从殖民宗主国角度讨论去殖民化的缘起、进程与结局，进而分析欧洲同非洲的关系转变。迈耶在《世界政治和国家管理》一文中强调国家的行为受到模式的制约，尤其是那些易于被模仿，且同自身具有契合性的模式。④ 然而，迈耶看到的只是英、法宗主国减少了对非洲有形的权力控制，忽视了英、法宗主国教育对非洲制度形成的影响，也忽视了英、法在制度上对非洲的塑造以及对非洲国家独立后发展的控制作用。斯塔夫里阿诺斯指出，直接的殖民统治使宗主国既在军事上变得不可落实，又在财政上不堪重负，于是英、法殖民主义者以一种

---

① 李安山：《殖民主义统治与农村社会反抗》，长沙：湖南教育出版社，1999 年版。

② 吴秉真、高晋元：《非洲民族独立简史》，北京：世界知识出版社，1993 年版。

③ 唐大盾：《泛非主义与非洲统一组织文选：1900—1990》，上海：华东师范大学出版社，1995 年版。

④ J. W. Meyer, The World Polity and the Authority of the Nation-State, in A. Bergesen, ed. *Studies of the Modern World-System*, New York, Academic, 1980, pp. 109 – 138.

让与政治独立的方式,维系非洲国家经济上对欧洲的持续性依附。[①]斯塔夫里阿诺斯认识到权力在政治经济中的转移,但忽略了政治制度对宗主国在非洲软权力方面的作用。

在国内学者对非洲去殖民化的研究中,潘兴明在《试析非殖民化理论》一文中注意到去殖民化对非洲民族独立的作用,但他并未论及去殖民化对非洲国家未来发展的作用。[②]陈晓红的《戴高乐与非洲的非殖民化研究》一书揭示了法属非洲殖民地去殖民化过程的特点和内在原因,对去殖民化后果作出了思考。[③]虽然该书对法属非洲去殖民化后对法国的影响谈论很多,但对法国在非洲权力的影响方面则论及不够。

总体来看,学界对殖民史的研究普遍集中于梳理殖民史,对殖民史给非洲带来的影响的判断往往比较主观,主要研究殖民史给非洲带来的灾难。一般而言,学者常常忽视了殖民统治期间,殖民政策(包括宗教文化政策和管理制度)给当今非洲人政治理念带来的不同于非洲传统理念的变化。

0.3.3　关于非洲政治制度的研究

学界对非洲政治的研究涉及政治体制、政党制度、政治发展进程、政治思潮,以及地区冲突和国别政治、政治人物等方面。本研究主要涉及非洲政党制度与政治体制、政治民主化和政治思潮三个方面。

其一,关于政党制度和政治体制的研究。受非洲传统政治体制的

---

① L. S. Stavrianos, Global Rift, *the Third World Comes of Age*, New York, William Morrow , 1981, pp. 456 – 457.

② 潘兴明:"试析非殖民化理论",载《史学理论研究》,2004 年第 3 期,第 108—114 页。

③ 陈晓红:《戴高乐与非洲的非殖民化研究》,北京:中国社会科学出版社,2003 年版。

影响,非洲国家的政党制度呈现出多样性。威廉·托多夫将非洲政治的发展放入其时代背景中进行具体分析,并对冷战时期的非洲政治发展作出了较为精准的预估。[①] 莱蒙德·布埃尔在《非洲地方问题》一书中指出两次大战之间的 20 年里,英国在非洲的殖民统治将"根植于地方社会的机构"。[②] 这便是卢加德在《英属热带非洲的双重委任统治》一书中倡导的"间接统治"制度。他指出应该沿袭非洲原生的政治结构,借用传统力量实现对当地民众的统治。第二次世界大战结束,受到非洲民族独立运动的冲击,英、法为维持其在非洲的既得利益,殖民改革集中在对非洲的制度改革问题上。[③] 此后,虽然非洲大批国家实现民族独立,但独立后的非洲国家从本质上看仍无法脱离英、法等原宗主国的控制。需要注意的是,非洲国家自独立以来已经掀起过两次照搬英、法多党制的浪潮。第一次照搬英、法多党制是 50 年代后半期至 60 年代初,第二次是 1989 至 1992 年。维多利亚·布列敦指出布隆迪、扎伊尔、索马里等一批非洲国家在多党制浪潮中已经面目全非。[④] 虽然这种表达过于悲观,但作者的确客观地陈述了非洲在这段时间遭受严重损失的现实。作者描述的是非洲很多国家都处在政党制度的变动之中,在此期间非洲政治社会很不稳定,其根源在于英、法将多党制视为灵丹妙药植入非洲,结果非洲人民为此付出了惨重的代价。与此同时,的确存在一批国家实行英、法多党制后,政治相对稳

---

① [英]威廉·托多夫著,肖宏宇译:《非洲政府与政治》(第四版),北京:北京大学出版社,2007 年版。

② Buell, Raymond Leslie, *The native problem in Africa*, Vol. 1. The Bureau of International Research of Harvard University and Radcliffe College, Cambridge: MA, 1928, p. 718.

③ Frederick Dealtry Lugard, *The dual mandate in British tropical Africa*, Edinburgh: William Blackwood and Sons, 1922.

④ [英]维多利亚·布列敦:《新政治家》(周刊),1994 年 4 月 8 日。

定,查理斯·考克的《1945 年以来的非洲政治资料》①、拉萨伊的《博兹瓦纳历史词典》②和拉利·鲍曼的《毛里求斯:印度洋的民主和发展》③三本书里都提到,这些国家实行多党制是他们结合英、法多党制与本国的具体国情而制定的,是适合自己国情的政党制度。

国内对非洲政党制度和政治体制的研究始于 20 世纪 80 年代。政党研究方面,最早的著作可见于《非洲概况》一书。书中对民族解放运动期间政党的产生及国家独立后的政党活动作了重点阐述,论述了第一次世界大战后非洲民族主义政党的出现和非洲国家独立后的政府形式、政局动荡与军政权的出现、非洲政党制度等政治制度各个方面。④ 陆庭恩对非洲民族主义政党和政党制度的产生、发展和演变作了全面介绍与分析。此外,还考察了军人政变与民族主义政党间的关系,以及冷战后民主化浪潮对非洲政党的影响。⑤ 由于非洲民族主义政党是在殖民地半殖民地特殊条件下建立起来的,缺乏像英、法政党那样坚实的经济和阶级基础,一般不是代表某个阶级、阶层或集团的意志和利益,而是一种反帝民族统一阵线式的政党。⑥ 王洪一在《非洲政党政治的新特点和新趋势》一文中指出,2013 年前后,非洲所处的国际环境发生了巨大的变化,英、法等西方国家为了本国在非洲利益的

---

① Chris Cook，David Killingray，*African Political Facts Since 1945*，London：Palgrave Macmillan，2014.

② Fred Morton，Jeff Ramsay，*Part Themba Mgadla*，*Historical Dictionary of Botswana*，Lanham：Scarecrow Press，2008.

③ Larry W. Bowman，*Mauritius*：*democracy and development in the Indian Ocean*，Boulder：Westview Press，1991.

④ 中国社会科学院西亚非洲研究所:《非洲概况》,北京:世界知识出版社,1962 年版。

⑤ 陆庭恩:《非洲民族主义政党和政党制度》,上海:华东师范大学出版社,1997 年版。

⑥ 陆庭恩:《非洲民族主义政党和政党制度》,上海:华东师范大学出版社,1997 年版。

获取,竭力扶持非洲国家市民社会的成长,非洲国家国内的政党政治也随之发生变化,出现碎片化和国际化特征。对非洲国家而言,作者认为政党政治的重要性仍然突出、非洲多党制民主制的发展方向已经不可逆转、非洲属性将影响政党政治的发展、非洲政党政治正试图摆脱英、法干涉。[①]

非洲国家政治体制和国家结构方面,上海社会科学院法学研究所出版了《各国宪政制度和民商法要览:非洲分册》[②],书中包括阿尔及利亚、埃及、埃塞俄比亚、利比里亚、赞比亚等全非洲大陆共计 38 个国家的宪政制度和法律。徐济明和谈世中对非洲国家独立后政治体制的类型与特点作了归纳与总结,并对非洲政治民主化浪潮中出现的问题提出了自己的看法。其一,非洲无论在法治体制上,还是在处理部族矛盾及国内其他各种矛盾的方式上,各国发展极不平衡;其二,非洲民主化进程反复出现的原因,一是法治体制尚不够完善,二是有些政党领导人在民主化进程中过于热衷争夺个人权力;其三,即使一些非洲国家解决了体制问题,政治上实行多党制,还需要建立起一整套与之相适应的政策措施,这个浩大的系统工程需要假以时日。[③]

现阶段,对非洲政治制度的研究,大部分学者主要论述的是西式民主不能完全适应非洲,移植的英、法政体只是形式上的民主;一小部分学者认识到这种民主客观上给非洲带来了一定程度的经济发展与社会稳定;还有一部分学者认识到英、法通过控制非洲多党民主制中

---

① 王洪一:"非洲政党政治的新特点和新趋势",载《当代世界》,2013 年第 12 期,第 60—63 页。

② 上海社会科学院法学研究所编译室编译:《各国宪政制度和民商法要览:非洲分册》,北京:法律出版社,1986 年版。

③ 徐济明、谈世中:《当代非洲政治变革》,北京:经济科学出版社,1998 年版,第 163—166 页。

的不同党派,控制非洲国家。但学者们大都忽略了这种政治制度对非洲民众民主观念的培养,忽略了政治制度对非洲人民政治价值观的引导。

其二,关于政治民主化的研究,学者们对非洲政治民主化的研究各抒己见。伊萨·希夫吉在《非洲的民主与民主化》一文中指出,自由主义民主在资产阶级核心区兴起后被推广、移植到了边缘地区,民主化则意指世界其他地区为扩大人类自由和尊严对抗英、法的斗争。目前,世界上存在自由主义民主、社会主义民主、社会民主主义等各种模式的民主。对于非洲国家而言,应该倡导同时解决帝国主义问题和民主问题的新民主。① 赫尔曼·魏斯曼的《大众传媒、民主和发展中的非洲》论文集讨论了非洲大众媒体与民主的关系,认为大众媒体在鼓励政治辩论,为民主的发展提供了有效的途径。该论文集提出外部文化在本地从广播、电视到互联网、手机,从街头海报到电影和音乐,通过各种平台的传播会损害当地本土文化的传播与发展。②

杰弗瑞·海恩斯在《发展中国家的民主》一书中,整理了从 20 世纪 80 年代开始非洲四十多个国家和地区的民主状况,对非洲民主进行了深入的研究。一方面,他指出虽然非洲国家国情多种多样,但是由于他们社会发展的共性,使得他们一直在类民主范围内发展,距离真正民主仍是遥不可及。另一方面,他认为非洲的民主化是结合了本地区的经济和政治情况,受到国内国际两方面共同作用的结果。③ 由此可以看出,非洲民主同欧洲民主发展动力的不同,这也决定了非洲

---

① Issa G. Shivji, Democracy and Democratization in Africa, Interrogating Paradigms and Practices, Pambazuka News 560, November 30,2011, http,//www. pambazuka. org/en/category/features/7836 1.

② Herman Wasserman, *Popular Media*, *Democracy and Development in Africa*, Abingdon on Thames, London: Routledge, 2010, pp. 1 – 17.

③ Jeffrey Haynes, *Democracy in the Developing World*, *Africa*, *Asia*, *Latin America and the Middle East*, New Jersey: John Wiley & Sons, 2013, p. 129.

民主的内部动力条件并不充分。

值得注意的是,尼尔森·卡斯弗在《公民社会和民主非洲》一书中,明确指出应从批判的角度看待非洲民主化现象,他认为长久以来,非洲同贫穷联系在一起,而非民主。经过不足二十年的民主引进,非洲民主同想象中的民主发展越来越大相径庭。即使非洲国家开始了民主改革,落实了选举制度,但还是没有实现真正意义上的民主。事实证明,民主仅通过形式上的引进是贯彻不到国家政治生活中的。[①]西方学者对非洲民主的研究步步深入,认识到想象的非洲民主同实际的非洲民主并不相同,并提出通过良治与公民社会引导非洲。但西方学者依旧徘徊在用英、法的价值观审视非洲的角度,依旧希望用非洲的价值观塑造非洲的民主。

国内学者对非洲政治民主化的观点不同于国外学者。张宏明以影响非洲政治发展的内、外环境为切入口,从部族主义因素对撒哈拉以南非洲国家建设及政体模式取向产生的影响作了深入探讨。[②] 李安山对 20 世纪 80 年代末至 21 世纪初的非洲民主化进程进行了细致探讨,论述了非洲国家政治结构调整、民主化进程同军队与公民社会的关系。[③] 贺文萍指出,对于非洲国家而言,全球化是一把双刃剑,既可以在最大程度上动员非洲人民参与本国民主政治体制的建设,同时,也会促成非洲地方民族主义的滋生,引发地区性的政治动荡。[④] 郭佳在有关非洲基督教会的文章中着重探析了基督教会对非洲民主化进程发挥的特别作用,认为"作为西方政治文化载体的基督教会势力已

---

① Nelson Kasfir, *Civil Society and Democracy in Africa*, Abingdon on Thames, London: Routledge, 2013, p.124.

② 张宏明:《多维视野中的非洲政治发展》,北京:社会科学文献出版社,1999 年版。

③ 李安山:"非洲民主化进程研究概述",载《国际政治研究》,2000 年第 3 期。

④ 贺文萍:"全球化与非洲政治发展",载杨光主编:《2005—2006 年中东非洲发展报告》,北京:社会科学文献出版社,2007 年版。

经成为影响非洲国家政治发展的关键要素,在非洲国家政治生活中占有重要地位"。[①] 郭佳指出,尽管民主政治的制度性框架已经在非洲一些国家构建,但其在运行过程中仍然暴露出诸多问题,如何巩固民主政治成果仍面临巨大挑战。此外,郭佳表示非洲基督教会巩固、推进和完善了非洲政治民主化的成果。[②]

由此可见,国内学者对非洲民主化的进程作出了较为充分的论述,认识到英、法向非洲植入政治制度的目的是为了更好地控制非洲政府。但国内学者同国外学者一样,在政治制度对非洲国民政治价值观的塑造方面研究相对较少。

其三,关于泛非主义思潮的研究。泛非主义产生于 19 世纪后期,是非洲大陆的民族主义。科林·勒古姆在《泛非主义》一书中将泛非主义思想的起源、分散发展与回到非洲的历程进行了梳理,并阐述了现代政治思想对泛非主义的影响。一方面,作者梳理了泛非主义思想的发展史;另一方面,作者认识到准确预测泛非主义思想未来的发展是不可能的,因为泛非主义的发展猛烈而迅速,所以只能预测其在有限时间内的发展状态。[③] 西姆费沃·塞杉迪在《泛非主义的基础来自于对祖先的尊敬与非洲文艺复兴对人性化世界的追求》一文中指出,非洲文艺复兴是泛非主义的目标,旨在恢复非洲人受到殖民摧残与奴役后的内心世界。他认为泛非主义应该是一种哲学方法,是对祖先的崇拜,并表达非洲团结的意识,是一种人与人之间的泛非主义。同时,他强调泛非主义实现非洲文艺复兴的追求不仅是非洲人,而且是整个

---

① 郭佳:"基督教会在非洲民主花进程中的角色探析",载《西亚非洲》,2010 年第 3 期,第 29—34 页。

② 郭佳:"基督教会在巩固非洲政治民主化成果中的作用",载《世界宗教文化》,2013 年第 3 期,第 68 页。

③ Legum, Colin. *Pan-Africanism*. London：Pall Mall Press, 1962, p.1.

人类的人性化。① 大多数有关泛非主义思潮的文献重点关注泛非主义思想发展历程和政治组织两个方面。对泛非主义思想发展历程和对泛非主义思想发展影响的原因大都集中于反对殖民主义和争取民族独立。

然而，马兹鲁伊的《泛非主义：从理想到现实》一文在研究泛非思想的同时注意到泛欧思想对其产生的影响。一方面，作者从泛化运动的理论层层深入，探析了早于泛非思想的泛欧思想。他认识到泛欧思想是理想与现实、噩梦与美梦的交织，所以在泛非运动中设计的美好总会被现实利益打破，但是在一定限度内的冲突可以防止未来战争。另一方面，文章对比了泛非思想与泛欧思想、非统与欧洲共同体的相似性，并论及了泛非主义思想下非洲国家对欧洲国家的模仿。② 但文中更多的是强调两者的相似性，对于两者之间的关联没有作出进一步的分析。另外，由于时代的限制，对于之后欧非关系无法预测。

国内对于泛非主义的研究包含泛非主义思想与非洲一体化发展两方面。学界常将泛非主义作为非洲一体化的实践动力与理论基础。③ 唐大盾指出，泛非主义作为影响现代非洲的政治思潮，一方面促进了非洲的独立和统一，另一方面推动了非统的建立。④ 张忠民在《泛非主义的产生及其对非洲的影响》一文中认为，泛非主义促进了非洲人民二战前的民族意识的觉醒，极大地推动了非洲民族解放运动

---

① Sesanti, Simphiwe, Ancestor-reverence as a Basis for Pan-Africanism and the African Renaissance's Quest to Re-humanise the World, An African Philosophical Engagement, *International Journal of Social Science Studies*, Vol. 5, No. 1, 2016, pp. 63 – 72.

② Ali A. Mazrui, Pan-Africanism, From Poetry to Power, *A Journal of Opinion*, Vol. 23, No. 1, 1995, pp. 35 – 36.

③ 舒运国："非洲一体化研究综述"，载《西亚非洲》，2011年第5期，第52页。

④ 唐大盾："泛非主义的兴起、发展及其历史作用"，载《西亚非洲》，1981年第6期，第21—27页。

的扩展。① 此类学者主要的关注点在于泛非主义思想对非洲一体化发展的作用,但忽略了泛非主义运动中,国际环境对泛非思想的影响。

在泛非主义思想指导下的非洲一体化发展史研究步步深入,罗建波在《通向复兴之路——非盟与非洲一体化研究》一书中,把非洲一体化划分为"20 世纪上半叶的泛非运动"、"20 世纪下半叶的非洲一体化"与"全球化时代的非洲一体化"三个阶段。② 李文俊认为非洲一体化进展缓慢的原因在于非洲国家之间难以处理好国家主权独立同主权让渡之间的制约关系。③ 王永辉对此持相同观点,认为"在一定程度上,非洲国家巩固和维护主权的努力成为制约非洲一体化深入发展的重要因素"。④ 学者们注意到在泛非主义思想影响下的非洲一体化发展缓慢,但忽略了对非统、非盟这些非洲一体化进程中质的飞跃原因的探讨。

值得指出的是,陆庭恩在《经济全球化与非盟》一文中对非盟诞生的必然性作出阐述:就经济全球化自身而言,相对于贸易保护主义和重商主义有着必然的进步性,同时全球化的发展为广大发展中国家提供了不可多得的机遇。为了避免在全球化过程中被边缘化的风险,非洲国家需要走向联合,以实现自强。非盟的组建为非洲国家的联合自强提供了组织和制度保证,成为非洲联合的基础与后盾。⑤ 陆庭恩对

---

① 张忠民:"泛非主义的产生及其对非洲的影响",载《徐州师范大学学报》,1992年第 3 期,第 109—112 页。

② 罗建波:《通向复兴之路——非盟与非洲一体化研究》,北京:中国社会科学出版社,2010 年版,第 7—11 页。

③ 李文俊:"区域性主权与国家主权的交融与碰撞——非洲一体化进程中的国家主权问题",载《学术探索》,2009 年第 4 期,第 55—59 页。

④ 王永辉:"非洲经济一体化与东亚货币地区主义的比较分析",载《社会主义研究》,2009 年第 4 期,第 142—146 页。

⑤ 陆庭恩:"经济全球化与非洲联盟",载《国际政治研究》,2003 年第 2 期,第 13—21 页。

非盟诞生的原因作出了符合学界主流思想的解释,但是在泛非主义思想指导下的非盟是否受到泛化运动的影响,是否受到泛欧思想的影响却未曾提及。

总体来看,学界关于非洲政治制度对英、法政治制度从模仿植入到经历数次浪潮再到重新选择的进程研究比较系统,就本书而言,现有的系统研究属于英、法改变了非洲的社会环境,但这种改变只是促使非洲的社会环境向有利于英、法发挥软权力的方向发展,而对于英、法制度和政治价值观在非洲的塑造以及如何成为英、法在非洲的软权力论述较少。

0.3.4　关于非洲文化现状的研究

文化是一个相对宽泛的概念,有广义和狭义之分,本书研究的文化更多集中在宗教、文化教育与价值观层面。

第一,关于非洲宗教研究。

非洲地区主要宗教分为传统宗教、非洲基督教和非洲伊斯兰教三个部分,本书研究对象为非洲与基督教,研究目的为探讨基督教对非洲宗教与非洲文化的影响,所以文献收集主要集中在对非洲传统宗教与非洲基督教范围内。

其一,非洲传统宗教研究。学者大多集中于对非洲传统宗教性质和内涵的解读。杰弗里·帕林德在《非洲传统宗教》一书中具体介绍了撒哈拉以南非洲人的宗教信仰,并对这些宗教进行了详尽的比对。该书从"非洲人如何构想他们心中的神"[①]这一问题出发,通过系统深入研究非洲传统宗教,对其做出了比较全面的介绍。

高德弗利·伊格韦布伊克·欧纳在《非洲传统宗教文化中的和平

[①] Edward Geoffrey Parrinder, *African traditional religion*, California: Greenwood Press, 1970, p. 1.

含义》一书中指出,非洲传统宗教的基本特性体现在信仰、崇拜、道德和世界观四个方面。就非洲整体而言,传统宗教信仰的主要对象是上帝、神、精灵和祖先,对它们的崇拜渗透于非洲人民生活的各方各面,祭祀、祷告、乞灵和舞蹈都可以看到崇拜神灵和祖先的踪迹;对信仰传统宗教的非洲人而言,他们尊重上帝对秩序的建立,审慎地对待祖先和神灵的监督,由此形成了其极具特色的道德规范准则。①

另外,一部分学者重点研究非洲传统宗教的地位变化。阿罕罕佐·格莱莱在《北非的宗教、文化和政治》一书中指出,在 19 世纪末 20 世纪初,非洲传统宗教受到外来因素的影响,其原有地位受到严重冲击。② 奥卢颇纳指出,从宏观而言,非洲传统宗教具有一致性。然而在进一步对比中可以发现,他们在形式上存在着巨大的不同,这些相异性导致非洲传统宗教难以形成抵御外来宗教渗入的合力。③ 姆毕蒂在《非洲宗教哲学》一书中指出非洲政治独立后,非洲宗教面对来自外来宗教蚕食与非洲内部社会变革的双重压力,传统宗教信仰的基础产生动摇,使非洲产生了宗教信仰危机。④

此外,还有学者对非洲传统宗教在现代生活中的境遇作了评估。道格拉斯·托马斯在《现代生活中的非洲传统宗教》一书中从非洲传统宗教的角色、西方人眼中的非洲传统宗教、非洲传统宗教文化等方

---

① Onah, Godfrey Igwebuike. *The meaning of peace in African traditional religion and culture*. Rome: Pontifical Urban University, 2008.

② Maurice Ahanhanzo Glele, *Religion, Culture et Politique en Afrique Noire*, Paris: Presence Africanine, 1981, p. 73.

③ Jacob K. Olupona, Major Issues in the Study of African Traditional Religion, in Jacob K. Olupona Edited , *African Traditional Religions in Contemporary Society*, New York, Paragon House, 1991, p. 26.

④ John M'Biti, *Religion et Philosophie Africaine*, Ed. CLE, Yaoude, 1972, p. 11.

面详细描述了非洲传统宗教如何同非洲现代生活相融合的。[1]

国内学者对非洲传统宗教的基本情况也有一定的研究。宁骚主编的《非洲黑人文化》一书将非洲宗教作为文化的重要组成部分展现在我们面前,认为自然崇拜、图腾崇拜、祖先崇拜、精灵崇拜和首领崇拜构成的传统宗教是非洲黑人固有的、有悠久历史和广泛社会基础的宗教。[2] 此外,刘鸿武的《黑非洲文化研究》[3]、艾周昌主编的《非洲黑人文明》[4]或多或少也都涉及非洲传统宗教的内容。这些研究为非洲传统宗教的研究提供了丰富的基础素材。

关于非洲传统宗教地位、内涵以及传统宗教在殖民时期的变化等研究,张宏明在《传统宗教在非洲信仰体系中的地位》一文中指出,非洲传统宗教是动态的,在社会、经济和文化欠发达的阶段,它仍在非洲保持独特地位,影响非洲人的思维方式和行为规范,并将继续在非洲国家的社会生活和政治生活中起潜移默化的作用。[5] 包茂宏在《试析非洲黑人的图腾崇拜》一文中对图腾崇拜做出了探讨。[6] 值得注意的是,肖海英在《非洲传统宗教与习惯法的发展》中突破了以往对于非洲传统宗教性质、内容以及地位的研究,探讨了非洲法律与宗教的关系。文中指出在非洲,传统宗教与习惯法相互依存,相互渗透,相互影响。

其二,对非洲基督教传播历史的研究。15 世纪,现代基督教伴随

---

① Douglas E. Thomas, *African Traditional Religion in the Modern World*, Jefferson: McFarland & Co Inc, 2015.

② 宁骚:《非洲黑人文化》,杭州:浙江人民出版社,1994 年版。

③ 刘鸿武:《黑非洲文化研究》,上海:华东师范大学出版社,1997 年版。

④ 艾周昌:《非洲黑人文明》,北京:中国社会科学出版社,1999 年版。

⑤ 张宏明:"传统宗教在非洲信仰体系中的地位",载《西亚非洲》,2009 年第 3 期,第 11—19 页。

⑥ 包茂宏:"试析非洲黑人的图腾崇拜",载《西亚非洲》,1993 年第 3 期,第 67—70 页。

着英、法殖民活动传入非洲,传播过程中与非洲人的生活不断融合形成了本土化的基督教。时至今日,非洲成为基督教发展最为迅速、最具活力、人数最为庞大的地区。基督教为何在非洲发展如此迅猛,学者们主要从非洲基督教传播历程、基督教本土化、基督教与政治关系和基督教在非洲发展现状四个方面进行解析。

关于基督教在非洲传播历程,约翰·米德尔顿在《非洲百科全书:撒哈拉以南的非洲》一书中对基督教的传入作了介绍。他指出 19 世纪 50 年代前,基督教在撒哈拉以南的非洲传播有限,仅限于非洲的东部和西部沿海的少数区域。① 穆迪姆贝的《信仰传说:宗教在中部非洲的政治表现》一书探讨了非洲宗教与非洲身份之间的关系。他将信仰作为中心问题讨论,强调基督教与非洲融合过程极具挑战性。试图通过对基督教在非洲传播过程中给非洲带来的问题进行分析,打破基督教在传入非洲过程中给非洲人民带来的不切实际的幻想。②

国内学者在对非洲基督教传播研究中,郭佳在《撒哈拉以南非洲基督教的历史与现实》一文中指出,基督教在非洲的传播经历了两个阶段,第一个阶段是从 15 世纪到 19 世纪,基督教逐步传入非洲,且收效甚微;第二个阶段是从 19 世纪 50 年代至非洲地区国家步入独立阶段,是基督教在非洲大传播、大发展时期。③ 不容置疑的是,基督教随着英、法殖民者的入侵在非洲传播扩散,非洲基督教同殖民主义有着千丝万缕的联系,这是学者们的共识。

关于基督教本土化的研究。约翰·穆毕提在《非洲的基督教与传

① John Middleton, Encyclopedia of Africa, *South of the Sahara*, *Volume I*, New York: Simon & Schuster Macmillan, p. 280.

② Mudimbé, Vumbi Yoka, *Tales of faith*, *religion as political performance in Central Africa*. London: Bloomsbury Publishing, 2016, p. 1.

③ 郭佳:"撒哈拉以南非洲基督教的历史与现实",载《世界宗教文化》,2016 年第 3 期,第 62—68 页。

统宗教》一文中指出,作为学者,需要重视非洲基督教同传统宗教之间的关系。受到基督教的强烈影响,基督教已经将非洲基督化,然而非洲并未实现基督教的完全非洲化,非洲人的思想逐渐被基督教控制。[1]此外,莫理循等在《黑非洲》一书中指出基督教的非洲化以独立教会运动为开端。[2]

国内学者在非洲基督教本土化研究方面,雷雨田在《论基督教的非洲化》一文中指出,基督教的非洲化指的是 1400 年以来英、法等西方基督教传教士在撒哈拉以南非洲建立教会过程中发生的地方化、非洲化的过程及结果。基督教非洲化以英、法基督教的植入为起点,以殖民体系的崩溃为高潮。[3] 张宏明在《多维视野中的非洲政治发展》一书中指出,黑人基督徒抵制英、法文化入侵和捍卫非洲传统文化,即为反抗教会内部的种族歧视和摆脱英、法国家教会的控制是基督教非洲化兴起的历史背景。[4]

关于基督教与政治关系的研究。吉福德在《齐卢巴的基督教国家》一文中提到赞比亚的教会在监督与制衡政治上的腐败等不良作风、巩固民主上的作用非常重要。[5] 川西·库佩如在《构建民主:对南非和津巴布韦宗教协会的审查》一文中指出,一部分基督教会对非洲政治民主化的发展起到强有力的监督作用,如南非的"南非教堂理事会"等基督教会组织在监督国会立法方面做出了巨大贡献。作为市民

---

① Mbiti, John S, Christianity and traditional religions in Africa, *International Review of Mission*, Vol. 59, No. 236, 1970, pp. 430 – 440.

② Donald George Morrison, Robert Cameron Mitchell and John Naber Paden, *Black Africa*, New York: Irvington Publisher, Second Edition, p. 32.

③ 雷雨田:"论基督教的非洲化",载《西亚非洲》,1990 年第 2 期,第 53—58 页。

④ 张宏明:《多维视野中的非洲政治发展》,北京:社会科学文献出版社,1999 年版。

⑤ Paul Gifford, Chiluba's Christian Nation, Christianity as a Factor in Zambian Politics 1991 – 1996, *Journal of Contemporary Religion*, Vol. 13, No. 3, 1998, pp. 363 – 381.

社会的一部分,组织国会联络办公室,监督国会对国民民主权力进行保障。① 瑾·弗兰克斯在《喀麦隆新教教会》一书中指出喀麦隆教会对牧师的身份做出了特别规定,为保证牧师可以公正引导信徒,要求牧师不得拥护特定政党。②

国内学者在研究基督教会与非洲政治民主化问题上,张宏明在《多维视野中的非洲政治发展》一书中指出,无论哪一个时期,非洲教会的作用都不容低估和忽视。郭佳在对基督教的研究中指出,非洲基督教会在其国家民主化的各个阶段都扮演了重要的角色,首先,在民主化初期,基督教会是民主化的组织者与诱导者;其次,在民主化发展阶段,基督教会是民主化危机的调停者与民主化推进的促进者;最后,在民主化巩固阶段,基督教会是保障社会稳定、监督政府民主、推进政治民主的重要组成部分。③ 另外,郭佳在《非洲基督教会政治立场转变原因分析》中指出,教会立场转变的原因,除非洲国家政治经济状况恶化、政教关系发生变化、教会自身权力增强之外,同时也受到国际政治大环境和国际教会组织等外部因素的影响。④

关于基督教在非洲发展现状研究。国外学者认为作为非洲两大最为广泛传播的宗教之一,基督教在非洲的发展速度极快。20 世纪初,基督教在非洲的信教群众仅有 900 万,到了 21 世纪,这一数字估计有 3.8 亿。根据 2006 年皮尤公司的统计,其中 1.47 亿非洲基督教

---

① Tracy Kuperus, Building Democracy, An Examination of Religious Associations in South Africa and Zimbabwe, *The Journal of Modern African Studies*, Vol. 37, No. 4,1999, p. 658.

② Jean-Francois Medard, Les Eglises Protestantes au Cameroun, Entre Tradition Autoritaire et Ethnicite, in Francois Consatantin et Chistian Coilom, *Religion et transition democratique en Afrique*, Paris; Edition Karthala, 1997, pp. 209 – 212.

③ 郭佳:"基督教会在非洲民主化进程中的角色探析",载《西亚非洲》,2010 年第 3 期,第 39—42 页。

④ 郭佳:"非洲基督教会政治立场转变原因分析",载《西亚非洲》,2012 年第 5 期,第 20—33 页。

徒是非洲新宗教运动后产生的非洲基督教非主流教会的信徒。[①] 根据
大卫·巴瑞特在《非洲基督教传记》一文中所述,1995 年整个非洲
1.15 万个教区中,有 55.2 万个教会属于非主流教会。近年来,基督教
徒激增中一个很鲜明的特点是,基督教福音传播者更多的是非洲传教
士,而非欧洲传教士。还有一些专家预测,近代基督教的中心将从欧
洲国家向非洲转移。拉明·桑纳在《历史超越现实》一文中指出,非洲
民众信仰基督教不再是一个奇特的现象,而会成为基督教发展的主导
力量。[②] 国内学者对于基督教在非洲发展现状的研究并不多,郭佳在
《撒哈拉以南非洲基督教的历史与现实》一文中指出,由于基督教非洲
化运动,基督教在非洲得到了迅速发展,并且于 1960 年成为非洲第一
大宗教。特别是进入 21 世纪以来,非洲基督教发展成为最具活力的
地区。[③] 同时郭佳也认识到,非洲基督教非主流教派的发展速度相对
于主流教派发展更为迅速。她认为出现这种现象的原因既同非洲地
区国家的政治经济发展水平相关,也同非主流教会不干涉政治且进行
自身改革相关。

综上所述,国内外学者对非洲宗教的研究比较全面和深入,就本
书而言,既涵盖了对非洲传统宗教与非洲基督教的专门性研究,也包
含了对二者关系的探讨,同时还探讨了非洲基督教对现代社会的
意义。

第二,关于非洲文化教育现状研究。

非洲文化教育的状况与模式同殖民教育政策有着千丝万缕的联

---

① Gospel Riches, Africa's rapid embrace of prosperity Pentecostalism provokes concern and hope, *Christianity Today*, July 2007.

② Lamin Sanneh, Historian Ahead of His Time, *Christianity Today*, February 2007.

③ 郭佳:"撒哈拉以南非洲基督教的历史与现实",载《世界宗教文化》,2016 年第 3 期,第 62—68 页。

系:一方面,虽然许多非洲国家已经独立近三十年,但仍沿袭了殖民时期英、法等宗主国遗留的殖民教育体系,实行的仍是精英主义教育;另一方面,那些信奉基督教的非洲人对于传统宗教的看法是过时与迷信的,是落后与陈旧的。有些非洲基督教信徒甚至把欧洲人对非洲传统文化的看法作为自己的观点。所以,本研究收集文献的主要关注点在于对殖民主义教育遗产与非洲文化教育现状两方面。

　　其一,殖民时期的宗主国文化植入。有关殖民时期的教育政策研究,丹条·特弗拉和菲利普·阿特巴赫在《非洲高等教育》一文中指出,非洲国家独立后的高等教育延续了殖民时期的教育体系,具有影响力的高等学府基本上都是在英、法等国家殖民时期建立起来的,其治学模式均仿照英、法模式组建。[①]　克里特和福斯特在《法国和英国的非洲殖民教育》一文中分析了法国与英国的殖民教育政策,指出法国的殖民地教育以同化非洲精英、培养拥护宗主国的非洲上层阶级为主。与此同时,英国的殖民地教育为有效管理殖民地区,对殖民地以平民教育、笼络人心为主。[②]　斯塔夫里阿诺斯在《全球通史》中对殖民时期基督教教会教育作出了剖析,指出教会学校对非洲人的传统观念进行了颠覆性的教育,在他们的课堂中,传统的非洲是原始、落后的。在经历了一段时间的教会学习后,这些教会学生便逐渐否定了父母与长辈的传统教育,对教会老师更为崇拜。教会学校教授的课程多为介绍欧洲,很少涉及非洲,这使得非洲学生对本地区的了解颇为匮乏。同时,教会影响非洲学生人生观的形成,推崇英、法的极端个人主义,而否定非洲传统的集体主义,这些教育使得非洲学生更加希望远离传

[①] Damtew Teferra and Philip G. Altbach, African Higher Education, Challenges for the 21st Century, *Higher Education*, Vol. 47, No. 1, 2004, pp. 21 – 50.

[②] Remi P. Clignet and Philip J. Foster, French and British Colonial Education in Africa, *Comparative Education Review*, Vol. 8, No. 2, 1964, pp. 191 – 198.

统非洲的生活环境。因此,非洲的教会学生更愿意为殖民政府效力或加入基督教传教团,以影响更多的非洲人。自此,他们又加深了与传统非洲文化的隔阂。[①]

另外,还有学者对英国和法国在其殖民地教育政策的各自特性作了分析。有关英国殖民地教育问题,可列夫·怀特海德在《英国在热带非洲的教育政策》一文中指出,英国于 1925 年出台的教育白皮书是为其殖民地教育、继续推行殖民统治而服务的。[②] 约翰·卡雷法在《教育适应和泛非主义:非洲的发展趋势》一文中指出,英国的适应性教育强调了对传统非洲观念与英国观念的融合,其核心思想是将非洲传统部落文化纳入殖民教育体系促进殖民社会的发展。同时作者论述了英国殖民教育是在跨文化的状况下对两种文化的拼接。[③] 有关法国殖民地教育问题,亚马达·舒寇在《从古至今的非洲高等教育史》一文中指出了法国殖民教育的特点,第一,法国政府推行殖民教育的目标是对法国世俗文化的传播,而非基督教文化的传播,所以对于基督教的教会教育持消极态度;第二,对非洲人的教育严格把控,教育部门的各级机关职员由法国人担任;第三,法国殖民主义者对非洲人种族歧视严重,所以不重视发展非洲教育。[④]

国内学者对于非洲殖民期间教育的专门性研究并不多,沈婷、邓明言在《两次世界大战期间英属热带非洲殖民地适应性教育政策》一

---

① Leften Stavrianos, *A Global History*, *From Prehistory to the 21st Century* (*7th Edition*), California: Pearson, 1998, pp. 90 – 101.

② Clive Whitehead, Education Policy in British Tropical Africa, the 1925 Ehite Paper in Retrospect, *History of Education*, Vol. 10, No. 3. 1981, p. 198.

③ Marah, John Karefah, Educational adaptation and pan-Africanism, developmental trends in Africa. *Journal of Black Studies*, Vol. 17, No. 4, 1987, pp. 460 – 481.

④ Yamada, Shoko. A History of African Higher Education from Antiquity to the Present: A Critical Synthesis-By Y. G-M. Lulat, *Developing Economies*, Vol. 45, No. 2, 2010, pp. 245 – 248.

文中指出,英国统治下的非洲殖民地区在两次世界大战期间以菲尔普斯斯托克委员会的报告为指导方向,对非洲殖民地区实施适应性教育。[①] 於荣、黄丹华在《殖民主义遗产与非洲高等教育——撒哈拉以南非洲法语国家高等教育发展的历史考察》一文中指出,殖民主义时期,法国的同化教育对非洲地区国家独立后的高等教育产生持续性消极作用。这些消极影响表现为:教育成本高昂,入学机会严重不足,科学与技术在教育中被忽视,非洲本土语言在高等教育中被边缘化。[②]

其二,独立后非洲国家的教育现状。外国学者对于非洲后殖民时代的教育问题分别从教育制度和语言学习两个方面进行了研究。如詹姆斯·托尔夫森等在《教育方针》一书中指出,如何处理语言同文化教育关系是新独立非洲国家急需解决的教育问题。许多国家在独立初期,将前宗主国语言的学习课程设置为选修课,不再是以前的必修课,从而减弱原宗主国的影响力。然而,许多非洲精英宣称前宗主国的教育政策有很大一部分仍需贯彻。由此,倾向非洲本土化教育与倾向英、法式教育的理念便成为一个政治性问题。当非洲人真正统治自己的国家时,他们发现很难提出一个可以取代殖民教育系统和殖民语言体系的更优政策。在许多新独立的非洲国家中,宗主国语言仍是主要官方语言之一。[③] 博卡姆巴在《法属殖民地的语言政策及其遗产》一文中指出,新独立国家在应对语言教育选择策略时,应将欧洲语言只看做中性的工具。在研究的过程中,不可否认语言具有工具性,但作为研究者,同样应该看到语言对话语体系的控制作用,所以这种解决

---

① 沈婷、邓明言:"两次世界大战期间英属热带非洲殖民地适应性教育政策",载《教育史研究》,2007 年第 3 期,第 83—86 页。

② 於荣、黄丹华:"殖民主义遗产与非洲高等教育——撒哈拉以南非洲法语国家高等教育发展的历史考察",载《比较教育研究》,2011 年第 12 期,第 34—37 页。

③ James W. Tollefson, Amy B. M. Tsui, *Medium of Instruction Policies, Which Agenda*? Whose Agenda? Abingdon on Thames, London: Routledge, 2003, pp. 201-213.

办法是否可行,还需要作深入探讨。[①]

国内学者对于非洲后殖民时代的教育问题研究主要集中在教育改革方面。杨豪杰在《独立后非洲各国教育改革历程及其存在的问题》一文中指出,非洲教育在独立后的几十年改革发展过程中,既有提高也有徘徊,其一系列的改革措施为非洲教育摆脱殖民影响、走上正轨起到了积极作用,这主要体现在数量的增长和质量的提高上。但是,由于教育内外部环境的恶化,改革的成果也曾一度被侵蚀。厘清非洲教育改革发展的脉胳对于许多发展中国家来说具有一定的借鉴意义。[②] 徐辉、万秀兰在《全球化背景中的非洲高等教育本土化》一文中指出,非洲高等教育本土化思想和实践产生于全球化中非洲的边缘化以及非洲内部关于发挥"内部发展潜力"以遏制边缘化的诉求。[③] 但需要指出的是,由于历史和现实的原因,非洲高等教育本土化水平还比较低。

另外,李建忠在《战后非洲教育研究》一书中系统地研究了非洲从二战结束后到 20 世纪 90 年代的非洲教育问题。他指出大致从 20 世纪 60 年代开始,独立后非洲国家以极高的政治热情把教育放在优先发展领域,在摆脱外来教育模式的影响及实现教育民族化方面做出了极大努力,形成 60 年代和 70 年代教育大发展时期。但进入 80 年代,非洲教育形势迅速恶化,面临的突出问题是数量收缩和质量滑坡,独立以来在教育方面取得的进步受到极大侵蚀。[④]

---

① Bokamba, Eyamba G. , *French colonial language policies in Africa and their legacies*, *Language planning*, March 1991, pp. 175 - 213.

② 杨豪杰:"独立后非洲各国教育改革历程及其存在的问题",载《教育改革》,2007 年第 3 期,第 82—85 页。

③ 徐辉、万秀兰:"全球化背景中的非洲高等教育本土化",载《比较教育研究》,2007 年第 12 期,第 40—44 页。

④ 李建忠:《战后非洲教育研究》,南京:江苏教育出版社,1996 年版,第 5—7 页。

值得注意的是,高虹瑶将欧盟对非洲的教育援助划分为四个主要阶段。一是殖民阶段。殖民时期英、法对非洲地区的教育援助比较匮乏。英、法等宗主国在非洲地区以传教团体为主体,以对非洲进行文化传播和文明渗透为目的,建立学校。二是欧共体援助阶段。这一阶段英、法对非洲的教育援助走向政策化与制度化,使得教育援助的体系逐步形成。在一系列协定的助推下,英、法在内的欧共体对非洲国家的教育援助逐步系统化。三是欧盟援助阶段。这一阶段欧盟将对非洲国家的教育援助同国际教育援助相联系,突出对非洲国家教育政策制定的援助与保障。四是非盟成立后,欧盟同非盟教育政策的对接,使得欧盟对非洲的教育政策具有了实质性合作框架。然而,虽然作者对欧盟援非教育政策进行了较为详细的梳理,但缺乏欧盟对非教育援助中政策的政治目的与对非洲的影响的分析。

总体来看,有关非洲文化现状的研究分为两部分,一部分研究殖民时期的殖民教育对于殖民统治的作用,另一部分研究战后非洲教育制度的改革与发展。然而,现有的研究对殖民时期的教育如何影响当代非洲人的思想没有进行系统分析。

第三,关于非洲价值观研究。

国际体系的转型影响到英、法等援助大国的对非政策。当前英、法正大力倡导所谓"民主价值观外交",在国际援助方面以民主、人权、良治为标准,强调所谓的英、法式民主人权观念。因此,对非洲价值观研究的文献梳理主要从非洲人的民主观念与民主意识、非洲人权观念和非洲国家治理现状的研究三个方面。

其一,对非洲人民主观念与民主意识的研究。国外文献中,对非洲民主的研究大都集中在非洲的政治民主化领域,与此成鲜明对比的是,他们对非洲人民主观念的研究凤毛麟角,仅有的民主观念也被打上了深深的英、法民主制度的烙印。如萨卡拉在《教会的政治角色》一文中指出,非洲国家教会通过开办培训班,对民众进行民主选举方面的教育。教会还会用基督教思想对民主化概念进行解释,用圣经构建现实社会中的选举观念。[①]

国内对政治民主化研究较多,然而对非洲人的民主意识的研究相对较少,且大多在政治民主化的文章中零星提及。杨麟在《简析非洲"大树下民主"民主制度》一文中指出,早在英、法殖民主义打乱了黑非洲社会发展的步伐以前,非洲部族社会就已经有了初级的民主意识。意见一致和大树下的民主作为黑非洲各个部落共有的文化传统,在如今的非洲政治生活中仍有着举足轻重的影响力。冷战结束后的近30年间,非洲国家受到民主浪潮的影响,尝试对各自国家进行改造,但成果甚微。[②] 杨麟的论述对非洲本土民主做了较充分的梳理,然而对于非洲本土民主与英、法民主的区别并未辨析。王莺莺在《对非洲民主化的再思考》一文中指出,在英、法的强力推动下,政治民主化浪潮席卷非洲大陆,非洲民主化使非洲国家的人民获得了一定的公民权利和民主意识。[③] 郭佳在《基督教会在巩固非洲政治民主化成果中的作用》一文中指出,至1995年,虽然从形式上看,大多数国家实现了从集权体制向民主体制的转变,然而从本质上来看,大多数所谓的民主非洲国家政治民主文化依旧极度匮乏,公民社会尚未完善。[④] 贺文萍的《非洲国家民主化进程研究》一书着重厘清民主与政治发展的差异,辩证看待民主,并指出民主作为影响政治发展诸多变量中的一个最关键变量,在实践中既可以促进,也可以阻碍非洲的政治发展。也就是说,只

---

① Sakala F. , The Role of Church in Politics, Communication Present E. E. A. la consultation Eglise/Etat, *Lusaka*, Vol. 11, No. 12, November 2013, p. 3.

② 杨麟:"简析非洲'大树下民主'民主制度",载《华章》,2011年第22期,第3页。

③ 王莺莺:"对非洲民主化的再思考",载《国际问题研究》,2002年第6期,第28页。

④ 郭佳:"基督教会在巩固非洲政治民主化成果中的作用",载《世界宗教文化》,2013年第3期,第68—72页。

有在经济发展、社会稳定、法治的基础上，民主才能极大地促进政治发展。[1]

　　其二，对非洲人权观念的研究。英、法的人权观念在非洲打下了深深的烙印，有关非洲人权观念的问题大都从非洲如何通过法律保护人权，如何依赖政治性手段解决区域人权问题进行论述。有关非洲人权观念的论述，约斯哈在《非洲价值观与人权的辩论》一文中，引导学者沿着跨文化路径寻找非洲人自己的人权观念。一是我们应该在地区的文化背景下讨论人权观念，而不能直接移植其他地域的人权观念；二是在非洲本土人权观念中有许多独到之处，这也是英、法人权观念可以学习的地方。[2] 伊萨·希夫吉在《非洲人权观念》一书中指出，学界迄今为止对非洲人权的问题大多从哲学和法律角度进行研究，作者提出需要将非洲人权问题纳入非洲社会领域思考。换句话说，伊萨试图从非洲劳动人民的立场重新思考非洲人权问题。这种做法可以避免将人权观念束缚在政治民主观念上，可以将人权问题置于非洲社会大环境中，发现更适合非洲人民的人权观。[3] 同样，奥·欧叶沃在《非洲人权观念？向相对主义发起的挑战》一文中指出，人权观念来自于文化。具体来说，人权概念是相对于文化而言的，没有绝对的人权观念。非洲的人权观念应该从非洲社会文化中发现。[4] 这些文献认识到人权观念不能从欧洲直接移植，但非洲人权观念应该是什么，其特

---

　　[1] 贺文萍：《非洲国家民主化进程研究》，北京：时事出版社，2005 年版，第 375—389 页。

　　[2] Cobbah，Josiah AM，African values and the human rights debate，an African perspective，*Human Rights Quarterly*，Vol. 9，No. 3，1987，pp. 309 - 331.

　　[3] Issa G. Shivji，*The Concept of Human Rights in Africa*，Dakar，Codesria，1989，p. 126.

　　[4] OA Oyowe，An African Conception of Human Rights？ Comments on the Challenges of Relativism，*Human Rights Review*，Volume 15，Issue 3，September 2014，pp. 329 - 347.

殊性存在于哪些方面,这些问题并未得到深入研究。

此外,非洲本土学者对非洲的人权问题也提出了自己的看法。坦桑尼亚学者科斯特·马海路在《人权和发展:一种非洲观点》一文中,从非洲人的角度观察人权和发展的关系。他指出遵守人权规定是发展的基础,发展保证了人权,发展与人权之间是相互补充的。即使发展尚处于最低水平时,也一定要做到尊重生存权。① 虽然该文从非洲人的角度阐述了人权,但对人权的理解仍被束缚在西式人权的基础之中。南非学者诺桑达左·特拉玛在《以"和平"作为推动非洲人权发展的价值基础》一文中,指出"和平"在促进非洲人权中具有战略性价值。和平是促进人权落到实处的基础,可以创造一个让人权在更大范围内得到尊重的环境。②

国内对于非洲人权观念的研究集中于对英、法式人权保护制度在非洲的建立。洪永红、贺鉴指出,非洲人权法院从议定书到审判原则均是英、法人权法院的翻版或是延伸。由此可见,西式人权保护制度对于非洲人权观念的形成与人权制度的建立影响巨大。③ 刘晓平指出,人权是欧盟的政治核心之一,欧盟对外援助之人权条款在非洲的实施,虽然因欧盟奉行"双重标准"的做法损害了人权条款所遵循的一致性与公正性,但从客观上而言,人权理念的推广一定程度上有利于促进非洲国家的人权发展,对非洲国家和平与社会稳定起到了外力推动作用。④

---

① 科斯特·R.马海路,黄列:"人权和发展:一种非洲观点",载《环球法律评论》,1992 年第 3 期,第 6—10 页。

② 诺桑达左·特拉玛:"以'和平'作为推动非洲人权发展的价值基础",载《人权》,2015 年第 5 期,第 66—74 页。

③ 洪永红、贺鉴:"非洲人权法院对欧美人权法院的借鉴——个体和非政府组织参与人权诉讼",载《法学杂志》,2002 年第 6 期,第 49—51 页。

④ 刘晓平:"欧盟对外援助之'人权导向'对非洲的影响",载《世界经济与政治论坛》,2009 年第 3 期,第 37—42 页。

另外,还有一些文献针对非洲人权事业的发展与特殊领域的人权进行分析。夏吉生在《非洲人权事业的新进展》一文中梳理了新世纪以来,非洲国家在保护人权方面取得的成绩。成绩主要集中在:非洲国家更加重视对本国民众的人权保障;维护人权的风气正在逐步发扬;认真反思卢旺达大屠杀事件;积极处理达尔富尔人道主义危机;妇女参政的机会日益增加;建立了多个维护人权和发扬民主的组织机构等方面。与此同时,他在文中还补充说明了非洲人权事业仍然面临许多问题与困难,其发展是长期而艰辛的。[①] 魏翠萍在《传统文化与非洲妇女人权》一文中探讨了非洲传统文化中男尊女卑观念导致的妇女人权受损这一现象出现的原因,说明种种违反非洲妇女人权的问题都与传统观念和文化有着密切关系。[②]

其三,对非洲国家治理现状的研究。国外这方面的研究非常丰富,如肯普·罗纳德·霍普的文章《向着良治和可持续发展迈进:非洲同行审议机制》指出,作为非洲发展新伙伴计划的实际成果,非盟国家通过了"非洲同行审议机制"。作者认为这一机制的出台是非洲领导人寻求扭转非洲国家政府政治独裁、缺乏责任感的局面,试图发展民主、惩治腐败,是增强经济管理透明度的行为,并进一步指出该机制给非洲国家提供更多的好处,同时反作用于非洲的实际发展。[③] 众多的国外文献对非洲良治问题的研究均较为细致,有许多案例研究。克莱尔·墨瑟的文章《创立伙伴关系:公民社会与坦桑尼亚良治的幻想》考察了坦桑尼亚的经验。英、法援助及国际货币基金组织和

---

① 夏吉生:"非洲人权事业的新进展",载《西亚非洲》,2005年第5期,第19—23页。

② 魏翠萍:"传统文化与非洲妇女人权",载《西亚非洲》,1995年第5期,第26—28页。

③ Kempe Ronald Hope, Toward Good Governance and Sustainable Development, *The African Peer Review Mechanism*, *Governance*, Vol. 18, No. 2, Mar 2005, pp. 283 - 311.

世界银行减免债务的背景下,在该国推行良治和伙伴关系。这篇文章主要关注坦桑尼亚国内社会的整合及治理结构的调整,认为坦桑尼亚的公民社会在国家治理结构中产生了巨大的作用,推进良治不断发展。[①]

另外,有学者进行了良治的国别研究。彼得·朗塞特等人所著的《非洲的良治:乌干达的案例》一书分三个部分论证在政府、公民社会和发展机构之间需要建立伙伴关系。作者重点研究了良治的能力建设、控制腐败建立公正的氛围以及加强公共服务的能力。[②] 奥比·凯文·伊赞伊里的著作《尼日利亚的民主和良治》对尼日利亚民主和良治情况进行分析,认为民主和良治是相互促进的关系。[③]

国内研究方面,夏吉生在文章《良政与非洲民主和发展》中指出,良政是 20 世纪 90 年代以来在非洲开始流行的一个理念,实施良政是非洲谋求发展复兴不可或缺的条件,日益受到非洲国家和人民的重视。良政与民主和法治结成一体,在一定意义上,良政就是民主施政和依法施政。非洲独创的"非洲对等督查机制"对良政的发展起着促进和监督的作用。[④] 杜小林的《良治还是良政?——非洲国家如何治国理政》一文探讨了非洲政府对良治问题的应对,认为实施良治促进了非洲国家的发展,并列举南非与埃塞俄比亚的案例证明这一观点。[⑤]

---

① Clair Mercer, Performing Partnership, Civil Society and the Illusions of Good Governance in Tanzania, *Political Geography*, Vol. 22, 2003, pp. 741 – 763.

② Peter Langseth, Damian Kato, Mohammad Kisubi Jeremy Pope, *Good Governance in Africa*, *A Case Study from Uganda*, Economic Development Institute of the World Bank, 1997.

③ Obi Kelvin Ezenyili, *Democracy and Good Governance in Nigeria*, *A Survey of Indices of Transparency and Accountability*, Bloomington, Author House, 2012.

④ 夏吉生:"良政与非洲民主和发展",载《亚非纵横》,2005 年第 4 期,第 60 页。

⑤ 杜小林:"良治还是良政?——非洲国家如何治国理政",载《当代世界》,2004 年第 9 期,第 22—23 页。

在促进良治的具体方式问题上,《非盟防御和惩治腐败公约》①的出台对减少非洲的腐败非常有必要。陈尧客观看待公民社会在 20 世纪后期全球范围的民主转型和民主巩固进程中发挥的作用。他指出尽管非洲公民社会发展非常迅速,但其作用的发挥仍极其有限,尤其是对于巩固非洲民主作用甚微。究其原因,在于非洲公民社会发育的不成熟,表现为公民社会缺乏整体性、发育迟缓、力量弱小、适应能力差等。这种脆弱性决定了非洲公民社会的发展和完善将是一个长期过程。②

可以看出,对于非洲文化现状的研究,学者们大多集中在对非洲教育体制与教学内容的研究,忽略了殖民时期的文化教育内容(包括宗主国语言学习等方面)对当前非洲文化教育的基础性作用。从价值观来看,学者们认识到民主人权价值观已进入非洲,并研究了其发展历程,但对于欧盟国家如何利用这种价值观,实现非洲国家对其对外政策的认同方面,并未做充分的研究。

0.3.5　既往研究成果的欠缺

通过对既有文献的回顾和梳理,可以发现与本书主体相关的研究成果有以下特点。

其一,相关问题领域的多元化。包括对软权力理论研究、非洲殖民历史、非洲民族独立史、非洲的去殖民化研究、非洲民主化进程研究、非洲宗教文化史研究等多个问题领域。这些问题既是非洲与英、法相互关系研究的重要内容,也在很大程度上为本书研究英、法对非洲的软权力是怎么建立起来并达到今天这个程度提供了丰富的论据支撑。

---

① 赵秉志、王水明:"非洲联盟预防和惩治腐败公约",载《中国刑事法杂志》,2007 年第 4 期,第 107—113 页。

② 陈尧:"非洲民主化进程中的公民社会",载《西亚非洲》,2009 年第 7 期,第 33 页。

其二,学术观点的多元化。即使在同一个问题领域,学者们的观点也存在很大的分歧,尤其是对软权力资源的构成,国内外学者持有不同的意见:既有以领域划分的软权力,又有以目的划分的软权力,还有通过程度的相对性认识软权力的观点。另外,关于软权力与硬权力之间的关系研究,不同的学者对此有不同的理解:软权力是构成硬权力整体所必须的一部分;软权力是力量"软"的或者是战术的一部分;软权力是硬权力的衍生;软权力与硬权力相联系,只有在硬权力的支持下才能运作;软权力是独立于硬权力的。这些观点的争鸣及其相互批判有助于笔者更加客观地把握研究对象、论证核心观点。

其三,研究视角的多样化。学者对相关问题的研究视角各异,在英、法对非洲的影响研究中,既有对英、法在非洲殖民侵略与统治的评述,也有对非洲人民反帝反殖反霸斗争的探究;既有从殖民历史角度考察非洲与欧洲国家关系的建立,又有从现实角度考察非洲与欧盟国家新型伙伴关系的发展;既有欧盟对非洲政策的动态解析,也有在欧盟对非援助政治导向方面的研究。研究视角有异,得出的结论也不尽相同。

总之,既往文献关于英、法对非洲影响问题的研究显示了多领域、多层次、多角度、多元化和多样性的特点,上述研究成果对本书从软权力角度探讨英、法对非洲的影响,对深入研究英、法对非洲的软权力如何建立有着重要的借鉴意义。

然而,通过归纳和整理既有文献,笔者发现有关本书的文献有很多有价值的成果,同时也存在着一些欠缺,就是尚未在这些研究成果的基础上从软权力的角度去探讨英、法对非洲的影响,特别是没有说明英、法对非洲的软权力是怎么建立起来并达到今天这个程度的。这些欠缺可以概括为两个方面:其一,目前有关英、法对非洲影响的研究成果,更多的是侧重于研究特定时段内英、法对非洲的政策给非洲带来的影响。现有的研究成果或是对殖民与反殖民的研究,或是对原宗主国的去殖民化政策与非洲国家去殖民化斗争的研究,而没有把历史和现实结合起来进行系统探讨。其二,目前有关软权力构建的历史路径、方式等问题的相关研究成果,大多倾向于对权力实施者及其软权力资源的关注,而没有给软权力实施对象应有的重视。就英、法对非洲的软权力是怎么建立起来的问题而言,现有文献对英、法殖民史,英、法去殖民化政策,英、法价值观输出政策方面探讨较为翔实。但对于非洲国家如何学习宗主国语言,如何接纳宗主国宗教,如何将英、法政治制度融入本土制度等方面的研究则存在欠缺。因此,本书将把历史和现实结合起来,从软权力实施者和实施对象两个方面,从软权力构建这个角度深入探讨英、法对非洲的影响,探究对非洲软权力是怎么建起来并达到今天这个程度的。

0.4　研究框架、基本内容及创新

该部分主要对本书的研究思路、框架结构、主要观点及创新之处进行梳理说明。

0.4.1　研究框架与基本内容

本书的研究思路是围绕研究的问题而展开的,这一问题是英、法对非洲的软权力究竟是怎么建立起来并达到今天这个程度的。本书的框架由导论、结论以及正文五章共七大部分构成。在导论中,笔者阐述论文的背景及意义后,对本书的研究对象和研究方法进行了界定与说明。之后进行文献梳理,为后续研究打好基础,并指出现有研究的不足。最后论述了本书的研究框架、基本观点以及创新之处。结语则在正文之后对本书进行了全面的总结。

正文分为五章。以历史发展为脉络,以宗教文化和政治制度为研究对象,对英、法在非洲软权力的构建进行研究。从整体上体现了英、法在非洲软权力构建过程中施力者与受力者之间的互动与结果,即从殖民伊始至今,非洲地域内,英、法—非洲,在软权力资源中最主要的宗教文化与政治制度两个方面的互动与结果。第一章,英、法暴力强权背后宗教的硬植入。第二、三、四章,英、法殖民体系逐渐瓦解直至现在,对非洲政治制度和文化的软塑造。第五章,对英、法在非洲软权力构建的结果进行总结,并从中得到启示。五章的总体结构为:英、法软权力的外塑——非洲的内化——互动形成的结果。具体内容如下:

一是论述英法在暴力和强权手段下残暴的殖民扩张。在充满暴力与强权的殖民扩张进程结束后,英法实现了对非洲大陆上 43 个非洲地区的殖民统治,占据了非洲 4/5 的土地。暴力入侵的过程中完全不存在人性与文明。英、法通过暴力与强权实现了在非洲的殖民扩张与殖民统治:先是初期入侵并占领非洲与奴隶贸易的开展,继而列强争夺非洲直至将非洲瓜分完毕,最后实现对非洲的殖民统治。紧跟着英、法殖民入侵者进入非洲大陆的是基督教传教士们。基督教的早期扩张与殖民者通过暴力强权入侵非洲的步调几乎一致,经历了奴隶贸易终结前的零星传播、产业革命后在非洲的传教范围随着殖民探险活动的开展得到拓展、强权的殖民统治后基督教传教活动逐步非洲化三个阶段。传教士在殖民者的暴力支持下,美化、洗白殖民侵略者的暴行,并将这些暴行向非洲人民宣传为帮扶弱者的善举。其主要途径有三:宣讲教义、创办学校、行医治病。基督教传播的过程中带来了英语和法语在非洲的传播,英语和法语的教学成为英、法文化软权力形成的根基。基督教通过设立教堂、办学校和建医院等方式捕获当地民心,从而实现对殖民统治者的维护。此外,基督教在传播英、法宗教文化的同时,其平等、民主和自由的政治思想也得到传播,这些思想在非洲民众心中由此埋下了种子。

二是宗教文化、学校教育制度、语言是软权力的根基所在。殖民统治开始后,基督教在非洲国家进一步传播,并向更深层内化。英、法的基督教文化在非洲传播具有得天独厚的优势,在长期殖民教育中,英语和法语为非洲民众广泛使用。非洲国家独立后,受到语言和技术条件的制约,大部分媒体为英、法两国所控制。由此,语言和媒体成为英国和法国传播其基督教文化的有力工具。基督教对英、法文化观念的承载密切了非洲民众同英、法文化的关系,因为基督教国家彼此具有相同的宗教,非洲民众逐渐形成了基督教文明的身份认同;《圣经》对非洲身份与欧洲身份做出了界定,这种身份界定在一定程度上影响了非洲人对于非洲同欧洲关系的定位;非洲基督教继承了英、法基督教文化中的博爱思想,将追随耶稣的人们统称为兄弟姐妹,继而非洲教徒与英、法基督教徒形成了"兄弟姐妹"的关系。非洲国家独立后,英、法文化通过非洲的文化传播和教育,在非洲大陆得到进一步内化,现行非洲教育制度是英、法教育制度的翻版;越来越多的非洲民众选择信仰基督教,成为全世界基督教信众最多的大陆;英语或法语已经成为撒哈拉以南非洲大部分国家和地区的通用语言。非洲国家对基督教文化的内化使得英、法进一步加强了对非洲话语权的掌控、对舆论的左右,形成了非洲民众对欧洲基督教文化的认同,以及非洲精英对英、法政治观念的认可。

三是在去殖民化时期,非洲地区民族解放运动风起云涌,英、法已深刻感受到自己殖民统治力量正逐步衰弱,之后可能会发生溃败。出于经济利益、政治利益和国际原因的考量,英、法在非洲着手推行其政体。具体而言,从经济利益来看,非洲是英、法经济和社会发展的最大原材料供应地,是英国与法国巨大的商品的销售市场,其作为投资场所的作用在战后日益增强。从政治利益来看,非洲是英、法作为帝国、大国和强国的力量所在。在英、法的殖民地中,与非洲关系更为密切,容易掌控。从国际原因来看,出于英、法与美国结盟形成的西方阵营以对抗以苏联为首的东方阵营的需要。因此,英、法殖民当局采取了缓和矛盾、减缓非洲民族独立进程的制度调整。英、法召开制宪会议,辅助那些要求独立的非洲国家制定新宪法。从非洲国家而言,独立后,大多数国家纷纷模仿其宗主国的政治体制进行政权建设。具体而言,非洲国家在政治体制上承袭了西式政治体制的分权制衡,政党制度上因袭了西式政党制度的多党制。其原因有三:新政府对殖民时期管理制度的沿袭、非洲政治精英对英、法政体的认同、独立初期非洲自身没有可资借鉴的政体。新创立的宪法直接承载了西方民主、自由等价值观念。去殖民化过程中,英、法采取的手段,使其传播的思想得到了制度上的支撑,西式政治体制的内核——西式民主与西式人权观念在非洲深入人心,为非洲民众所深刻理解并拥护,保证了民主权利、制度权力、选举权等政治自由在非洲的构建。

四是英、法移植政治制度同非洲本土情况不相适应,继而在非洲各国国内产生了巨大矛盾,由此出现了集权政体。集权政体表现为,半总统制演变为总统集权,君主制演变为君主集权。通过 20 世纪 80 年代末的民主运动,非洲国家回归到西方式的民主政治体制模式。从英、法对非洲政治体制的外塑角度而言,英、法在非洲政治变迁中根据国际情境的变化,通过国家、多边和区域国际组织三个层次,以经济援助、附加政治条件对非洲进行政治引导,对非洲的政治体制进行外塑。从非洲对英、法政治体制内化的角度而言,非洲人不断对英、法政治制度进行调整,使之更加适应本国国情。经过英、法政治体制在非洲的外塑与内化,非洲人普遍形成了对英、法人权、民主、良治观念的认同。

五是提出了对英、法在非洲软权力构建的结果及思考。英、法在非洲软权力构建的过程中,无论是权力资源的运用,还是软权力构建方式的调整,或者是对软权力实施对象的选择,都表现出其自身的特征。实践证明,这些特征都有助于软权力的形成和发展。英、法对非洲软权力构建的结果是英、法政治体制在非洲的施行,青年人与精英对基督教文化逐步形成了广泛的认同。由此,形成了对英、法在非洲软权力构建的思考。一是软权力的构建具有历史的长期性。英、法在非洲软权力的构建历时久远。从英、法在非洲构建软权力的历程来看,其在非洲的软权力主要来自文化和政治价值观两个方面。二是软权力构建进程具有复杂性。软权力构建进程的复杂性体现在四个方面:施力者与受力者互动的复杂性、受力者的复杂性、软权力实施情境的复杂性和软权力构建进程的曲折性。

本书将英、法对非洲前殖民地国家的影响力作为探讨软权力构建的切入点,最终得出结论,制度和宗教需要通过几百年的培育才能深入人心。英、法在非洲软权力的构建是一个长期的历史过程,结果是在现阶段非洲国家及民众对以英、法为代表的西欧国家更具有向心力。

0.4.2　创新之处

其一,本书从历史和现实综合考察英、法在撒哈拉以南非洲软权力构建。目前国内外有关的文献,很少看到从软权力角度去探讨英、法对撒哈拉以南非洲影响的论文,特别是论述英、法对撒哈拉以南非洲的软权力是怎么建立起来并达到今天这个程度的研究成果更是稀少。现有的研究成果主要集中在殖民史、去殖民化历史等阶段性研究,民族解放运动史、撒哈拉以南非洲民主化建设、撒哈拉以南非洲文化史、撒哈拉以南非洲基督教传播史等专题研究,另外,还有关于欧盟具有政治导向的经济援助、欧盟对非政策的动态、某阶段英法对撒哈拉以南非洲文化软权力的构建等研究。本书则从历史和现实对英、法在撒哈拉以南非洲软权力建设进行历史性的系统考察和现实性的具体分析,使英、法在撒哈拉以南非洲软权力问题的研究更系统更全面。

其二,本研究从纵、横两个维度探讨英、法对撒哈拉以南非洲软权力的构建。目前已有的学术研究或侧重于研究特定时段内英、法对撒哈拉以南非洲的政策给其带来的影响,或侧重于对殖民与反殖民的研究、对宗主国的去殖民化政策与撒哈拉以南非洲国家去殖民化斗争的研究,而没有把历史和现实结合起来系统探讨英、法在撒哈拉以南非洲软权力建设。本书全面分析英、法在撒哈拉以南非洲软权力的构建,将其剖析为纵、横两个维度:纵向维度,沿着殖民时期、去殖民化时期和独立后时期三个阶段的历史脉络进行梳理;横向维度,从政治体制和基督教文化两个方面的现实展开探析,从而形成既有历史纵深,也有现实宽度的探究路径和基本观点。以英、法在撒哈拉以南非洲软权力的构建为案例,通过对纵、横两个维度的剖析,形成软权力构建的立体结构,呈现清晰的英、法在撒哈拉以南非洲软权力构建路径。

其三,本研究不仅着眼于软权力实施者,而且关注软权力实施对象,注重探讨实施者与实施对象互动过程中所产生的影响。目前,无论是约瑟夫·奈的软权力理论,还是其他有关软权力研究成果,大多着眼于软权力实施方,即主要探讨软权力资源、软权力实施方式等,而没有给软权力实施对象应有的重视。本研究中,无论是关于英、法政治制度的外塑与撒哈拉以南非洲的内化,还是关于基督教文化和价值观在撒哈拉以南非洲的传播与内化,或者是关于英、法在撒哈拉以南非洲外交政策的合法性及道德权威性的认同,都是既关注权力实施者英、法,又关注权力实施对象撒哈拉以南非洲,并且更偏重于后者。而且,本研究特别探讨了实施者和实施对象之间的互动关系对软权力构建的作用。这是因为软权力的构建能否成功,更多地取决于实施对象对软权力资源能否认同。

第1章 英、法的殖民入侵与基督教文化入侵

1415 年葡萄牙人占领休达,由此引发了英、法在非洲殖民侵略与扩张的罪恶历史。随后,英、法展开了对非洲的争夺与瓜分。16 世纪中期开始,英国和法国先后加入非洲大陆周边殖民扩张的行列。1530年,英国人首航西非。17 世纪初,法国开始在西非建立殖民据点。直至 19 世纪末 20 世纪初,非洲领土被瓜分完毕。从此,英、法成为垄断占有非洲并实施殖民统治的主要国家。自英、法殖民者开始暴力入侵,至殖民统治结束,英、法基督教传教士们对非洲进行了长期、持续基督教文化的移植。在传教过程中,传教士们通过建立教会学校,向非洲民众传播基督教文化思想,培养非洲精英,通过送医送药笼络下层民众,形成了英、法软权力的初步移植。基督教文化移植的结果,一是为殖民当局的统治提供了适宜的社会环境;二是给非洲人民带来了西方思想的启蒙;三是在与非洲传统文化的融合过程中出现了冲突与矛盾,非洲民族主义思想开始萌发。

1.1 暴力与强权：殖民扩张与殖民统治

殖民者在非洲的殖民扩张与殖民统治时期经历了三个阶段,第一阶段从 1415 年至 1807 年是入侵占领非洲与奴隶贸易阶段,第二阶段

从 1807 年到 19 世纪末 20 世纪初是争夺和瓜分非洲阶段,第三阶段从 19 世纪末 20 世纪初到 20 世纪 60 年代为殖民统治阶段。

1.1.1　入侵占领非洲与奴隶贸易(1415—1807 年)

列强染指非洲从占领非洲大陆周边殖民据点,开展奴隶贸易为发端。

一、列强对非洲大陆周边的占领

列强对非洲大陆的殖民经历了从周边向内地拓展的历史进程。14 世纪初期至 16 世中后期,主要是葡萄牙在非洲大陆周边的殖民扩张;16 世纪中后期开始,英国、法国先后加入在非洲大陆殖民扩张的行列。

14 世纪 30 年代,当葡萄牙人第一次沿着非洲大西洋海岸航行时,他们只对一件事感兴趣——黄金。自从 1325 年马里国王曼萨·穆萨(Mansa Musa)带着 500 名奴隶和 100 头骆驼(每头骆驼都驮着黄金)前往麦加朝圣后,该地区就成为了财富的代名词。有一个主要的问题:来自撒哈拉以南非洲的贸易被沿着非洲北部海岸延伸的伊斯兰帝国所控制。穿越撒哈拉沙漠的穆斯林贸易路线已经存在了几个世纪,涉及盐、可乐树、纺织品、鱼、谷物和奴隶。

随着葡萄牙人在海岸、毛里塔尼亚、塞内加尔和几内亚等地影响力的扩大,他们开始设立贸易站。欧洲在地中海不断扩大市场不仅没有使之成为穆斯林商人的直接竞争对手,反而促进了撒哈拉沙漠地区的贸易。葡萄牙同非洲的贸易往来日益频繁,葡萄牙人带来了铜器、布、工具、酒和马。而后,贸易货物很快包括了武器和弹药。作为交换,葡萄牙人得到黄金、象牙和胡椒等非洲货物。

15 世纪初期至 16 世中后期,对非洲的控制权一直被葡萄牙独占。

葡萄牙占领休达是欧洲在非洲殖民扩张的起点。15 世纪的葡萄牙逐步兴盛,并迅速成为欧洲探险与发现非洲的中心。1415 年,葡萄牙的约翰国王与菲利帕皇后安排亨利王子率领葡萄牙军队攻击位于非洲北岸且鸟瞰直布罗陀海峡的一个重要的阿拉伯港口休达。当菲利帕皇后身患重病时，计划仍在进行。她在弥留之际，交予亨利一把剑，坚持要求亨利继续攻打休达，而非守候在她床边。亨利的军队来自欧洲各地，基督教徒的力量凝聚在一个新的十字军王子的旗帜之下。亨利在攻击休达之前用各种诈术来掩盖真正的计划，甚至向荷兰人宣战以误导摩尔人。当对休达的突袭开始时，亨利巧妙地指挥他的军队，使战役很快地结束。占领休达给亨利的军队提供了一个安全的非洲港口。他既可以从截获金银船运中获取利润，又可以纵兵劫掠摩洛哥城财富。在此过程中，他们掠取阿拉伯人的钱财，使自己的商路更通畅。

　　葡萄牙人以休达为据点，开始了沿非洲西海岸向南的探险与殖民。葡萄牙人在占领休达后，又牢牢控制了摩洛哥沿海的贸易地区，并从那里输入棉布、马匹和黄金。1419 年亨利王子返回葡萄牙后，向父王提出袭击摩尔人控制的直布罗陀海峡南岸要塞的想法，但老国王认为这太冒险，不予以支持。亨利因此非常气愤，放弃了里斯本的王位，来到葡萄牙最南部的省份阿尔加维省担任总督。他特意把自己的总督驻地安顿在该省南端伸入大西洋的圣维森特角上一个叫萨格里什的小村子里，在这里他修建了要塞和住所，准备把它作为发起向大西洋进军的基地。此后，他派出了一支支探险船队，沿非洲西海岸南下，寻找沙漠以南的"绿色国家"，掠夺那里的黄金和奴隶。在随后的年代里，亨利不断派出船队，有的沿非洲西海岸南下，有的则离开海岸向西南海洋深处航行，为的是发现更多的岛屿。从 1434 年至 1443 年，葡萄牙人耗费 9 年的时间掌握经由亚速尔群岛绕过博哈多尔角航线的往返技术。到 1443 年，沿非洲西海岸进行扩张的技术水平已成熟。

1481年,葡萄牙历史上又一次声势浩大的航行开始了。在国王的亲自干预下,南下的速度明显加快。1487年,迪亚士绕过好望角,抵达非洲东海岸。至1491年,欧洲人大致完成对非洲西海岸地区的探察。1502年,达·伽马受葡萄牙国王委托,率领有15艘装备着大炮的舰队,沿非洲海岸再向东航行。达·伽马沿途采用残酷血腥的手段迫使非洲民族屈服,绕过好望角后舰队沿非洲东海岸北上,在今天坦桑尼亚南部港口基卢瓦停泊,该城的苏丹友好地上船拜访达·伽马。达·伽马则背信弃义地在船上将其扣押,然后以处死相威胁,要他每年向葡萄牙进贡。这是葡萄牙人以武力在印度洋上建立的第一个据点。1505年,阿尔梅达率领20艘船只离开里斯本。这些船上有几百个受过军事训练的水手,1500个穿着甲胄的士兵,200来个炮手,还有各种各样的工匠,如木匠等。也就是说,这支舰队拥有随时修复受损船只的能力。同时,阿尔梅达严密控制一切港湾,在非洲据点都设立武装堡垒,以保护从葡萄牙到非洲的航线安全。伴随着奴隶贸易的逐步扩大,葡萄牙对非洲的掠夺进一步扩展。他们不仅增建了西非海岸据点,还占据了东非海岸的主要城镇。到16世纪中后期,对非洲的控制权一直被葡萄牙人独占。(如图1-1)

16世纪中后期开始,英国、法国、荷兰等国先后进入非洲大陆周边殖民扩张的行列。

1530年,英国人首航西非。之后二三十年期间,进行了多次商业性的航行。航行之初,英国人对奴隶贸易并不感兴趣,他们来到西非更多的是采购欧洲急需的黄金、象牙和胡椒等货品。1530年,威廉·霍金斯率领的船队在从欧洲至南美的航线中,途经西非海岸,购买了象牙。这成为第一次有记载的英、非直接交往。[①] 1540年他又派约

---

① 高晋元:《英国—非洲:关系史略》,北京:中国社会科学出版社,2008年版,第2页。

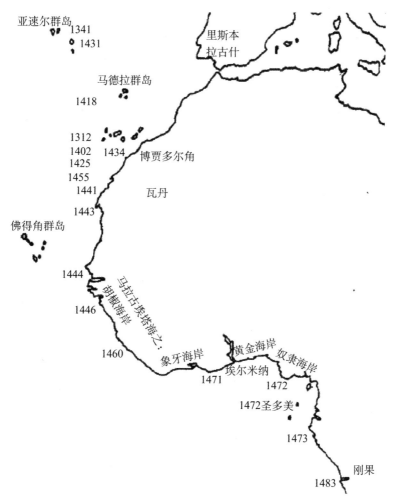

亚速尔群岛 1341
1431
里斯本
拉古什

马德拉群岛
1418

1312
1402　1434　博贾多尔角
1425
1455
1441　瓦丹
1443

佛得角群岛

1444　马拉古埃塔海之
1446　胡椒海岸

1460　象牙海岸　黄金海岸　奴隶海岸
1471　埃尔米纳
1472

1472圣多美

1473

刚果

1483

图 1-1　15 世纪葡萄牙对非洲沿海地区的占领①

　　① 联合国教科文组织编:《非洲通史》第 4 卷,北京:中国对外翻译出版公司,1992
年版,第 545 页。

翰·兰代为船长航行到西非做买卖,带回 12 只象牙。[①] 此后,直至1562 年前后,来到西非的英国人多为商人,他们在沿海的市场或自己的船上与当地人做生意,事完返航,在当地无居留地。从 1563 年开始,为保护并从事黄金与奴隶贸易,英国在非洲陆续建立起堡垒与商站。1618 年伦敦冒险者公司获英王特许到几内亚和贝宁从事贸易,这家公司在冈比亚河口的詹姆士岛上建筑了英国在非洲的第一个堡垒。1651 年几内亚商人贸易公司在西非海岸建筑了一系列堡垒。从 1660 年开始,为支持英国的经常性奴隶贸易,英国批准成立皇家冒险者非洲贸易公司。1663 年,该公司在冈比亚河口的詹姆士岛建立了商站,不久又建筑了堡垒,并在塞拉利昂海岸附近的本克岛建立了居留地。

17 世纪初,法国开始在西非建立殖民据点。法国的扩张在佛得角和塞内加尔最为强大,法国人经常劫掠满载非洲的黄金或印度货物而归的葡萄牙船只。在 16 世纪最后的 25 年中,法国人获得了塞内加尔和冈比亚,特别是对非洲火器的出口迎合了当地统治者渴望获得武器的需求。法国在戈雷、波图达尔、若阿勒和吕菲斯克等地的影响力极大,并于 1659 年在圣路易城(塞内加尔)建立了贸易站。

随着殖民活动的进展,英、法对非洲大陆周边殖民争夺程度不断加深,这主要体现在列强之间的争霸战争。17 世纪中叶以后,经历了三次对荷战争,英国取得了荷兰在非洲的殖民地。从 1660 年到 1690 年的 30 年间,英国逐步占据了西非的主导权,建立了十余个殖民据点。17 世纪末,路易十四竭力向海外扩张,在非洲和世界各地与英国争夺。西非的一些殖民据点在英、法两国之间时有易手。

二、奴隶贸易的萌芽与兴盛

伴随着对非洲大陆周边占领的进程,西欧国家的奴隶贸易开始萌

---

① John Hatch, *The History of Britain in Africa*, London: Andre Deutesh Ltd., 1969, p.11.

芽并发展起来。

非洲奴隶贸易的萌芽。在欧洲,非洲奴隶被用作家庭佣工,或是地中海糖料种植园的工人,如此看来,他们此时对非洲奴隶的需求量并不大。然而,葡萄牙人发现,穆斯林商人对奴隶有着贪得无厌的胃口,这些奴隶被用作穿越撒哈拉沙漠路线的搬运工(死亡率很高)。葡萄牙人可以沿着非洲的大西洋海岸,将奴隶从一个贸易站运送到另一个贸易站,并将奴隶出售给伊斯兰人,从而赚取相当多的黄金。

跨大西洋奴隶贸易由此开始。首先,葡萄牙人需要做的是超越穆斯林商人的贸易范围。葡萄牙人发现穆斯林商人在非洲海岸盘踞,最远可以到达贝宁湾。14 世纪 70 年代初,葡萄牙人到达了贝宁湾的奴隶海岸。直到 14 世纪 80 年代他们到达孔戈海岸时才超过了穆斯林的贸易范围。其次,建立贸易堡垒。欧洲主要贸易"堡垒"之一的埃尔米纳堡建于 1482 年的黄金海岸。埃尔米纳堡(原名 Sao Jorge de Mina)是仿照葡萄牙皇家在里斯本的第一个城堡——圣乔治城堡(Castello de Sao Jorge)建造的。埃尔米纳(Elmina)而后成为贝宁奴隶河沿岸奴隶交易的主要中心。到殖民时代初期,沿海岸有四十个这样的堡垒。这些堡垒并不是殖民统治的象征,而是充当贸易站——很少看到它们的军事行动——他们是作为储存武器和弹药,作为防御工事所建造的。继而,种植园奴隶市场的兴起为奴隶贸易打开了大门。对欧洲来说,15 世纪末达·伽马成功航行到印度,并在马德拉群岛、加纳利群岛和佛得角群岛建立了糖厂,奴隶制种植园开始兴起。与穆斯林贩卖黑奴去充当家务和农业劳动力不同,种植园里的农业工人成为一个新兴的非洲奴隶被输送市场。[1]

15 世纪后期至 16 世纪初,探险与殖民、贩卖奴隶同时进行。1441

---

[1] Boddy-Evans, Alistair. "Origins of the Trans-Atlantic Slave Trade." ThoughtCo, Oct. 19,2018, thoughtco. com/origins-of-the-trans-atlantic-slave-trade-44543.

年葡萄牙派出的探险队在登陆布朗角寻找非洲黄金的过程中,乘机抢夺了十名非洲黑人运回葡萄牙,后从非洲人处赚取赎金。这是近代欧洲人在非洲直接从事奴隶贩卖的开端。他们在拉古什的郊区出售奴隶时,历史学家祖拉拉写下了这些奴隶的悲惨情况:"有些人低垂着头,脸上满是泪水……父子、夫妻、兄弟都要彼此分开……每个人都听凭命运的安排……母亲紧紧抱着怀中的婴儿,不顾自身的安危,扑倒在地,用身子遮着婴儿,不让他们从身边分开。"[①]殖民和贩卖奴隶为探险增补费用,减少了政府开支,残酷对待黑人奴隶。这样,血腥的奴隶买卖与非洲地区的贸易就这样发展起来,15世纪以前每年约有800名左右的黑奴被运往欧洲。[②]

16世纪初,随着美洲大陆的发现,黑奴贸易开始猖獗,推动了英、法在非洲贩奴活动的扩展。到1500年,葡萄牙人已经向这些不同的市场运送了大约81000名奴隶,由此开启了奴隶贸易的大门。在1440年至1640年的两百年间,葡萄牙垄断了非洲奴隶的出口。值得注意的是,他们也是最后一个废除这一制度的欧洲国家——但与法国一样,这些原来的奴隶仍然继续以合同工的身份为前奴隶主工作,他们被称为"自由人"(libertos),或者雇佣临时工。据估计,在跨大西洋奴隶贸易的四个半世纪中,葡萄牙运送了450多万非洲人。

英国正式从事奴隶贸易始于1562年,到1806年明令禁止,历经244年。大体可分为三个阶段,即私商经营阶段、皇家公司垄断阶段和全面开放阶段。[③]

---

① Gomes Eannes de Azurara, *Chrónica do descobrimento e conquista de Guiné*, Bavaria: Aillaud, 1841, p. 29.

② E・Donnan: *Documents Illustrative of the History of the slave to America*, Washington: Carnegie Institution of Washington, 1930, p. 3.

③ 高晋元:《英国——非洲:关系史略》,北京:中国社会科学出版社,2008年版,第3页。

一是私有商贩经营奴隶贸易阶段。这一阶段从 1562 年一直延续到 17 世纪 50 年代。自 1562 年开始,约翰·霍金斯开始了首次贩奴的尝试,惊人的利润促使约翰·霍金斯扩大贩奴活动。在 1564 年,约翰组织了第二次贩奴活动,伊丽莎白女王成为约翰·霍金斯这一次活动的投资者之一,同行者共 170 人,其中包括冒险者、士兵和水手等,此次航行获得了高昂利润。1567 年,第三次贩奴活动开启,此次出行霍金斯共集结 6 艘船,总计 500 余人。随行的船只中有两艘属于英国皇家海军的船只。随着英国对美洲殖民地的开发不断扩展,对劳动力的需求量呈直线上升趋势。为了保障劳动力资源的充足,英国 1631 年首次在西非建立贩奴堡垒,堡垒的建立是英国政府正式开展奴隶贸易的起点。

二是皇家公司垄断阶段。设立黄金海岸堡垒后,为了更好地与非洲进行贸易,英国在非洲的贸易基地又扩大到黄金海岸。1660 年英国政府批准成立皇家冒险者非洲贸易公司,又在 1663 年新颁发的特许状中明确允许公司进行奴隶贸易。自此,英国开始了官方支持的经常性奴隶贸易。1663 年公司在冈比亚河口的詹姆士岛上建立了商站,不久又筑了堡垒。1670 年在塞拉利昂海岸附近的邦斯岛建立了居留地。1672 年英国政府又给皇家非洲公司颁发了为期 1 000 年的特许状,允许其垄断从布朗角到好望角的贸易。公司还有权在非洲建立和管理堡垒、商站、种植园,并有征集军队、实施戒严和向他国宣战的权力。自 1673 年至 1711 年,该公司向西印度群岛运去 90 768 名非洲人,加上横渡大西洋航行中的死亡率(约 27.3%),估计该公司从非洲运出的奴隶约 11.6 万人。①

三是全面开放奴隶贸易阶段,这一阶段囊括了整个 18 世纪。这

---

① 〔苏〕斯·尤·阿勃拉莫娃著,陈士林、马惠平译:《非洲——四百年的奴隶贸易》,北京:商务印书馆,1983 年版,第 64 页。

是英国奴隶贸易大发展时期,英国一跃成为最大贩奴国。1713 年,英国凭借"阿西恩托协定"获得了向西班牙的美洲领地输出奴隶的贸易垄断权。依照该契约,从 1713 年开始的 30 年期间,英国向西属美洲殖民地需输送 4800 名非洲奴隶。1713 年后,英商每年大概要贩运多达 15000 名奴隶。为了维护英国在西非的堡垒、商站,从 1730 年起,英国政府每年给予皇家非洲公司一万英镑的补助,并一直持续到 1747 年。1791 年英国在非洲海岸的贸易站有 14 个,当年英国从非洲运出奴隶数为 38 000 名,远远超出列于第二位法国的 20 000 名。①

　　法国在非洲的奴隶贸易总体呈现西非萧疏、东非繁盛的景象。1670 年以前,在法国,奴隶贸易是受到法律禁止的。随着法兰西殖民帝国的形成,正式的奴隶贸易才开始发展。1644 年,法国建立起西印度公司,这个公司把当时国内的一些西印度公司、美洲公司和非洲公司都联合了起来。② 该公司有权在加拿大到亚马逊河,包括安的列斯群岛与纽芬兰在内的美洲地区和从佛得角群岛到好望角的西非地区进行垄断贸易,建立堡垒和租界、宣布战争与媾和等。根据科里贝儿的建议,国务委员会从 1670 年 8 月 26 日起,正式许可进行奴隶贸易。但这时,在西非海岸一些条件较好的地区,法国已无插足之地:它在黄金海岸遭到荷兰和英国的反对,在刚果和安哥拉遭到葡萄牙人的抵制。因此,西北非成了法国奴隶贩子活动的主要区域。法国人在塞内加尔站稳了脚跟,把荷兰人从戈雷岛排挤了出去,抢占了阿尔金岛,将波尔图达尔攫取到手,还在维达建起了一些商站。1697 年,法国从西班牙手中抢占了伊斯帕尼奥拉岛的一部分。这块殖民地取名圣多明

---

① Foster, William Z, *Outline political history of the Americas*. Paris: International Publishers, 1951, p. 95.

② Chemin-Dupontes P. *Les compagnies de colonisation en Afrique occidentale sous Colbert*. P., 1903.

各,它成了法国在西印度一个面积最大、得益最多的领地。[①]

　　法国在东非海岸的奴隶贸易主要运输方向是自己的殖民地法兰西岛(毛里求斯)、波旁岛(现在的留尼旺)和马斯卡林群岛。[②] 法国在巩固了这些殖民岛屿上的地位后,开始发展种植园经济。最初,法国人在马达加斯加购买和劫掠奴隶。但是马尔加什人对奴隶贩子总是抱着敌视态度,而且运到法属各岛屿的奴隶都不好好干活。很多奴隶从种植园逃走,想方设法返回家乡。于是法国人只好到东非海岸去寻找奴隶。自从 1721 年,一个奴隶贩子从莫桑比克买到一批奴隶"货物"以后,法国人就打算从那里输入奴隶。1769 年,法国废除了奴隶贸易中的垄断公司体制,于是法国殖民者与莫桑比克总督达成非官方性的协议,总督给 32 艘法国船只颁发了有权进行奴隶贸易的许可证。在 1770 年至 1779 年期间,法国人从莫桑比克运出的奴隶不少于 10 000 名。[③] 在七年战争期间,法国人丧失了西非海岸的塞内加尔和戈雷岛,他们运往新大陆的奴隶主要来自东非海岸。18 世纪,法国成为仅次于英国的第二大奴隶贸易国。法国的奴隶贸易在 18 世纪 80 年代达到了最大规模。例如,在 1785 年,从法国向非洲派出了 105 艘奴隶船,这些奴隶船运输了 36 599 名非洲人。

　　英、法殖民者对非洲野蛮的奴隶贸易,给非洲大陆带来了巨大的灾难,造成了严重的后果。整个奴隶贸易时期,非洲丧失大量人口,生产力遭到严重破坏,著名的学者菲力普·柯廷根据资料分析得出的人

---

　　① [苏]斯·尤·阿勃拉莫娃著,陈士林、马惠平译:《非洲:四百年的奴隶贸易》,北京:商务印书馆,1983 年版,第 66—67 页。

　　② Alpers E. A. The French Slave Trade in East Africa (1721-1810). — *Cahiers d'Etudes Africaines*, P., 1970, Vol. X. No. 37, p. 248.

　　③ Ibid., p. 100, p. 101.

口流失数量是 9 566 100 人。① 而学者保尔·洛夫乔伊的结论是约有 11 863 000 非洲人被运往大西洋彼岸,途中死亡率 10％—20％,实际运到美洲的非洲奴隶在 960 万到 1 080 万之间。② 繁荣的奴隶贸易使得非洲当地的统治者无心促进本地区的经济发展与社会生产,而是全心贯注于如何获得更多的奴隶,以获得更多利益。在政治上,受奴隶贸易的诱使,非洲人展开了各种为获得奴隶而发起的战争与掠夺,破坏了部落间的信任与联合。统治者私心导致的战争使得非洲地区的政治经济基础愈发脆弱,从而使得非洲传统政治的发展进程被打断,甚至一些略有雏形的非洲国家也逐渐衰败。在奴隶贸易的背景下,非洲传统政治经济发展出现了中断,这一改变使得非洲人民愈发无力抵御英、法的殖民侵略。

三、奴隶贸易的终结

黑奴的反抗斗争伴随着整个掠夺和贩奴的过程,但由于只身反抗或力量薄弱,往往寡不敌众。在奴隶的反抗活动中逐渐形成了有组织的反对掠夺奴隶的斗争,一些有识之士也开始建立反对奴隶制和奴隶贸易的组织。1787 年,创立的公谊会是一个反对奴隶制的协会。不久后,威廉·威尔伯福斯的废奴协会在塞拉利昂建立了弗里敦城,作为前奴隶的遣返地。1803 年,丹麦成为世界上第一个宣布奴隶贸易为非法的国家。这看起来似乎是一个虚伪表态,但作为航海民族的丹麦人,曾经从事奴隶贸易,并在西非控制了几处奴隶贸易站,作出这种表态亦是下定了很大的决心。英国在 1807 年宣布禁止奴隶贸易。英国政府为有效禁止奴隶贸易,采取了外交、军事和鼓励正常贸易等措施。

---

① Philip D. Curtin, *The Atlantic Slave Trade：A Census*, University of Wisconison Press, Madison, 1969.

② Paul E. Lovejoy, The Impact of the Atlantic Slave Trade on Africa, A Review of the Literature, in *The Journal of African History*, Volume 30, Number 3, Cambridge University Press, 1989, pp. 368.

外交上，要求其他贩奴国和非洲统治者停止贩奴贸易。英国在 19 世纪最初几十年还逼迫其他较不情愿的国家承认奴隶贸易为非法活动。他们的第一个西非殖民地塞拉利昂被作为开展反奴隶贸易行动的基地。与葡萄牙、西班牙和法国等国先后订立禁止奴隶贸易条约，规定相互可对贩奴船进行拦截、检查或扣留；与非洲包括东非沿海和内陆的统治者签订禁止奴隶贸易条约。与此有关的最重要的举措是 17 国在比利时签了《1890 年布鲁塞尔法》，签字国一致同意采取措施镇压陆地和海上的奴隶贸易。[①] 从此，他们总是将镇压奴隶贸易作为每次夺取殖民地的借口。废奴条约表面看似一个高尚条约，但其背后都往往掩盖实力强大的殖民者的卑鄙野心。

军事上，成立海军巡逻队，对贩奴船进行专门的巡查与拦截。到 1820 年，英国皇家海军将大多数奴隶贩运船当做海盗船对待，由一支强大的反奴隶贸易海军中队在塞拉利昂海岸外执行任务。如果被截获的船只载有奴隶或与奴隶有关的设备，船只和货物即被没收，船只会被拍卖，收益由船员瓜分，奴隶则被送往塞拉利昂，他们在那里被转交给专程赶来照料并满足获释囚徒之需要的各种使团。[②] 在 1834—1837 年间西非沿海有巡查船 14 艘，19 世纪 40 年代增至约 20 艘，水手等人员 1 000 余人；在东非沿海的巡查船约 7 至 8 艘。[③] 1825—1865 年间，在西非沿海缉获贩奴船 1287 只，释放奴隶 13 万人左右。[④]

贸易上，英国一方面鼓励商人进行正常贸易，另一方面积极打压

---

① C. N. Ubah, Suppression of the Slave Trade in the Nigerian Emirates, *The Journal of African History*, Vol. 32, No. 3, 1991, p. 47.

② ［美］埃里克·吉尔伯特著，黄磷译：《非洲史》，海口：海南出版社，2007 年版，第 173 页。

③ 艾周昌、郑家馨主编：《非洲通史》近代卷，上海：华东师范大学出版社，1995 年版，第 310 页。

④ ［英］杰·德·费奇，于珺译：《西非简史》，上海：上海人民出版社，1977 年版，第 225—226 页。

奴隶贸易。19 世纪是重新安排非洲经济出口的重要时期,随着外部对奴隶需求的锐减,非洲商人和国家开始生产当时需要的商品。英国三次派出远征队,支持商人沿尼日尔河向内陆寻找商机。为了制止奴隶贸易,英国利用了塞拉利昂以及黄金海岸和冈比亚河上的堡垒。在有效控制奴隶贩子和安顿新移民的名义下,英国不断扩大控制范围,1818 年又占领罗斯群岛。在没有殖民地和堡垒的地方,英国政府派驻领事照管英国商人的利益。他们不断向当地统治者施压和交涉废奴事宜,进而干涉其内政。

显然,英国为废奴和打击奴隶贸易做出了重要贡献。那么,作为一个当时最大的殖民主义者它为何要积极采取措施废除奴隶贸易呢?主要有以下四个方面原因。

首先,英国工业革命使英国经济结构发生了巨大变化。新型工业资产阶级的崛起,要求废除黑奴贸易,实行自由贸易。18 世纪 60 年代,英国率先开始工业革命,工厂手工业为机器生产取代,生产力突飞猛进。工业革命对英国经济结构产生了巨大影响,新的产业部门在经济中发挥着日益重要的作用。工业产品需要国外市场,工业原料需要扩大来源。在这种情况下,制造商和新兴商人要求把非洲劳动力留在非洲,生产英国需要的工业原材料。英国工商业部门开始向政府要求废除黑奴贸易,实行自由贸易。

其次,美国独立战争的胜利,英国失去了在美洲最大的一块殖民地,并且随着工业革命的发展,英国在经济中的地位不断削弱。曾给英国带来巨大经济利益的西印度种植园经济自 18 世纪以来日益走向衰落,美洲的种植园经济在英帝国经济发展中的作用也日益衰微。以棉纺织业为例,在 1786 年至 1790 年间,西印度向英国提供了 7/10 的进口棉花,而 1826 年至 1830 年间,却只能满足其需求的 1/15。① 英属殖民地岛屿由于殖民时间过长,土地肥力减弱,利润下降。1787 年,每桶蔗糖获取的利润是 19 先令 6 便士,1799 年降为 10 先令 9 便士。② 英国在国际竞争中的垄断地位被逐步挤压,18 世纪末期逐渐丧失了对欧洲大陆市场的控制权。③ 1789 年,英属西印度的蔗糖无力同圣多明各竞争;1839 年,无力同古巴相抗衡。

再次,宗教界对奴隶贸易的谴责日益强烈。从福音思想看来,人人都是上帝的子民,每个人都可以通过信仰上帝得到救赎,因而人与人之间是平等的,因而那种将其同类沦为财产与附属品的行为是违背上帝意愿的,是罪恶的;有些传教士还怀有一种为罪恶的奴隶贸易做出某种补偿的动机。④

最后,自由贸易理论向奴隶制贸易发起了经济理论上的挑战。亚当·斯密指出,从历代和各国的经验来看,自由人的劳动比奴隶劳动更便宜。自由贸易优越理论得到越来越多政治家的赞同与支持。小皮特在 1792 年的一次演讲中称:"如果你使这个退化了的种族恢复人类的真实情感,如果你把他们和禽兽一类区别开来,把他们放到和其他人类相同的地位,他们将会以人类天生的那种活力去工作,他们的劳动生产率将会在各方面超过现有的生产水平。"⑤

---

① Eric Williams, *Capitalism and Slavery*, New York: UNC Press Books, 1996, p. 125.

② Pitman, *The Development of the British West Indies*, New Haven: Yale University Press, 1917, p. 79.

③ Hansard, *Report on the Commercial State of the West India Colonies*, London: Hansard, 23 February, 1938, p. 98.

④ C. P. Groves, Missionary and Humanitarian Aspects, in L. H. Gann and P. Duignan eds., *Colonialism in Africa 1870 - 1914*, Volume 1, Cambridge: Cambridge University Press, 1969, p. 466.

⑤ Lasie Stephen, *The Dictionary of National Biography*, Vol. 4, 1980, p. 457.

四、奴隶贸易对非洲的影响

国际奴隶贸易对非洲的负面影响是巨大的。除了数以百万计的身体健全的人被抓获和运送之外,战争和奴隶掠夺造成的死亡人数以及经济和环境破坏也高得惊人。在军事行动之后的饥荒中,老人和小孩经常被杀害或饿死。[1]

表1-1　奴隶贸易时期非洲奴隶的出口数量

非洲奴隶出口[2]		
年代	奴隶总数	百分比
1450—1500	81 000[3]	—
1500—1600	378 000	2.90%
1601—1700	1 348 000	12.00%
1701—1800	6 090 000	54.20%
1801—1900	346 600[4]	30.90%
总计	11 232 000	100.00%

军阀和部落从事奴隶贸易的经济动机促进了一种无法无天和暴力的气氛。人口减少和对因禁的持续恐惧使得西非大部分地区的经济和农业发展几乎不可能。被俘房的人大部分是育龄妇女和正常情况下会成家立户的年轻男子。欧洲的奴隶贩子通常留下的是老年人、残疾人或其他需要受到抚养的群体,但他们对社会的经济建设贡献较小。

历史学家们一直在争论欧洲和非洲在实际抓捕被奴役者方面所扮演角色的性质和范围。在跨大西洋奴隶贸易的早期,葡萄牙人通常

---

① The transatlantic slave trade, http://www. inmotionaame. org/migrations/topic. cfm? migration=1&topic=9.

② Lovejoy, Paul E. , and Paul Ellsworth Lovejoy. *Transformations in Slavery: A History of Slavery in Africa*. Cambridge University Press, 2000, tables: 2.1 and 3.1.

③ 与大量黄金一样作为商品成为交易对象,也有少量奴隶出口到欧洲与大西洋岛屿。

④ 包括以合同工或自由身份踏上奴隶贸易征程的非洲人。

购买在部落战争中被当作俘虏的非洲人。随着对奴隶需求的增长,葡萄牙人开始进入非洲内陆强行俘虏当地人。当其他欧洲人开始从事奴隶贸易时,他们通常留在沿海地区,从内陆来的非洲人手中购买运来的俘虏。被抓捕后,这些非洲人被押往海岸,这段旅程可能长达 300 英里(485 公里)。通常情况下,两名俘虏在脚踝处被锁在一起,俘虏排成纵队,脖子被绕在一根绳子上。据估计,10% 到 15% 的俘虏在前往海岸的途中死亡。

大西洋奴隶贩卖航道因其野蛮和奴隶船上拥挤、不卫生的条件而臭名昭著,数百名非洲人挤在甲板下,进行大约 5 000 英里(8 000 公里)的航行。他们通常被拴在一起,低矮的天花板通常无法让他们直立。酷热难耐,空气中的氧气含量低到蜡烛无法燃烧。由于船员们担心发生暴动,这些非洲人每天只能在上层甲板上呆上几个小时。历史学家估计,前往美洲的非洲奴隶中,有 15% 到 25% 的人死在奴隶船上。1789 年出版的自传体小说《西非的奥劳达·伊基阿诺》以生动地描述跨大西洋航行中所遭受的苦难而闻名。

对被奴役的俘虏的暴行和性虐待很普遍,尽管他们作为奴隶的金钱价值可能减轻了这种"待遇"。在 1781 年发生的臭名昭著的宗号奴隶船事件中,当时非洲人和船员都死于一种传染病,船长卢克·科林伍德(Luke Collingwood)希望阻止这种疾病,下令将 130 多名非洲人扔到船外。偶尔,非洲俘虏会成功地起义并夺取船只。最著名的此类事件发生在 1839 年,当时一名名叫约瑟夫·辛克(Joseph Cinque)的奴隶在西班牙奴隶船阿米斯塔德(Amistad)上领导了 53 名被非法购买来的奴隶的叛乱,杀死了船长和两名船员,美国最高法院最终下令将这些非洲人送回他们的家园。①

---

① Thomas Lewis, Transatlantic slave trade, https://www.britannica.com/topic/transatlantic-slave-trade.

奴隶们被迫经历环境极其恶劣的长途行军,许多奴隶因行程条件的恶劣被夺去了生命。正是源于此,更多的非洲人被当做奴隶贸易的商品被运送上奴隶贸易的运输船,这更加剧了奴隶贸易对非洲大陆的影响。据估计,直到 19 世纪末,非洲人口规模仍然停滞不前。

除了人口问题,奴隶贸易和非洲人对奴隶贸易的抵制还导致了深刻的社会和政治变革。由于奴隶贸易的兴起,非洲大陆民众的社会关系被重构,传统价值观被颠覆。在奴隶贸易的影响下,掠夺性政权的发展加速,非洲原生的社会关系出现停滞或倒退。许多地区都尽可能避免被归入奴隶贸易的范围,他们秉承远离奴隶贩子的思想。但也正是由于此,他们将主要精力置于防止奴隶贩子介入上,努力将管辖的人民隐藏起来或是集中精力发展自卫能力,所以技术与经济发展受到严重阻碍。

造成巨大的社会分裂。王国、民族、宗教团体、种姓、统治者和臣民、农民和士兵、奴隶和自由人之间的关系发生了变化。在一些权力下放的社会中,人们形成了新的领导风格,导致更严格的等级结构,人们认为这样可以更好地确保对管辖区域人民的保护。此外,欧洲列强干预非洲地区自主的政治发展进程,以防止非洲中央集权国家的崛起,因为非洲国家的崛起会阻碍它们的行动。最终,奴隶贸易使非洲大陆发展不充分,组织混乱,更容易受到下一阶段欧洲殖民主义的影响。

1.1.2　欧洲列强对非洲的争夺与瓜分(1807 年—19 世纪末 20 世纪初)

18 世纪后期开始,受欧洲资本主义发展的影响,英、法对非洲的殖民方式发生了改变,他们需要更多的产品输出市场与初级原料产地。

18 世纪 60 年代,工业革命兴起于英国。直至 1850 年,工业革命逐步扩展,延伸至法国等其他资本主义国家。工业革命的兴起加速了对生产力、商品销售市场和原材料产地的需求。大部分资本家认识到,与其将非洲人运送到美洲,不如将其留在非洲,这样既可以避免奴隶运输途中面临的种种风险,又可以将非洲开发为商品输出市场与原料产地,从而获得丰厚的利润,这些利润远超出从奴隶贸易中的所得。正因如此,英、法资本家对此前的奴隶贸易丧失了最初的兴趣,开启了对非洲大陆的探索。1870 年,只有 10％的非洲处于欧洲的正式控制之下;然而,到了 1914 年,这一比例上升到 90％,只有埃塞俄比亚(阿比西尼亚)和利比里亚保持独立。1936 年意大利占领埃塞俄比亚后,只有利比里亚保持独立。

一、瓜分非洲的背景

到 1840 年,欧洲列强已经在非洲沿海建立了小型贸易站,但他们很少前往内陆。虽然 19 世纪中叶,欧洲探险家绘制了东非和中非地区的地图,但直到 19 世纪 70 年代,欧洲国家也只控制了非洲大陆的 10％,所有占领的土地都位于海岸附近。其中最主要的是由葡萄牙控制的安哥拉和莫桑比克,由英国控制的开普殖民地和由法国控制的阿尔及利亚。1870 年之前,英法等欧洲列强对非洲的占领集中在非洲大陆沿海少数地区(如图 1 - 2 所示),这些据点的主要作用是服务奴隶贸易。随着欧洲奴隶贸易的结束,非洲沿海据点逐渐萧条。

1870 年后,英法等欧洲列强在科技支持和利益驱使下,瓜分占领非洲的想法逐步成形,主要有以下原因:

(一)第二次工业革命后科技的进步与医疗的保证

1870 年后,受第二次工业革命的影响,殖民地成为资本主义国家竞相争夺的财产,处于原始状态、无占领国的非洲成为英、法等资本主义国家竞相争夺的区域。技术进步促进了欧洲在海外的扩张。工业化,特别是在蒸汽船、铁路和电报方面的突破,带来了交通和通讯的

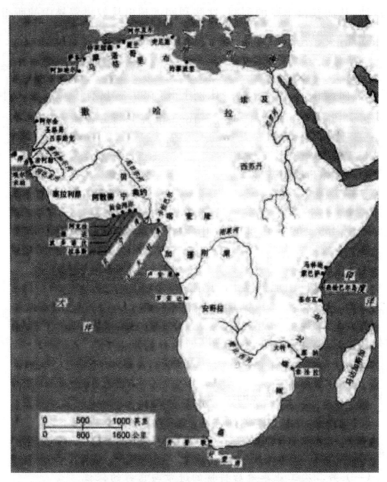

图 1 - 2　16—18 世纪欧洲在非洲的贸易点①

---

① 联合国教科文组织编：《非洲通史》第 5 卷，北京：中国对外翻译出版公司，2001
年版，第 3 页。

迅速发展。医学进步,尤其是治疗热带病的药物也发挥了重要作用,如奎宁是一种治疗疟疾的有效药物,它的开发使欧洲人更容易进入广阔的热带地区。保罗·勒鲁瓦博吕指出在非洲殖民地的占有决定了法国在世界中的地位,这足以看出对于资本主义国家而言,争夺非洲的重要性。[①]

（二）非洲市场广阔资源丰富

大陆市场的萎缩迫使欧洲人希望寻求更广阔的商业空间。霍布森在《帝国主义》一书中指出,大陆市场的萎缩是全球"新帝国主义"时期的一个关键因素。

撒哈拉以南非洲是世界上最后几个基本没有受到"非正式帝国主义"影响的地区之一,由于经济、政治和社会原因,它对欧洲统治精英也极具吸引力。在当时,英国长期面对贸易中持续增长的赤字,欧洲贸易保护主义日益盛行,大陆市场在 1873 年至 1896 年长期萧条。广阔的非洲可以向英国、德国、法国和其他国家提供广阔的开放市场,他们可以在非洲获得理想的贸易顺差。[②] 在海外投资更有利可图,在那里,廉价的原材料、有限的竞争和丰富的资源使更高的利润成为可能。

占领殖民地的另一个诱因是对原材料的需求,特别是对铜、棉花、橡胶、棕榈油、可可、钻石、茶叶和锡的需求。欧洲消费者已经习惯使用这些原材料,欧洲工业也越来越依赖这些原材料。此外,英国还希望将非洲的南部和东部海岸作为其通往亚洲的中途港口。[③]

---

① Langer, William L. European alliances and alignments, 1871 - 1890. *European alliances and alignments, 1871 - 1890/*. Alfred A. Knopf, 1950, p. 286.

② Ewout Frankema, Jeffrey Williamson, and Pieter Woltjer, "An Economic Rationale for the West African Scramble? The Commercial Transition and the Commodity Price Boom of 1835 - 1885," *Journal of Economic History* 78 ♯ 1, 2018, pp. 231 - 267.

③ Lynn Hunt, *The Making of the West: volume C*, Bedford: St. Martin, 2009.

（三）列强之间的战略竞争

占领非洲在确保海外贸易流动方面具有战略价值。英国始终面临着政治压力，因为它要确保有利可图的市场不受其东部殖民地竞争对手的侵蚀。因此，对英国而言确保东西方之间的关键水道——苏伊士运河的安全至关重要。所以，英国从 1880 年开始，出于地缘政治的考虑，需要控制埃及，特别是苏伊士运河。①

争夺非洲领土也反映在对购置军事装备和建立海军基地的关切。不断增长的海军，以及由蒸汽动力驱动的新船，需要燃料补给站和港口进行维护。为了保护海上航线和通讯线路，特别是昂贵而重要的国际水道，如苏伊士运河，也需要建立防御基地。②

殖民地也被视为"均势"谈判中的资产，在国际谈判中作为交换项目非常有用。拥有大量土著居民的殖民地也是军事力量的来源，英国和法国在许多殖民战争中使用了大量的英属印第安人和北非士兵（在即将到来的第一次世界大战中也是如此）。在帝国主义时代，广阔的势力范围是一个国家成为帝国的标志。

二、瓜分非洲的前奏——对非洲大陆的勘探

欧洲人瓜分非洲的基础是对非洲大陆的勘探。③ 欧洲人对非洲的探索始于希腊人和罗马人，他们在北非探险并定居下来。15 世纪的葡萄牙，尤其是在航海家亨利的统治下，沿着西非海岸进行了探险。对科学的好奇心和基督教传教士的传教精神很快就服从于商业考虑，包括有利可图的贩卖奴隶。其他国家（荷兰、西班牙、法国、英国等）也加

---

① Gjers?，Jonas Fossli. "The Scramble for East Africa：British Motives Reconsidered，1884 - 95". *Journal of Imperial and Commonwealth History*. 43(5)，2015，pp. 831 - 60.

② H. R. Cowie，*Imperialism and Race Relations*. Revised edition，Nelson Publishing，Vol. 5，1982.

③ European exploration of Africa，http://www. newworldencyclopedia. org/entry/European_exploration_of_Africa#cite_note-12.

入了非洲贸易,尽管几个世纪以来欧洲人对非洲内陆的了解非常模糊。19 世纪以前非洲大部分地图是空白的,欧洲人在非洲的探险异常艰苦,甚至会危胁生命。此外,非洲的贫困与落后也激发了欧洲人对自己种族和文化的优越感。

欧洲人探索非洲的历史包括许多文化破坏,同时也面对巨大的地理和气候挑战。当欧洲人绘制版图时,他们建立了贸易公司,与非洲统治者签订条约,并开始在自己的势力范围内建立殖民地。非洲人被认为无法管理自己,需要更成熟种族的监督,而非洲的文化成就往往也被忽视。除了承认曾统治非洲部分地区的几个伟大帝国的成就外,人们认为非洲的历史始于欧洲人的定居。殖民化改变了非洲的政治版图。在欧洲人进入非洲的广大地区时,非洲的原著民基本上都处于原始或奴隶社会状态。那时的非洲只有部落概念,而没有民族国家的概念。随着欧洲各国的入侵,逐渐形成了一块块殖民地。随后,欧洲列强在非洲经常地为了争夺资源、土地和黑奴而发生冲突。后来,为划定各自势力范围,列强们为了方便,以经纬线划分,形成非洲民族国家国界。根据顾章义的研究,经过殖民主义者划分势力范围边界,原来的非洲国家传统边界被破坏了,各民族的聚居区域被破坏了。昔日属于同一的民族,现在被分割在不同的国家和地区。无论欧洲列强对非洲的安排"是好是坏",欧洲对非洲的探索把非洲纳入了一个普遍的知识体系,同时将非洲大陆及其人民纳入了同国际社会其他国家联系起来的世界经济体系。

(一)19 世纪以前欧洲对非洲的探索

1. 史前欧洲和非洲之间的联系。欧洲和北非之间的联系比有记载的历史还要悠久。在旧石器时代晚期和新石器时代,文化交往跨越了地中海屏障。非洲的石叶文化与欧洲的奥瑞纳文化、格拉韦特文化和代拜文化比较相似,这是欧洲与非洲在这一时期文化上联系密切的有力证明。一些新石器时代早期的影响可能也通过北非传到了欧洲。此外,在地中海两岸都发现了古铜色时代的巨石现象。这种跨地中海文化交流的趋势在很大程度上延续了整个古代,直到埃及和腓尼基时期书面历史才开始。

对非洲大陆的早期探索。古希腊历史学家希罗多德(Herodotus)描述了埃及法老内修二世(Necho II)在公元前 600 年左右派出一支由腓尼基水手组成的探险队,在三年时间里环绕非洲航行。[①] 他们向南航行,绕过海角,向西航行,再向北到达地中海,然后返回家园。他们每年都停下来播种和收割谷物。报告中说,当他们绕着大陆的南端航行时,太阳在他们的北部,希罗多德认为这是不可思议的,但这是对他在那个纬度位置的准确描述。

腓尼基人探索了北非,建立了许多殖民地,其中最著名的是迦太基。迦太基自己也对西非进行了勘探。唐纳德·哈登(Donald Harden)描述了航海家汉诺(Hanno)的旅程,哈登将这段旅程追溯到公元前 425 年左右,甚至在翻译中引用了希腊的记述(约两页长)。[②] 汉诺到底走了多远还不确定,"一些人认为汉诺到达了喀麦隆,甚至到达加蓬,而另一些人说他在赛拉利昂停了下来。"[③]

2. 中世纪的欧洲人对非洲大陆的探索。随着中世纪伊斯兰教的扩张,北非在文化上与非穆斯林的欧洲隔绝。伊斯兰帝国在欧洲和世界其他地区之间制造了一道屏障,欧洲商人为获得西非黄金、东亚香料和丝绸等珍贵商品付出了沉重的代价。意大利的威尼斯和热那亚

---

① Jimmy Dunn, *Necho II's African Circumnavigation*, *Tour Egypt*. Retrieved October 17, 2008.

② Donald Harden, *The Phoenicians* (Harmondsworth, UK: Penguin, 1971, p. 162.

③ Donald Harden, *The Phoenicians* (Harmondsworth, UK: Penguin, 1971, ISBN 9780140213751), p. 169.

等地有专门从事这种贸易的商人。

此外,现代西班牙、葡萄牙和摩洛哥的犹太人被允许在这两个文化地区进行贸易。其中有亚伯拉罕·克列克斯和他的儿子吉胡达,于1375 年绘制完成的加泰罗尼亚地图集提高了欧洲人对非洲和其他地区的认识,并由大量的穆斯林地理知识和一些有根据的猜测和想象来填补空白。[①]

热那亚人也开始寻求绕过穆斯林商道,摆脱其对亚洲贸易垄断的新通道。1291 年,特迪西奥·多利亚命令范蒂诺和乌戈利诺·维瓦尔迪经由大西洋到达印度。探险队失败后,多利亚派大使到摩加迪沙去寻找他们的下落。

1339 年的海图显示,加那利群岛已经为欧洲人所知。1341 年,葡萄牙和意大利的探险家准备联合远征。1344 年,教皇克莱门特六世任命法国海军上将路易斯·德拉塞尔达为财富王子,并派遣他征服加纳利群岛。1402 年,让·德贝当古和戈迪菲·德拉萨莱航行去征服加那利群岛,但是发现他们已经被卡斯提尔人掠夺了。尽管他们征服了这些岛屿,贝斯库特的侄子还是被迫在 1418 年将他们割让给卡斯提尔。

3. 葡萄牙探险。葡萄牙探险家亨利王子,被称为航海家,是第一个有条不紊地探索非洲和印度洋航线的欧洲人。他从在葡萄牙南部阿尔加维地区的住所出发,环游非洲后到达印度。1420 年,亨利派了一支探险队去保卫无人居住但具有战略意义的马德拉岛。1425 年,他也试图占领加那利群岛,但这些群岛已经被卡斯提尔人牢牢控制。1431 年,另一支葡萄牙探险队到达并吞并了亚速尔群岛。

在非洲西部和东部沿海,进展也很稳定。葡萄牙水手于 1434 年到达博加多角,1441 年到达布兰科角。1433 年,他们在阿奎因岛上建

[①] *Bibliothèque nationale de France*, *The Catalan Atlas*, 14th century (BNF, ESP 30). Retrieved October 17, 2008.

造了一座堡垒(今天的毛里塔尼亚),并用欧洲的小麦和布料交换非洲的黄金和奴隶。这是苏丹的黄金第一次在没有穆斯林转手的情况下抵达欧洲。大部分奴隶被送到马德拉岛,在彻底砍伐森林之后,马德拉岛成为欧洲第一个种植园殖民地。1444 年至 1447 年间,葡萄牙人探索了塞内加尔、冈比亚和几内亚的海岸。1456 年,一名威尼斯船长在葡萄牙的指挥下探索佛得角群岛。1462 年,亨利王子去世两年后,葡萄牙水手探索了比绍群岛,并命名为塞拉利昂(狮子山)。

1469 年,菲诺·戈麦斯租用了非洲五年的勘探权。1471 年,在他的指挥下,葡萄牙人到达了现在的加纳,并在后来改名为埃尔米纳(Elmina)的拉米纳(La Mina)定居。他们最终到达了一个盛产黄金的国家,因此埃尔米纳最终获得了历史上"黄金海岸"的称号。

1472 年,斐南·德·波发现了一个岛屿(现在的比奥科岛)和一个盛产虾的河口(葡萄牙语:Camarao),并将其命名为喀麦隆。

不久,欧洲人就越过了赤道。葡萄牙在圣多美,建立了一个基地。

1485 年之后,开始将罪犯放逐此处。1497 年后,被驱逐的西班牙和葡萄牙犹太人也在那里找到了安全的避难所。

1482 年,迭戈·曹发现了一条大河的河口,并得知了一个名叫孔戈的王国的存在。1485 年,他也探索了这条河的上游。

但葡萄牙人最希望找到的是一条通往印度的路线,并一直试图绕过非洲。1485 年,阿方索①的探险队与来自德国的天文学家马丁·倍海姆②一起探索了贝宁湾,带回了关于非洲的信息。

1488 年,巴尔托洛梅乌·迪亚士③和他的飞行员佩德罗·达恩奎

---

① Joao Afonso d'Aveiros.
② Martin Behaim.
③ Bartolomeu Dias.

斯克①在经历了一场风暴后,把一个被暴风雨困住的海角命名为风暴之角。他们沿着海岸继续前行了一段时间,意识到船一直向东移动,甚至有向北移动的趋势。由于缺乏补给,他们开始返航并深信非洲的尽头终于到了。他们回到葡萄牙后,这个充满希望的海角被重新命名为好望角。

最后,在 1497 年至 1498 年,达·伽马以阿莱姆凯尔为飞行员,经圣赫勒拿直飞好望角。他越过了迪亚士到达的最远的地方,然后他向北航行,在克利马内(莫桑比克)和蒙巴萨登陆,后来还到达了马林迪(肯尼亚)。

埃及和威尼斯对葡萄牙探险的消息反应冷淡,他们依旧从红海联合攻击与印度做生意的葡萄牙船只。1509 年葡萄牙人在迪奥附近反击并击败了这些船只。同样,奥斯曼帝国对葡萄牙的探险反应亦是冷淡,这使得葡萄牙几乎完全控制了印度洋的贸易。他们在非洲东海岸建立了许多基地,从莫桑比克到索马里,并于 1513 年占领了亚丁。

1500 年,一支由佩德罗·阿尔瓦雷斯·卡布拉尔指挥的葡萄牙舰队,沿着达·伽马刚刚开辟的通往印度的航线抵达了东非的海岸。两年后的地图上已经显示出非洲东部的一个狭长的岛屿,该岛的名字是马达加斯加。但直至一个世纪后,即 1613 年至 1619 年,葡萄牙人才对该岛进行了详细的探索。他们与当地酋长签订条约,并派遣第一批传教士。

4. 葡萄牙和赤道非洲的土著国家。葡萄牙对非洲某些地区的殖民对某些现存文明产生消极影响。到 1583 年,他们摧毁了与他们争夺非洲贸易的东非穆斯林赞德文明。另外两个重要的非洲王国,刚果和莫诺莫塔帕,也在同一时期被葡萄牙征服者摧毁。

---

① Pedro d'Alenquer.

葡萄牙人最初与刚果的关系很好。刚果国王信奉天主教,欢迎葡萄牙传教士和商人。1491 年,葡萄牙人登陆四天后,国王要求传教士给以付洗,过了不久,王后也要求奉教。1506 年以后,天主教会在刚果发展很快,但是奴隶贸易最终成为该地区争议的主要问题。统治阶级需要和欧洲人进行商品交易,获得欧洲进口商品,以犒劳其管辖范围内的地方首领,从而巩固统治。然而,他们可以交换的商品只有奴隶。经过一段时间,抓捕奴隶已不再是国王的特权,地方首领也踏入该领域。对于奴隶需求的增长和供不应求,获得奴隶的难度与成本也随之增加。高额的成本和捕获奴隶的困难上升,使得王国内部的矛盾与日俱增,这引发刚果王国内部叛乱频发。无法控制国内局势的刚果国王只能向葡萄牙人求救。久而久之,刚果国王对葡萄牙的依赖程度逐渐增加。

葡萄牙以类似的方式处理南部非洲的另一个主要国家莫诺莫塔帕(现津巴布韦)的关系。葡萄牙介入当地战争,希望获得丰富的矿产资源,并建立了一个保护国。但是随着莫诺莫塔帕的权威被外国势力削弱,无政府状态取而代之。当地矿工迁移,甚至把矿埋起来,以防止落入葡萄牙人之手。

5. 荷兰干预。从 17 世纪开始,荷兰开始探索和殖民非洲。当荷兰人对西班牙发动长期的独立战争时,葡萄牙从 1580 年开始暂时与西班牙统一。因此,荷兰日益增长的殖民野心主要针对葡萄牙。

为此,成立了两家荷兰公司:西印度群岛公司和东印度群岛公司。西印度群岛公司控制着整个大西洋,东印度群岛公司控制着印度洋。

西印度公司于 1637 年占领了埃尔米纳,并于 1641 年建立了罗安达。1648 年,他们被葡萄牙人驱逐出罗安达。总的来说,荷兰人在不同的地方建造了 16 座堡垒,包括塞内加尔的戈雷岛,成为主要的奴隶贸易大国。

荷兰人在南非也留下了持久的影响,虽然葡萄牙忽视了这一地区,但荷兰人最终决定将其作为前往东亚的中转站。赞·范里贝克于1652 年创建了开普敦,开启了欧洲对南非的探索和殖民。

6. 16 世纪至 18 世纪欧洲人在非洲的存在。几乎与荷兰同时,其他欧洲强国也试图为非洲奴隶贸易建立自己的前哨。

早在 1530 年,英国商人冒险家就开始在西非进行贸易,与葡萄牙军队发生冲突。1581 年,弗朗西斯·德雷克到达好望角。1663 年,英国人在冈比亚建造了詹姆斯堡。一年后,另一支英国殖民探险队试图在马达加斯加南部定居。

1626 年,法国成立了西方公司。这家公司将荷兰人驱逐出塞内加尔,使其成为法国在非洲的第一个固定殖民点。

法国也把目光投向了马达加斯加,自 1527 年起,这个岛屿就被用作印度之旅的一站。1642 年,法国东印度公司在马达加斯加南部建立了一个名为多芬堡的定居点。这一移民点的商业成果很少,而且大多数移民都死了。其中一位幸存者艾蒂安·德·弗拉古出版了《马达加斯加岛的历史》,长期以来,他的开创性著作是欧洲了解该岛的主要资料来源。而后,欧洲人向马达加斯加进一步定居的尝试一直没有取得更多的成功。1665 年,法国以"太子岛"的名义正式宣布对马达加斯加拥有主权。直至 1667 年,弗朗索瓦·马丁率领第一支探险队到马达加斯加中心地带,抵达阿劳特拉湖。然而,直到 19 世纪,法国在马达加斯加才有了殖民活动。

1657 年,瑞典商人在今天的加纳建立了海岸角,但很快被丹麦人取代,丹麦人在今天的阿克拉附近建立了克里斯蒂安堡。

1677 年,普鲁士国王弗里德里希大帝派遣一支探险队到非洲西海岸。探险队的指挥官布隆克船长与黄金海岸的酋长们签署了协议。

在那里,普鲁士人建造了一座名为格罗斯·弗里德里希斯堡[①]的堡垒,并修复了废弃的葡萄牙阿冈堡[②]。但在 1720 年,国王决定以 7000 金币和 12 个奴隶的价格将这些基地卖给荷兰,其中 6 个奴隶用纯金链锁着。

总的来说,19 世纪以前欧洲对非洲的探索非常有限。相反,他们关注更多的是奴隶贸易,这只需要建立沿海基地以进行贸易。欧洲对于美洲的探索远优先于对非洲的探索。在此期间,虽然欧洲在美洲开始了探索和殖民,但这些经验无法复刻在探索非洲的历程上,对于探索非洲的参考作用并不大。在非洲海岸线并没有适合船只停泊的深海湾或海湾海岸。即便在海岸建造了码头,大多数河流的出海口或因水流都比较湍急,或因沙洲太宽而无法停泊船只。[③] 虽然大量的黄金深深吸引着勘探者,但与美洲相比,它的可采性不那么强。

(二)18 世纪末期至 1870 年欧洲人对非洲的探索

这一阶段,欧洲人向非洲发起了全新的探索。欧洲人发现非洲的气候恶劣,不适宜生存。"非洲的气候,"麦克林说,"对白人及其随身带的物品是有害的。螺丝钉会从螺母上松下来,牛角柄会从仪器上掉下来,梳子会裂成了细碎的薄片,铅会从铅笔上掉下来……"[④]此外,"在野生动物的数量和种类上,没有任何大陆能与非洲相比,让人难以应对。"[⑤]

尽管拿破仑战争分散了欧洲对非洲勘探工作的注意力,但这些战

---

① Gross Friederichsburg.

② Arguin.

③ McLynn, Frank. *Hearts of Darkness*: *The European Exploration of Africa*. New York, NY: Carroll & Graf Publishers, 1993, p. 4.

④ McLynn, Frank. *Hearts of Darkness*: *The European Exploration of Africa*. New York, NY: Carroll & Graf Publishers, 1993, p. 5.

⑤ McLynn, Frank. *Hearts of Darkness*: *The European Exploration of Africa*. New York, NY: Carroll & Graf Publishers, 1993, p. 6.

争对非洲大陆的未来,包括埃及和南非,产生了巨大的影响。对埃及的占领(1798—1803),先是法国,然后是英国,导致奥斯曼帝国试图重新获得对埃及的直接控制。在南非,与拿破仑的斗争导致英国占领了荷兰殖民地好望角。自 1806 年以来一直被荷兰军队占领的开普殖民地于 1814 年正式割让给英国。

与此同时,非洲大陆其他地区也发生了相当大的变化。1830 年法国占领阿尔及尔,并终结了海盗活动由此开启了法兰西第二殖民帝国的序幕。1840 年至 1848 年期间对广阔内陆河湖的了解进一步深入,以及对乞力马扎罗冰川的发现,激发了人们对非洲进一步了解的渴望。

19 世纪中叶,新教在几内亚海岸、南非和桑给巴尔自治州进行着积极的传教活动。福音派基督徒普遍认为,非洲是基督教和伊斯兰教之间的战场,任何一种宗教都有可能首先渗透到偏远地区。传教士访问了一些鲜为人知的地区和民族,并成为贸易和帝国的探索者和先驱。大卫·利文斯通,一位苏格兰传教士,自 1840 年以来一直在奥兰治河以北工作。1849 年,利文斯通从南到北穿过喀拉哈里沙漠,到达恩加米湖。在 1851 年至 1856 年间,他自西向东穿越非洲大陆,发现了赞比西河上游的水道。1855 年 11 月,利文斯通成为第一个看到著名的维多利亚瀑布的欧洲人,并将维多利亚瀑布以英国女王的名字命名。从 1858 年到 1864 年,利文斯通探索了赞比西河、夏尔河和尼亚萨湖。探险家们的首要目标是确定尼罗河的源头。伯顿和斯派克(1857—1858)、斯派克和格兰特(1863)分别对坦噶尼喀湖和维多利亚湖进行了考察。最终证明,它们是尼罗河的源头。

在尼日尔河谷的勘探中,法国和英国之间展开了竞争,部分原因是该地区以其金矿而闻名,同时也是为了成为第一个到达传说中的廷巴克图市的国家。在探索尼日尔的先驱中有芒戈·帕克、亚历山大·

戈登·莱恩和雷内·凯利。莱恩、凯利和其他一些人被法国地理学会颁发的一项奖金所吸引,该奖金是 1 万法郎,奖励他们到达廷巴克图。[①] 帕克的探险给后来的探险者带来了困难,因为他习惯在非洲人眼前或多或少地开枪。[②]

英、法的探险家在非洲的步步深入为两国对非洲的殖民侵略开辟了道路。自 18 世纪末期开始的一个世纪中,以利文斯通和斯坦利为代表的对非洲内陆的探险者多达两百余人。

利文斯通既是探险非洲的冒险家,又是基督教的传教者,他对非洲的考察与探险横跨非洲大陆。探险途中收集的非洲资料和传播的基督教义使英、法殖民者对非洲有了初步的了解。自 1851 年起,利文斯通开始了对非洲的第一次考察,他是横贯非洲大陆和考察赞比西河、刚果河流域的第一人。利文斯通在非洲的考察活动长达 16 年,在对非洲有了较为深入的了解后,他呼吁国内可以加大对非洲的投入、向非洲地区派遣更多的基督教传教团。

1871 年,亨利·莫顿·斯坦利成功找到了利文斯通,并把他救了回来。自 1874 年至 1877 年的四年间,斯坦利以非洲大陆西海岸坦桑尼亚的巴加莫约为起点,向西抵达维多利亚湖,西进抵达坦噶尼喀湖,继续西行到达刚果河的支流卢阿拉巴河,顺刚果河东进,最后抵达非洲东海岸。斯坦利作为殖民者的先驱,在刚果河沿岸建立商站与码头,通过暴力或收买的方式,占据了刚果河流域大部分地区。此后,涉足乌干达,并同东非部分酋长签订了一系列条约,为后来的殖民入侵提供了有利条件。

---

① McLynn, Frank. *Hearts of Darkness: The European Exploration of Africa*. New York, NY: Carroll & Graf Publishers, 1993, p. 32.

② De Villiers, Marq, and Sheila Hirtle, *Timbuktu The Sahara's Fabled City of Gold*. New York, NY: Walker, 2007, p. 248.

探险家们在非洲大陆的其他地方也很活跃。1860 年至 1875 年间,吉拉德·威、乔治·斯科维夫斯和格斯塔伍·耐驰提戈[1]穿越了摩洛哥南部、撒哈拉沙漠和苏丹。这些旅行者不仅大大增加了欧洲人对非洲地理的了解,而且获得了有关他们所逗留国家的人民、语言和自然历史的宝贵资料。如中部非洲"侏儒族"俾格米人的第一个西方发现者是保罗·杜·查卢,他于 1865 年在西海岸的奥格韦地区发现了俾格米人。另外,早在 1855 年,杜沙路就曾在加蓬地区旅行过,这使得关于大猩猩存在的知识在欧洲广为流传,人们认为大猩猩的存在和俾格米人的存在一样具有传奇色彩。

三、瓜分非洲的进程

自 19 世纪 70 年代,以瓜分刚果为起点,欧洲殖民者对非洲瓜分的进程逐步展开。

19 世纪 70 年代至 1900 年,非洲面临着欧洲帝国主义的侵略、外交压力、军事入侵以及最终的征服和殖民。与此同时,非洲社会对殖民其国家和强加外国统治的企图进行了各种形式的抵抗。到 20 世纪初,除埃塞俄比亚和利比里亚外,非洲大部分地区已成为欧洲列强的殖民地。

(一)对非洲的瓜分

欧洲帝国主义进军非洲的动机主要体现在三个领域:经济、政治和社会。奴隶贸易的利润减少并逐渐遭到废除和镇压,以及欧洲资本主义工业革命的扩张,都是在 19 世纪发展起来的。资本主义工业化的必要性——包括对有保障的原材料来源的需求、对有保障的市场的寻求和有利可图的投资输出——刺激了欧洲的争夺、非洲的分裂和最终的征服。因此,欧洲入侵的主要动机是经济上的。

---

① Gerard Way, Georg Schweinfurth and Gustav Nachtigal.

政治推动力来自欧洲各国之间的权力斗争和争取卓越地位的竞争。英国、法国、德国、比利时、意大利、葡萄牙和西班牙在欧洲强权政治中争夺权力。展示国家卓越地位的一种方式是在世界各地取得领土，包括非洲。

社会因素是第三个主要因素。由于工业化，欧洲的主要社会问题增加了：失业、贫穷、无家可归等现象愈发普遍。产生这些社会问题的部分原因是并非所有人都能被新兴的资本主义工业所吸收。解决这个问题的一个方法是获得殖民地并输出这些"过剩人口"。这导致欧洲人开始在阿尔及利亚、突尼斯、南非、纳米比亚、安哥拉、莫桑比克以及津巴布韦和赞比亚等中非地区建立定居点。

瓜分非洲的动机并非始于偶然，是由经济、政治和社会的多重作用促成。它始于历史的合力。法国于 1881 年 5 月占领突尼斯，这在一定程度上促使意大利在 1882 年加入德奥同盟，形成三国同盟。同年，英国占领了埃及，并统治了苏丹、乍得、厄立特里亚和索马里部分地区。1884 年，德国宣布将多哥、喀麦隆和西南非洲纳入其保护范围。

这种争夺尤为激烈，以致有人担心它可能导致帝国主义之间的冲突，甚至战争。为了防止这种情况的发生，德国总理奥托·冯·俾斯麦（Otto von Bismarck）在 19 世纪末召开了欧洲大国外交峰会。这就是著名的柏林西非会议（通常称为柏林会议），于 1884 年 11 月至 1885 年 2 月举行。会议制定了一项称为《柏林法案》的条约，其中明确了欧洲帝国主义在非洲的活动规则。它的一些主要条款如下：

（1）领土兼并通知（通告）其他国家的原则；

（2）有效占用原则，拥有可以验证的附件；

（3）保证刚果盆地的贸易自由；

（4）尼日尔河和刚果河航行自由；

（5）所有国家的贸易自由；

（6）禁止通过陆地和海洋进行奴隶贸易。

这份条约是在没有非洲国家参与的情况下拟订的，它为后来欧洲列强瓜分、侵略和殖民非洲奠定了基础。

1884 年 11 月召开的柏林会议成为英、法在内的欧洲列强瓜分非洲的起点。（如图 1-3 所示）经过 104 天的长期会议，14 个与会国达成了最终的妥协，并签订了《柏林会议总议定书》。议定书划分了列强在非洲各自的势力范围：比利时占有刚果盆地约 90 万平方英里的土地，葡萄牙不再拥有刚果河北岸的大部分领地，法国占据刚果河以西的土地，保证刚果河腹地的贸易自由与流域内的航行自由。与此同时，还对此后非洲土地所属做出了规定，"有效占有"是获得领地的唯一有效途径。由此，柏林会议成为列强掀开瓜分非洲浪潮的起始点。

欧洲列强疯狂瓜分非洲。自柏林会议结束后，为了贯彻"有效占有"的原则，英、法等主要列强为将非洲占为己有，相继制订了深入占领非洲的详尽计划：英国制订了纵贯非洲的"双 C 计划"，该计划北起埃及开罗，南至南非开普敦。法国制订了横穿非洲的"双 S 计划"，该计划西起塞内加尔，东抵索马里。英国与法国占据非洲的计划形成了十字交叉的利益交汇点。与此同时，其他国家在非洲扩张的过程中

图例：
■ 英国
■ 法国
■ 葡萄牙
■ 西班牙
■ 比利时
■ 意大利
■ 德国　■ 土耳其

图 1-3　1885 年欧洲各国在非洲的殖民地范围①

————————————

① Gerard WayGeorg Schweinfurth and Gustav Nachtigal.

同英、法产生了各种激烈交锋甚至战争。这种激烈的领土扩张最后导致瓜分速度加快,以致20世纪初整个非洲大陆就已被彻底瓜分。殖民国家及已被纳入殖民地范围的土地面积约占非洲陆地面积的95%。而各国的殖民地分布是非常不均衡的,例如,法国几乎完全占领西非,但西班牙只有非洲沿海的少量殖民地。除了实力仍然强大的英国和法国外,早已衰落的西班牙、葡萄牙及新兴的德国和意大利也掌控不少非洲土地(如图1-4所示)。第一次世界大战以同盟国战败告终。作为惩罚之一,德国被剥夺了全部殖民地。英、法两国借机侵占了大片原德属非洲殖民地区(如图1-5所示)。到1939年第二次世界大战爆发前英、法在非洲殖民情况如表1-2所示。

■ 英国
■ 法国
■ 葡萄牙
■ 西班牙
■ 比利时
■ 意大利
■ 德国

■ 英国
■ 法国
■ 葡萄牙
■ 西班牙
■ 比利时
■ 意大利

图1-4 1914年欧洲各国在非洲的
　　　殖民地①

图1-5 1939年欧洲各国在非洲
　　　的殖民地

---

① Gerard WayGeorg Schweinfurth and Gustav Nachtigal.

表 1 - 2　英、法占领非洲年代表

国家	非洲殖民地及占领年代	占领面积	占非洲面积百分比
英国	圣赫勒拿岛（1659 年）、莱索托（1806 年）、塞拉利昂（1808 年）、南非（1814 年）、毛里求斯（1814 年）、苏丹（1821 年）、斯威士兰（1850 年）、埃及（1882 年）、博茨瓦纳（1885 年）、津巴布韦（1888 年）、冈比亚（1888 年）、马拉维（1891 年）、乌干达（1894 年）、加纳（1896 年）、南苏丹（1899 年）、尼日利亚（1914 年）、喀麦隆东部（1919 年）、多哥西部（1919 年）、坦桑尼亚（1919 年）、纳米比亚（1919）、肯尼亚（1920 年）、赞比亚（1924 年）	10 897 703 平方公里（1914 年 9 021 000 平方公里[1]；坦噶尼喀 937 000 平方公里多哥面积的 1/3,19 000 平方公里，喀麦隆东部喀麦隆面积的 1/5,95 088 平方公里；西南非即纳米比亚，825 615 平方公里[2]）	36.1%
法国	留尼旺（1649 年）、特罗姆兰岛（1722 年）、塞舌尔（1770 年）、科摩罗（1841 年）、马约特（1843 年）、塞内加尔（1859 年）、刚果共和国（1880 年）、格洛里厄斯群岛（1880 年）、马里（1880 年）、突尼斯（1881 年）、吉布提（1883 年）、加蓬（1885 年）、几内亚（1890 年）、科特迪瓦（1893 年）、中非共和国（1894 年）、贝宁（1894 年）、马达加斯加（1895 年）、乍得（1900 年）、阿尔及利亚（1905 年）、摩洛哥（1912 年）、毛里塔尼亚（1912 年）、喀麦隆西部（1919）、布基纳法索（1919 年）、多哥东部（1919 年）、尼日尔（1922 年）	11 279 551 平方公里（法属黑非洲面积 8 284 200 平方公里[3]。法属北非包括：摩洛哥 450 000 平方公里，阿尔及利亚 2 381 741 平方公里，突尼斯 163 610 平方公里）	37.3%

① 吴秉真、高晋元：《非洲民族独立简史》，北京：世界知识出版社，1993 年版，第 15 页。

② 高晋元：《英—非洲：关系史略》，北京：中国社会科学出版社，2008 年版，第 151 页。

③ 高晋元：《英—非洲：关系史略》，北京：中国社会科学出版社，2008 年版，第 88 页。

(二) 非洲的抵抗

19世纪晚期,欧洲帝国主义对非洲的设计和施压激起了非洲的政治和外交反应,最终引发了军事抵抗。在柏林会议期间和之后,许多欧洲国家派出代理人与非洲各个地区的权力拥有者签署所谓的保护条约。对这些条约的不同解释往往导致双方之间的冲突,并最终导致军事冲突。对欧洲人来说,这些条约意味着非洲人把主权拱手让给了他们;但对非洲人来说,这些条约签订的意图仅仅是外交和商业友好条约。在发现他们实际上受到了欺骗,了解到欧洲列强想在他们的土地上行使政治权力之后,非洲统治者开始组织军事力量,抵抗夺取他们土地的殖民者。

欧洲人与非洲人之间的商业冲突更是加剧了他们的敌对关系。在非洲商品贸易发展早期阶段,欧洲人用来自欧洲的贸易商品同非洲的中间商交换非洲的棕榈油、棕榈仁、棉花、橡胶。但随着争夺加剧,他们想要绕过非洲中间商,通过自己在非洲经营,获得原本需要通过贸易才能获得的非洲贸易商品。然而,这种做法受到非洲人的强烈抵制,他们坚持要求维持与外国人进行商业交往的模式,认为不能让渡这种权利。换而言之,这是非洲人对自己主权、政治独立的宣告。就欧洲商人和贸易公司而言,他们呼吁本国政府进行干预,实施"自由贸易",如有必要,可以动用武力。正是这些政治、外交、商业因素和争论使非洲形成了对欧洲帝国主义有组织的军事抵抗。

非洲的军事抵抗主要有两种形式:游击战和直接军事接触。主要使用的类型是由政治、社会和军事组织情况决定。一般来说,小规模社会①受其规模和缺乏常备军或专业部队因素制约,多选择游击战。因为这种社会中存在一小群有组织的战士,他们精通地形,可以利用

---

① 小规模社会:小型的,可以自给自足的社会群体。

经典的游击战术,对固定的敌军发动打了就跑的袭击,进行抵抗。这是尼日利亚东南部的伊博人对付英国人的方法。尽管英帝国主义者在 1900 年至 1902 年的三年时间里横扫了伊博,但反观社会规模很小的伊博人,他们仍旧进行了长期的抵抗。这是因为抵抗是分散的、零星的、不可预测的,因此英帝国主义者很难完全征服他们,并宣告绝对的胜利。即便在英国正式殖民伊博很久之后,他们仍然无法完全掌握这块领土。

直接的军事接触通常是由中央集权的国家系统组织,如酋长、城邦、王国和帝国,这些国家往往拥有常备或专业的军队,因此可以用集结军队的方法对付欧洲军队。埃塞俄比亚人、祖鲁人、曼丁卡人和许多其他中央集权国家就是通过这种方式组织军事抵抗。在埃塞俄比亚,帝国主义的入侵者是意大利。它面对的是埃塞俄比亚国王梅内利克二世(emperor Menelik II)这个果断而睿智的军事领袖。19 世纪 90 年代,意大利加大了对埃塞俄比亚的压力,要求由其实施统治,埃塞俄比亚人组织起来进行抵抗。在 1896 年著名的阿德瓦战役中,十万埃塞俄比亚军队与意大利人正面交锋,并取得了决定性胜利。此后的埃塞俄比亚,虽然在 1936 年至 1941 年间受到意大利的短暂监管,但在殖民时期的大部分时间里都保持了独立。

抵抗运动的另一个例子是由西非曼丁卡帝国的萨莫利·杜尔组织的。随着帝国的扩张和杜尔试图建立一个新政治秩序想法的落实,他同法国帝国主义者的入侵路线出现交汇,并产生冲突。杜尔在 1882 年至 1898 年间组织了军事和外交抵抗。在这 16 年间,他运用了多种策略,包括游击战、焦土计划和直接的军事接触。为了实现直接的军事接触,他从塞拉利昂和塞内加尔的欧洲商人那里购买了武器,特别是速射步枪。他还建立了工程车间,在那里修理武器和制造零件。有了这些资源,有了训练有素的军队,有了国防的动力,他对法国人进行了长期的抵抗。

四、瓜分的结果

很明显,大多数非洲人为保持对其国家和社会的控制进行了激烈和勇敢的斗争,但是非洲社会最终还是输了。这在一定程度上归因于政治和技术原因。

政治因素表现在 19 世纪是非洲政治地理发生深刻变化的时期,其特点是旧的非洲王国和帝国的灭亡以及它们重新组成不同的政治实体。一些旧社会得到重建,新的非洲社会建立在不同的意识形态和社会基础上。因此,非洲社会处于不断变化的状态,许多可以自给自足的小族群在组织上软弱无力,政治上不稳定。因此,他们无法对欧洲侵略者进行有效的抵抗。

技术因素表现在相互竞争的欧洲和非洲部队所使用的战争技术之间存在着根本性差异。非洲军队通常使用弓、箭、矛、剑、老式步枪和骑兵作战;欧洲军队是工业革命技术成果的受益者,他们使用更致命的机关枪、新步枪和大炮作战。因此,在直接交锋中,欧洲部队往往获胜。但是,正如一些抵抗斗争所充分证明的那样,非洲人已经尽其所能利用他们所拥有的资源进行了最好的抵抗。

到 1900 年,非洲的大部分地区已经被七个欧洲强国殖民占领——英国、法国、德国、比利时、西班牙、葡萄牙和意大利。在征服了非洲国家后,欧洲列强开始建立殖民国家制度。殖民地国家具有专制和官僚两种特性。首先,从专制性而言,殖民地国家是为促进对殖民地社会的有效控制和剥削而建立的行政统治机制。由于它们是在未经被统治者同意的情况下以武力强加和维持的,殖民地宗主国从来没有正常政府的有效合法性。其次,它们是官僚主义的,因为它们是由殖民地政府任命的军官和公务员管理的。虽然它们都是专制的、官僚主义的国家制度,但它们的行政形式各不相同,部分原因是殖民者不同的国家行政传统和具体的帝国主义意识形态,部分原因是它们所征服的各国政治发展状况与水平不同。

1.1.3　殖民统治(19 世纪末 20 世纪初—20 世纪 60 年代)

19 世纪末 20 世纪初,将非洲瓜分完毕的英、法等列强进入帝国主义阶段,英、法对非洲由殖民扩张转为殖民统治。

一、英国在非洲的殖民统治

在西非的尼日利亚黄金海岸和东非的坦噶尼喀、肯尼亚、乌干达等地,英国在中央、省、区或地区各级都建立了殖民地政府管理机构。在殖民地首都通常有一名总督,连同一个由任命和选定的当地和外国议员组成的执行委员会和立法委员会一起进行管理。作为殖民地元首,拥有下述职权:指挥驻军及地方部队、管理殖民地行政职务、负责殖民地对外交往、召集或解散殖民地议会、执行英国本土的相关命令、授予殖民地荣誉称号等。

英属殖民地通常被细分为由省专员领导的省,然后再细分为由地区专员领导的区。有关税收、公共工程、强迫劳动、采矿、农业生产和其他事项的法律和政策是在伦敦或殖民地首都制定的,然后下发到较低的行政级别执行。

在省和区两级,英国建立了地方行政制度,俗称间接统治。这一制度是与现有的政治领导和机构联合运作的。间接统治的理论和实践通常与卢加德勋爵联系在一起,他首先是英国驻尼日利亚北部事务高级专员,后来成为尼日利亚总督。在尼日利亚北部的豪萨—富拉尼酋长国,他发现一个有效的行政制度。卢加德简单而明智地使间接统治制度适应了他的目的,这一制度即节省开支,又便于执行。尽管有人试图将间接规则的使用描述为英国行政天才的表现,但事实并非如此。这是一个务实和节俭的选择,部分基于使用现有的职能机构。这一选择在一定程度上也是基于英国不愿提供管理其庞大帝国所需的资源。

该制度有三个主要机构：由地方统治者、殖民地官员和行政人员组成的"本土权威"；"地方国库"，其收入用于支付地方行政人员和服务；还有所谓的"土著法庭"，它负责管理"土著法律和习俗"以及被殖民者的传统法律体系。

一般来说，间接统治在长期建立中央集权国家制度的地区，如酋长、城邦、王国和帝国，以及它们的政府行政和司法制度，都相当有效。但即使在这里，最终的权力掌控在英国官员手中，也意味着非洲领导人已经被附庸化，并在欧洲殖民官员的支配下行使"权力"。因此，将他们与旧制度中的人民联系在一起的政治和社会脐带已被打破。一些精明的非洲领导人尽其所能地操纵和统治，而另一些人则利用新的殖民环境成为暴君和压迫者，但他们最终都是要对英国官员负责。

然而，英国人没有意识到，非洲一些地区人民并不熟悉"酋长"或"国王"的概念。例如，在一些没有酋长或国王的地区新任命了"准尉"，并强加了本土法院制度。但在权力行使过程中，准尉利用他们的权力以牺牲民众的利益积累财富。由此造成了重大问题，并在非洲人民中引发不满。准尉因腐败和傲慢而遭人憎恨，其典型案例发生在尼日利亚东部的伊博人 1929 年著名的女性反抗中。到 1929 年 12 月，当军队在该地区恢复秩序时这些妇女已经摧毁了 10 个当地法院。

二、法国在非洲的殖民统治

法国受殖民主义思想和极端行政集权的民族传统的影响，建立了高度集中的行政制度。他们殖民的指导思想是，法国肩负着一项"文明使命"，要把愚昧无知的"土著"从落后状态提升到文明的法裔非洲人的新地位。为了达到这个目的，法国人采用了同化政策，通过文化适应和教育，帮助满足一些正式条件的"土著"成为进化和文明的法裔非洲人。实际上，为公民身份设定的严格条件使大多数殖民地居民几乎不可能成为法国公民。例如，潜在的公民应该说一口流利的法语，为法国做出过杰出的贡献，获得过奖项等等。如果他们取得法国国籍，他们会获得法国公民拥有的权利，同时如若犯罪也只能由法国法庭审理。但是，由于法国不提供教育制度来训练所有被殖民的臣民说法语，也不建立行政和社会制度来同化所有臣民，同化与其说是一项严肃的政治目标，不如说只是一种帝国主义的政治和意识形态。

就各非洲殖民地的实际行政制度而言——北非的阿尔及利亚、突尼斯和摩洛哥，西非的塞内加尔、法属几内亚、法属苏丹、上伏尔塔，以及中非的加蓬、刚果（布）、乌班吉沙里——法国采用的是直接统治制度。法国还在西非和中非建立了联盟。在殖民地首都，总督们对驻巴黎的殖民地部长负责。大多数法律和政策都是由巴黎颁布的，而与议会一起执政的州长们则被期望按照法国中央集权的传统来执行这些法律和政策。殖民地也被细分为更小的行政单位，具体划分如下：小队指挥官隶属于地区指挥官和上级的殖民政府，每一个部门都层层隶属于其上一级部门。最下层的各州，由非洲酋长管理，实际上就像英国的准尉一样。

虽然法国试图维持这种高度集中的制度，但在其殖民地的某些地方，法国遇到了强有力的中央集权的国家。为控制这些地区，法国被迫采取联合政策，这是一种与现存的非洲统治机构和领导人联合运作的统治制度。因此，这有点像英国的间接统治，尽管法国仍然坚持同化的原则。在联邦制中，地方政府由非洲统治者管理。法国人将非洲地方政府划分为三个层级：省首长、区长、村长。在实践中，法国的殖民制度是将直接统治和间接统治相结合的。

总的来说，法国的行政体制比英国的殖民统治更加集权、官僚主义和干涉主义。其他殖民大国——德国、葡萄牙、西班牙、比利时和意大利——使用不同的行政制度来促进行政控制和经济剥削。然而，无论何种制度,它们都是外来的、专制的和官僚主义的,扭曲了非洲的政治和社会组织,破坏了它们传统统治结构的道德权威和政治合法性。

三、英、法对非洲殖民地统治管理制度的基本形式

19 世纪末 20 世纪初,英、法各国在非洲已经形成了一套比较完善的殖民统治和管理制度,并成为宗主国政治体制的一个组成部分。这种殖民统治和管理制度一直持续到 20 世纪 60 年代初。

英国、法国完成了对非洲的瓜分和征服之后,确立了其殖民统治地位。它们派遣总督、行政长官作为其代表,全面掌控非洲属地的统治权力,包括立法、行政、财政、司法和军事大权,形成了以派驻总督为最高执政者和权力中心的殖民地管理体制。这种管理体制在不同国家表现的形式有所区别,总体来讲分为间接统治和直接统治两种形式:

(一) 英国间接统治模式的形成

非洲本土最高统治者受殖民政府的遏制,这导致他在各地的权威下降,下属的权力和独立性普遍提升。他不再以自己的权力统治,而成为殖民政府的代理。殖民政府取代他成为最高统治者,维持国家的金字塔结构。代理人完全投降时,他会成为殖民政府的傀儡,由此失去人民的支持,因为人民赋予他的权力和责任关系被破坏了。英国的间接统治可被视为旨在稳定殖民地社会的一项政策。其具体内容包括:

1.英国的间接统治以其宗主国为核心。这一原则对英国政府同非洲殖民地区的相互关系作出了清晰界定,明确了殖民地区对宗主国的附属地位。殖民地区政府统治的合法性需要宗主国的授权与承认。虽然间接统治的殖民统治方式是对殖民地区原有的地方政权进行保留与改造,其改造的核心任务是树立英国政府在殖民地的权威地位,并在殖民地区落实英国颁布的各项法律、法规,包括立法权和军队控

制权在内的一切重要职责归英国政府所有。

2.英国实行间接统治以殖民地原有政权为依托。以尼日利亚地方政权为例,英国 1907 年颁布的《地方政权公告》和 1916 年颁布的《地方政权法》均是以赋予尼日利亚当地地方政权合法性为目的而出台的公告或法令。此类公告或法令的核心内容大都表明英国实现殖民占领后维持当地原地方领袖地位和作用,同时保留地方原有政治运作机制。

(二)法国直接统治模式的形成

殖民政府以武力为后盾实现殖民地民众的顺从。欧洲式官僚制度取代了原有的非洲传统政治体制。法国殖民地以实行直接统治的方式控制殖民地。直接统治的核心在于对殖民占领地区原有政权的彻底废除,重新建构殖民统治结构。为提高统治力度和优化统治效果,法国将其在非洲的势力范围划分为法属西非和法属赤道非洲两大联盟。在各联盟内层层分级,区级和分区级别的官员由法国人亲自担当,下层村县级官员由法国人任命的非洲人担当。[①]具体而言:

1.殖民统治模式是金字塔模式的高度集权结构。金字塔总共分为两类,共五层。由法国人和法国任命的非洲人两类人构成对非洲实现殖民统治的管理结构。法国人担任的职务属于顶层、第二层级、第三层级和第四层级。顶层为法国的总统及各部门部长,他们负责统揽全局、制定殖民政策。第二层级为法属非洲总督,他们是总统和各级部长的代言人,下达顶层设计的殖民政策,并颁布相关法令与公告。第三层级为殖民地区各地方行政单位的总督,如塞内加尔总督等。他们负责落实上级总督下达的法令与公告,同时有权力任免下级官员。第四层级为领地官员,其职责为领导最底层管理者并落实上级政策。

[①] 李安山:"法国在非洲的殖民统治浅析",载《西亚非洲》,1991 年第 1 期,第 26 页。

由法国人任命的非洲人担任最底层行政职务。这一层级的地方官员数量最为庞大,在 1930 年代末期,法属西非的基层行政官员为 50 255 名。[①] 最底层的行政管理人员成为整个法属非洲实现殖民统治的坚实基础。

2. 对待酋长的政策。法国对待酋长的态度与英国完全不同,虽保留酋长职务,然而其实质与原有酋长截然不同。法国殖民当局以敌视的态度对待非洲地方原有领导者,或罢黜、或流放,对其原有权力予以剥夺,对其子女进行殖民教育。从各方面实现对酋长地位、职责及权力的削弱。可以说法国对待酋长,更多是把酋长"看做一个行政管理人员",而不是像英国人那样,把他们"看做一个法官"。[②]

四、殖民统治管理制度形成的原因

无论是英国对殖民地的间接管理,还是法国对殖民地的直接管理都有其形成的原因。就英国而言,采取间接管理的原因主要有三点。

第一,直接统治成本过高。在 19 世纪末,争夺非洲势力范围期间,为实现对非洲的实际控制,英国对其殖民占领区施行直接统治政策,以实现英国在非洲的迅速扩张。非洲大陆瓜分完毕后,英国在非洲的直接统治不断遭到殖民地民众的抵抗。继续强行推行殖民统治,将使英国政府付出高额的管理成本。英国对北尼日利亚直接统治的过程中,遇到当地民众的激烈反抗,军队需要以强制管理的武力方式应对 700 多万北尼日利亚居民。英国殖民当局认识到镇压式的殖民管理方式不仅需要高昂成本,还会削弱对其他地区殖民地管理的效果,进而减缓"日不落帝国"战略的进程。

---

① [英]巴兹尔·戴维逊著,舒展等译:《现代非洲史》,北京:中国社会科学出版社,1989 年版,第 109 页。

② 李安山:"法国在非洲的殖民统治浅析",载《西亚非洲》,1991 年第 1 期,第 25—32 页。

第二,在长期的殖民管理中,英国总结出充分利用当地地方酋长实现对地方的管理是最为高效且节省成本的殖民统治方式。通过研究和总结经验,卢加德道出了自己深刻的体会。他通过观察和研究英国在世界各地的殖民统治后认识到,充分利用当地统治者对殖民地区实现的殖民管理既可以疏解殖民统治者与被统治者之间的直接冲突,还可以提高统治管理的效率。卢加德说:"从印度的叛乱到乌干达和塞拉利昂的造反,大英帝国的历史已经表明,仅仅有少数英国官员,而没有一个能在危机中和英国站在一起,其自身利益和英国完全一致的阶级,将会导致危险事件的发生。"[①]

第三,世界政治经济体系的形成和发展。20 世纪初,资本主义进入垄断时期,世界市场进一步扩大,国际分工已经形成,资本主义各国的联系更加紧密。非洲的作用从输出奴隶转变为资本主义世界的原料来源地、商品销售市场与资本投资场所。非洲殖民地由此融入资本主义世界经济体系,并成为支撑大英帝国国际地位的重要支撑。间接统治有利于非洲的这种作用的发挥。

法国直接统治的管理制度也有其形成原因:

第一,从征服转向管理的殖民统治情境变化。在瓜分非洲的进程中,法国并没有系统的殖民方案,其瓜分非洲的热情是受到其他列强抢占非洲的刺激而产生的。法国加入瓜分非洲狂潮的原因在于"首先到达那儿只是为了防止别人进入"[②]。1898 年,完成殖民扩张任务后,紧接而来的便是殖民统治。初期的殖民统治因人手不足,使用了间接统治制度。在殖民统治相对稳定后,法国便开始专心制定殖民统治政

---

① William Nevil M. Geary *Nigeria Under British Rule*. London: Metheun, 1927, p. 149.

② 联合国教科文组织:《非洲通史》第 7 卷,北京:中国对外翻译出版公司,1991 年版,第 259 页。

策。不同于英国在全球范围拥有广阔的殖民地,法属非洲占法国殖民地大部分地区,法国需要实现对非洲殖民地更有效且更有力的管理。于是,法国殖民当局便开始重新规划其殖民行政区,将土地收归法国殖民当局所有。为实现更为有效的统治,法国殖民当局废除了原有的地方行政组织,并构建全新的由法国人直接控制的殖民管理系统。

第二,资本主义的发展要求殖民地经济为宗主国经济发展服务。随着法国完成工业化,国内资本主义发展对殖民地的需求逐渐增强。19世纪末20世纪初,法国进入垄断资本主义时代,时代特性对殖民地提出了进一步的要求。殖民地成为法国工业品初级原料来源地和农业产品的来源地。法国完成对阿尔及利亚的占领后,将阿尔及利亚打造成法国的葡萄酒产地;完成对塞内加尔的占领后,将塞内加尔塑造成法国的花生主产地。殖民者高度集中的管理方式有利于法国维护这种依附型经济结构。

第三,"同化"理论的影响。在"同化"理论的深刻影响下,法国更倾向于对非洲实行直接统治。就"同化"理论而言,包括法属殖民地在内的所有人民都属于法兰西民族人民,他们之间的关系是平等自由的,法兰西民族是博爱的民族。为落实"同化"理论,法国殖民当局在其殖民教育的过程中始终秉承法语教学、输出法国文化和生活方式,向非洲的受教育民众灌输效忠法国的思想,如在各殖民地的各级学校中坚持法语教育,传播法国文化,训练当地的首领和孩子们,让他们学习法国文化和法国的生活方式,使之成为忠于法国的地方官员和臣民。

五、殖民统治管理制度的效果

在经验主义的指导下,英国通过间接统治制度实现对非洲的殖民管理。英国对间接统治的运用,因地制宜,不但节约了英国对殖民地区的管理经费,还将利益攫取最大化。英国的殖民统治不仅提高了殖民统治的效率,还对殖民地日后的改革及非洲国家独立后的发展产生巨大影响。时至今日,仍有许多原英属非洲国家的行政管理制度保留了原宗主国殖民统治时期留下的遗产。

在"同化"理论的指导下,法国通过直接统治制度实现对非洲的殖民管理。法国对直接统治的运用集中体现了其集权式管理的行政管理风格,结合法国殖民当局和殖民地区的特点,将中央与地方紧密融合。通过"同化"政策,获得殖民地当地人民对法国殖民统治的认可与依附。然而这种强硬的管理方式将殖民统治者与当地人民的矛盾凸显出来,直接统治的殖民行为更容易激起非洲殖民地人民的激烈反抗。

总的来说,英、法殖民者根据非洲的情势和本国殖民地管理经验建立起的非洲殖民管理制度,一方面,有利于缓和殖民当局与地方首领及民众的矛盾、减轻宗主国财力负担,维持对非洲殖民地的统治;另一方面,也强行植入了宗主国管理制度的观念与形式。[1]

1.2　暴力背后的文明:基督教文化的早期入侵

英、法文化最重要的基础是基督教文化。因此,也被亨廷顿称之为基督教文明。[2]

1.2.1　基督教的早期扩张

在英、法殖民非洲的进程中,伴随着暴力和强权而来的是基督教和传教士们。与前述殖民入侵、殖民扩张与殖民统治三个阶段相对应

[1] Ehiedu E. G. Iweriebor, The Colonization of Africa, http://exhibitions. nypl. org/africanaage/essay-colonization-of-africa. html.

[2] [美]塞缪尔·亨廷顿著,周琪、刘绯、张立平、王圆译:《文明的冲突与世界秩序的重建》,北京:新华出版社,1998 年版,第 60 页。

的是基督教在非洲的传播也经历了三个阶段。

一、地理大发现前基督教在非洲的传播

（一）在北非建立了非洲最早的教堂

今天，许多学者把撒哈拉沙漠以北的地区从本质上划分为以宗教为导向的伊斯兰地区。然而，基督教是非洲这个地区的历史可以追溯到最早的信仰，因为它和亚洲的基督教一样古老，在某种意义上它也可以被称为非洲的传统宗教。因为当基督教在公元一世纪从巴勒斯坦开始传播时，它也在"五旬节运动"后扎根北非。[1]

接受并拥抱耶稣的第一个非洲人是埃及人。非洲基督教扎根的第一个城市中心是埃及的亚历山大。在最初的五个世纪中，基督教在整个北非的传播迅速而激烈。一些宗教学者认为基督教是通过埃及亚历山大城引入非洲的。据考证，该市拥有一个非常大的犹太社区，该社区位于耶路撒冷附近。虽然《新约》没有像在亚洲和欧洲那样在非洲传教的记录，但却隐含着各种各样非洲人与基督教的接触。正如格罗夫斯指出的[2]，从巴勒斯坦到非洲的交通可以从约瑟和玛丽带着婴儿耶稣逃往埃及的故事中找出。另一个福音书的人物，戴着基督十字架的古利奈人西门，也来自北非。在使徒行传 8 章 26—40 节，我们也可以读到一个非洲人在回家的路上成为基督徒的故事。

北非的早期教会在成立之初运作并不非常顺利，公元 64 年至 313 年遭到当地人的严重排挤和迫害。为实现传教，教会在亚历山大建立了教理学校，同时还成立了许多其他同类别的学校，实现基督教的教学目标。基督教会办学具有一定成效，它培养了许多重要的早期非洲

---

① Hildebrandt, J, *History of the Church in Africa*. Achimota: Christian Press, 1981, p. 5.

② Groves, C P, *The Planting of Christianity in Africa. Vol 1*. London: Lutterworth Press, 1948, p. 8.

教会的基督教信仰领袖。

非洲的第一批基督教皈依者是讲希腊语的犹太人和亚历山大的改宗者。信仰的本土化导致皈依者的数量和基督徒在埃及所占的地理区域都迅速增长。到公元 4 世纪,该地区至少有 80 个"教区"或"教堂区",每个教区都由自己的主教领导,亚历山大主教担任大主教。

埃及教会在早期基督教传播中占重要地位。除了亚历山大可以声称是第一个神学学习和教义学校的中心,在其时代没有竞争对手。另外,埃及教会也可以声称在基督教修道院的发展中发挥了最具影响力的作用,因为有一个名叫安东尼的修士被认为是埃及基督教修道之父。[1]

非洲第二个著名的基督教中心是北非中部。与埃及不同,这是一个罗马殖民地,通常被称为罗马非洲。该地区地域广阔,它横跨今天的阿尔及利亚、突尼斯和利比亚的领土。基督教在这一地区的确切起源日期尚不清楚。

正如上面所提到的,我们不知道基督教渗透到北非的确切日期。但能确认的是在这个地区基督教信仰的起源可以追溯到公元 180 年之前。正是在这个时候,出现了有名的教会殉道十二成员。他们为忠于基督教,毫不妥协。据记载,公元 180 年 7 月 17 日,这些来自努米迪亚的信徒——7 男 5 女——在迦太基被审判、定罪和处决。[2]

在这个阶段,非洲的基督教在北非发展迅速。公元 220 年德尔图良死后,教会拥有 70 到 90 个主教辖区。到公元 250 年,这个数字几乎翻了一番,总数上升到 150 个左右。到 4 世纪初,这一数字再次上

① Davies, J G, *The Early Christian Church*. Grand Rapids: Baker Book House, 1965, p.184.

② Groves, C P, *The Planting of Christianity in Africa*. *Vol 1*. London: Lutterworth Press, 1948, p.59.

升到 250 多个主教辖区①。到 4 世纪末,北非的教会变得生机勃勃,充满了智慧和精神生活,组织有序,纪律严明。在那些年里,它是基督教信仰的主要中心,是被广泛认可的"非洲圣人三人组"的大本营,每个人都以自己的方式对后来基督教的历史和教义做出了许多重大贡献②。

然而,与信仰本土化的埃及不同,北非中部早期的教会普遍罗马化。拉丁语成为当地的官方语言,同时在通信和文学用语方面也都使用拉丁语。另外,礼仪上也以罗马礼仪为标准。虽然当地的布匿语偶尔也被用于讲道,但要找到足够精通这种语言的神职人员是不可能的。当地人的母语柏柏尔语更是无法用于传教。

除了亚历山大和迦太基,早期基督教北非的第三大中心是埃塞俄比亚(阿比西尼亚)。公元 4 世纪,名叫弗鲁门修斯和埃德修斯的两个基督徒从泰尔来到这里,于是教会就从这个地区传播开来。当地教会的起源可以追溯到基督的两个门徒在公理国传福音的时候。第一次接触后,弗鲁门修斯去拜访了亚他那修斯(亚历山大主教),他在公元350 年接受圣公会的祝圣。他一回到故乡,阿比西尼亚的教会就扩大了。传统上说,在赢得阿克苏姆国王的支持后,基督教成为该地区的官方宗教,随后在那里建立了一座大型教堂。③

除了弗鲁门修斯的努力,基督教在埃塞俄比亚进一步加强了 5 世纪和 6 世纪传教士的传教活动,"除了在东北部建立修道院外,这些传教士还帮助将新约翻译成当地语言盖尔语"④。在阿比西尼亚,这九个

① Hildebrandt, J, *History of the Church in Africa*. Achimota: Christian Press, 1981, p. 10.

② Igwe, G E, *Christianity comes to Africa. Umuahia*: Ark Publishers, 2000, p. 5.

③ Hildebrandt, J, *History of the Church in Africa*. Achimota: Christian Press, 1981, p. 21.

④ Parrinder, E G, *Africa's Three Religions*. London: Sheldon Press, 1969, p. 115.

传教士与他们的基督一性论得到了相当程度的发展并形成巨大影响力。从公元 500 年开始,教会的信仰已经成为一种正统信念,摆脱了此前的"异端"地位①。

北非的第四个基督教中心在努比亚(苏丹)。教堂起源于公元 6 世纪查士丁尼皇帝统治时期(公元 527—565 年),基督教由传教士和贸易商人带入。有两拨使团先后进入努比亚。第一个使团由朱利安带领,他于公元 543 年建立了一座教堂。这座教堂建立在苏丹北部的纳博代地区。他在教堂任命了神职人员,向人民传授神圣服务的秩序和基督教的所有条例②。

朱利安上台后不久,第二个使团来到苏丹。但他们奉行的教义同朱利安传播的教义有矛盾之处,因此朱利安劝阻苏丹北方的当地人不要欢迎这些传教士。结果,这一批特派团南下,在马科里人中间取得了一些传教的成功。

经历了传教士在该国北部和南部地区的活动,基督教信仰在非洲北部和东部地区生根发芽并蓬勃发展。许多教堂在该地区建成,成为基督教王国在此后许多年传播的大本营。直至 7 世纪,努比亚统治者及大多数努比亚居民都已完成了信仰的转变,基督教在努比亚流行并成为了大部分人的信仰。

(二) 早期北非教会在基督教历史上的地位和贡献

由于北非教会对基督教的发展作出了巨大的贡献,因此,它在基督教历史上占据了中心地位。其中包括:

1. 该区域的赞美诗、教堂礼拜和组织条例在非洲其他地方被

---

① Hildebrandt, J, *History of the Church in Africa*. Achimota: Christian Press, 1981, p.22.

② Groves, C P, *The Planting of Christianity in Africa. Vol 1*. London: Lutterworth Press, 1948, p.50.

采用；

2. 伟大的领袖、教师、主教、辩护者和教会神父都来自北非，包括德尔图良、塞浦路斯、奥古斯丁、奥瑞金、克莱门特和其他一些人，他们都对教会后来的发展产生了影响；

3. 早期的北非教会在基督教教育中也占有重要地位，而东方（亚历山大）和西方的传统后来在东西方基督教灵性和神学的发展中发挥了决定性的作用。遗憾的是，北非曾经充满活力的基督教会，在7世纪被伊斯兰教的入侵戏剧性地摧毁了。非洲大陆这一地区宗教信仰崩溃的原因包括缺乏牧歌指导、拒绝将宗教完全本土化、迫害基督教徒并指控其为异端和历经多次分裂①。

努比亚的教会能够在一定程度上抵抗伊斯兰教的攻击，并在很长一段时间内在该地区实现了更大程度的本土化。然而，即使在这里，基督教也终究萎缩，1504年阿尔瓦王国落入穆斯林手中时，基督教几乎消失了。

二、从地理大发现至奴隶贸易终结时期的基督教传播

奴隶贸易结束前，基督教伴随葡萄牙人在非洲的探险活动展开，但直到18世纪初还很难察觉基督教留下的任何踪迹。

基督教创立初期，罗马帝国即将其作为帝国的统治工具传播到北非地区。公元3—5世纪时，以迦太基为中心的北非教会已经拥有很大的势力。但随着罗马帝国的削弱和教会内部的分裂，特别是阿拉伯人的扩张，北非的基督教区域衰落并逐步被伊斯兰教取代。②

非洲最早的基督教会主要存在于北非东部地区。欧洲人毫无道

---

① Groves, C P, *The Planting of Christianity in Africa. Vol 1.* London: Lutterworth Press, 1948, pp. 81 - 89.

② 张宏明：《多维视野中的非洲政治发展》，北京：社会科学文献出版社，2007年版，第188页。

理地把非洲称为"黑暗大陆",由于种种原因,探险家们不得不过早地放弃他们的旅程,而非洲内部似乎是无法进入的。这些决定因素包括炎热的气候、有毒的昆虫、缺乏良好的水道和港口等不便之处。

欧洲近代传教活动可以追溯到 15 世纪。伴随着地理大发现活动的展开,基督教传教士日渐活跃,传教活动随之展开。有记载的第一次将基督教引入西非的尝试是在 15 世纪,在航海家亨利王子的赞助下,葡萄牙人开始沿着西海岸进行探索。除了这次旅行的科学、经济和政治动机之外,还有一种强烈的传教士热情,以及用基督福音去接触没有受过福音教育的非洲人的愿望①。随后,葡萄牙从 15 世纪起采取了将整个西非海岸的人们基督教化的政策。② 通过"保教权"协议,葡萄牙人获得了在西非(和东印度群岛)任命罗马天主教主教、神职人员和传教士的垄断权。

因此,葡萄牙国王承担了建立和支持西非传教事业的责任。③ 葡萄牙国王若奥二世非常关心葡萄牙在非洲的航海探险计划。1481 年,贵族军人阿扎布加在若奥二世的命令下向非洲西海岸航行,于 1482 年 1 月抵达黄金海岸,并在那儿建立了著名的埃尔米纳堡。葡萄牙人向城堡周围的黑人传播基督教,许多土著人相继皈依基督教。而后,若奥二世再派遣航海家迪奥戈探险非洲西海岸。1483 年,迪奥戈抵达刚果河口,派人觐见刚果王,并向其介绍了基督教。1484 年,刚果王答应和所有的臣民都将信奉基督教,并要成为虔诚的基督徒。迪亚士于 1487 年奉若奥二世的命令,沿迪奥戈行进的路线继续前行。他在

---

① Duadu, M & Gbule J N, *An Outline of the History of Christianity in West Africa*. Zaria: Missions Press & Publishers, 2000, p. 1.

② Ayandele, E A, "Traditional Rulers and Missionaries in Pre-Colonial West Africa" in: *Tarikh* 3(1), 1969, p. 23.

③ Gray, R, "The Origins and Organization of the Nineteenth-Century Missionary Movement" in: *Tarikh* 3(1), 1969, p. 14.

途中几次停留靠岸，把几名从葡萄牙带回的已经改信基督教的黑人男女送回非洲大陆，并嘱咐他们收集有利于基督教传播的信息，收集后告知他们下一次遇到的白人。

塞拉利昂被一群耶稣会传教士基督教化，由博格里乌斯神父领导，他成功地为国王和他的儿子们施洗。丹麦人和荷兰人也向他们在西非的堡垒和好望角的定居点派遣传教士，意大利传教士嘉布遣兄弟会①在刚果建立了他们的传教机构。② 1480 年至 1807 年间，殖民前的尼日利亚的贝宁、尼日尔三角洲和瓦里地区曾被葡萄牙、西班牙和意大利的传教士布道。贝宁的奥巴·奥萨吉③和他的一些酋长都是早期皈依者。基督教于 15 世纪 70 年代通过一些在圣多美岛上活动的奥古斯都传教士进入瓦里，并在那里兴盛了两个世纪。④

事实上，王储皈依了基督教，受洗后获得了圣塞巴斯蒂安的称号，而他的儿子多明戈则被派往葡萄牙接受为期十年的西方教育。在那里，他成功地娶了一位出身高贵的葡萄牙女士。有趣的是，他们的儿子唐·安东尼奥（Don Antonio）据说在葡萄牙接受过基督教神学教育，后来返回非洲，并被称为"Olu"（在非洲某些地方被用作皇室或贵族头衔）。有了这个强大的基督教背景，唐·安东尼奥能够在他的臣民中传播基督教，一旦他从那里回到家，基督教也可以渗透到尼日尔三角洲。⑤

1493 年 5 月，亚历山大教皇发布文件，给予发现非洲大陆的葡萄

---

① Capuchins.

② Gray, R, 'The Origins and Organization of the Nineteenth-CenturyMissionary Movement' in: *Tarikh* 3(1),1969, p. 14.

③ Oba Osagi.

④ Duadu, M & Gbule J N, *An Outline of the History of Christianity in West Africa*. Zaria: Missions Press & Publishers, 2000, p. 3.

⑤ Duadu, M & Gbule J N, *An Outline of the History of Christianity in West Africa*. Zaria: Missions Press & Publishers, 2000, p. 4.

牙人以传播基督教的权力,自此揭开了基督教在非洲近代传播的进程。[1] 为配合葡萄牙商人在非洲沿岸的探险殖民活动,该国的天主教士接踵而至,在今天的扎伊尔、安哥拉、东非和中非地区建立了少数教堂。15 和 16 世纪时他们就被派往埃塞俄比亚和刚果传教,此时莫桑比克一带也是早期基督教活动的一个基地。这些传教活动与葡萄牙的海外扩张紧密联系在一起。中世纪后期的欧洲,有一个传说,"东方"某地有一个伟大的基督教王国,它被穆斯林和异教徒敌人所包围。所以,欧洲人就决定要找到这伟大的王国与之结交,这个王国就是埃塞俄比亚。葡萄牙传教士于 16 世纪早期抵达这里,而这里的基督教以堕落和迷信的形式生存着,它的牧师们孤独地居住在自己的山区栖息地,非洲粗糙野蛮的环境将他们与上帝隔开了,与罗马隔开了。葡萄牙人带着一种或许可以把他们领回正道的想法,当 16 世纪 40 年代来自南边的穆斯林军队入侵埃塞俄比亚时,通过军事干涉来帮助埃塞俄比亚。

大约在同一时期,这些传教士的同伴已经抵达了距离大西洋中部海岸不远的刚果王国的宫廷。16 世纪之初,葡萄牙就与刚果建立了外交联系,这个富裕的帝国处于一片肥沃的农业地区,还在一个广阔区域内征收贡品。这让葡萄牙人印象深刻。刚果的上层统治者想要来自葡萄牙的教师、工匠以及士兵,但这种外交接触很快就使统治阶层分裂了,出现了不同的政治派别。一派赞同与葡萄牙人交往,另一派则主张将他们驱逐。如同埃塞俄比亚情况一样,前者占了上风,葡萄牙人把火枪手借给了刚果。刚果也有了新国王——皈依了基督教的阿方索(1506—1543 年)。他建立了与葡萄牙国王和教皇本人的联系。

---

[1] 张宏明:《多维视野中的非洲政治发展》,北京:社会科学文献出版社,2007 年版,第 188 页。

阿方索认识到了基督教的政治潜力，企图利用这种新的信仰来增进自己的权威，削弱那些本地的宗教领袖。此后，英国、法国、德国、比利时等国相继派传教士进入非洲从事传教活动。但由于非洲恶劣的自然环境、热带疾病、语言障碍、天主教会内部分裂，特别是传教士以文明的使者和救世主自居，蔑视非洲传统宗教，加之许多传教士直接或间接参与贩卖黑奴活动等主客观因素的影响，这一时期基督教在非洲的传教活动收效甚微，基本上以失败告终。[①]

虽然早在 15 世纪葡萄牙人来到非洲进行探险活动时就试图在西苏丹的南方培植基督教信仰，但直到 18 世纪初还很难察觉基督教留下的任何踪迹。1800 年前后，在整个西部非洲展开活动的只有三个传教会，即：福音传教会，卫斯理宗传教会，苏格兰格拉斯哥传教会。大约从 18 世纪最后 10 年起，基督教在非洲传播的形势大为改观。这主要是因为欧洲出现与约翰·卫斯理相关的福音派教会的复兴，当时的反奴主义和人道主义精神，产生了以法国革命为典型的激进思想，促使基督教教会试图在非洲培植和传播其信仰。

三、产业革命后的基督教发展（1807 年—19 世纪末）

在 18 世纪，一项更为成功和持久的传教事业开始于西非，在欧洲和美洲的新教教堂建立了基督教传教社团。[②] 这种发展是由欧洲福音派的觉醒和奴隶贸易的废除所推动的。例如，在英国，卫斯理强调个人基督徒的新热情和献身精神，以及对个人皈依行为的深切关注，极大地加强了传教工作的最深层动机。[③] 因此，到了 19 世纪，传教士尤

---

① 张宏明：《多维视野中的非洲政治发展》，北京：社会科学文献出版社，2007 年版，第 188 页。

② Neill, S, *A History of Christian Missions*. London：Penguin Books, 1986, p. 214.

③ Gray, R, 'The Origins and Organization of the Nineteenth-CenturyMissionary Movement' in：*Tarikh* 3(1), 1969, p. 15.

为活跃,他们来自欧洲,唯一的目的就是向非洲传播福音。

18 世纪产业革命后,非洲殖民地成为英、法原料产地和商品销售市场。基督教会为配合各自国家的殖民政策,适时地改头换面,打着禁止奴隶贸易的旗号在非洲掀起了传教热潮。英、法基督教会成为传播基督教的主力军。当时新教的传教活动以英国为主,天主教则以法国为主,两者为争夺黑人信徒的激烈竞争无疑也是推动基督教在非洲传播的动力。但在 19 世纪上半叶,英、法传教士除在西非、南非局部地区深入内地外,多数还只限于大陆东、西岸的小部分地区。

19 世纪中叶,基督教传播的规模伴随着殖民考察活动的深入持续拓展。自此开始的一个世纪成为基督教在非洲发展的黄金世纪。殖民探险初期,英、法被基督教的传教热情所笼罩,成立了众多的传教团,传教士在英、法瓜分非洲的狂潮中大批涌入非洲,不少传教士身兼"探险家"的身份。他们不仅充当了英、法殖民侵略的先遣队,甚至还直接参与了政府瓜分非洲的勾当。从 1800 年到 1840 年,传教会由 3 个增加至 15 个以上,其中包括:圣公会的正教传教会、苏格兰的联合长老会和来自法国的非洲传教社等。①

随着奴隶贸易的废除,西非的塞拉利昂和利比里亚成为现代非洲传教的摇篮。这两个中心成为自由奴隶的新定居地,为宣传基督教信仰的各种基督教使命提供了机遇。从塞拉利昂和利比里亚出发,传教士们渗透到其他西非海岸和内陆地区推广基督教。将妇女纳入宗教秩序,或作为单身妇女,或作为传教士的妻子成为宗教传播的一部分。这一方法确实为传教士活动开辟了一个新的层面,因为基督的福音比以前更广泛地传播给非洲妇女。因此,基督教成功地在西非建立了牢固的教会基础。这些教会包括卫理公会、英国国教、浸信会、长老会、

---

① 联合国教科文组织:《非洲通史》第 6 卷,北京:中国对外翻译出版公司,1998年版,第 32 页。

罗马天主教、基督复临安息日会、福音派、联合教会等。

早期将基督教引入东非的尝试是由圣公会做出的。克拉夫特博士于 1844 年到达那里,并在那里建立了许多传教机构。其他在这一领域工作的传教机构包括中非大学传教团、圣灵父会、苏格兰传教团和联合传教会。在其他贡献中,这些传教士团体协助将圣经翻译成斯瓦希里语,并教人们如何阅读和写作。[①]

从 1816 年起,英、法的许多教会来到南部非洲,不仅进入开普敦,而且深入到纳塔尔和德兰士瓦。到 19 世纪 60 年代,他们更进一步向北深入,北上至现在的博茨瓦纳、莱索托、纳米比亚和赞比亚等地区。这些传教会包括:卫斯理宗传教会、格拉斯哥传教会、圣公会的正教传教会、联合长老会传教会、巴黎福音会和莫塞加的传教会等。[②]

中部非洲到 1850 年时,只有圣公会的正教传教会在进行活动。1873 年戴维·利文斯通去世时也只增加了另外两个传教会,一是中非大学传教会,成立于 1857 年,按照利文斯通当年在剑桥大学对英国公众发表的热情洋溢的演说,其宗旨是建立基督教和文明的中心,以促进真正的宗教、农业和合法贸易。另一个是圣灵会,这是 1868 年在法国成立的天主教教团。[③] 利文斯通多次在非洲旅行,他的名望和他逝世时的情境,在东部非洲和中部非洲激起了宗教革命,四年之中有五个传教团进入非洲。

19 世纪末的柏林会议标志着基督传教士的非凡成功。[④] 1884 年

---

① Oliver, R. *The Missionary Factor in East Africa*. London: Longmans, Green and Co, 1952.

② H. W. Langworthy, *Zambia Before 1890*, London: Longman, 1972, pp. 82 - 115.

③ R. Oliver, *The Missionary Factor in East Africa*, London: Longman, 1965, p. 13.

④ 联合国教科文组织:《非洲通史》第 7 卷,北京:中国对外翻译出版公司,1991 年版,第 725 页。

召开的柏林会议揭开了非洲基督教传播与发展的帷幕。会议通过了一系列保护基督教传播的原则,诸如殖民国家有责任在其所管辖的殖民地内向基督教不同教派的传教活动提供保护和便利;殖民当局有义务保障所有地方居民及不同国籍的外国人的宗教信仰和自由;所有宗教信仰均有举行公开活动的自由及建立宗教建筑物的自由;设置宗教机构和从事慈善事业的权力等原则。[①] 这使基督教在非洲的传播获得了长足的进展。柏林会议中所确立的原则虽然缓和了基督教派之间对黑人信众的争夺,但无论是新教徒还是天主教徒都不可避免地同其母国保持紧密联系,加之殖民宗主国大都偏袒本国居统治地位的教派,因而造成在英属殖民地基督教新教占优势,在法属殖民地天主教占主导的基督教派分布格局。

由于外国传教士在这些传教教会中占支配地位,一些非洲领导人在接近 19 世纪末期时采取了一项行动,在更大程度上使该信仰本土化。罗马天主教和圣公会的情况尤其如此。[②] 由此产生的斗争导致埃塞俄比亚教会的形成,也被普遍称为"非洲独立教会"。其中包括土著浸信会(1888 年)、非洲土著联合教会(1891 年)、非洲教会(1901 年)、非洲卫理公会联合教会(1917 年)。加纳成立了国家浸信会(1898 年)、非洲卫理圣公会锡安教堂和尼格里蒂团契(1907 年)。[③] 在反对殖民主义的斗争中,这些教会强调自我表现、土著参与传教、自力更生和尊重非洲文化遗产。然而,当谈到礼拜仪式和教义时,教会在很大程度上仍然与母教会相似。

---

① Maurice Ahanhanzo Glélé, *Religion, Culture et Politique en Afrique Noire*, Paris: Présence Africaine, 1981, p. 67, p. 86.

② Dada, S A J K Coker: *Father of African Independent Churches*. Ibadan: AOWA Printers and Publishers. 1986, pp. 58 – 62.

③ Ayegboyin, D & Ishola, S A. *African Indigenous Churches*. Lagos: Greater Height Publications, 1997, pp. 22 – 23.

但无论如何,近代基督教在非洲大规模的传教活动是殖民主义的产物,"两者甚至是一种相互勾结、串通的共谋共犯关系"①。

四、殖民统治时期的基督教扩展(20 世纪初—20 世纪 60 年代)

殖民统治的建立,在很大程度上助长了基督教传教士的活动。第一,殖民地行政官员和传教士们有着相同的世界观,他们都拥有相同的文化。第二,殖民当局十分赏识传教士们的活动,经常向教会学校提供资助。第三,在每一块领地实现殖民控制,保证了这块领地的和平秩序,在这种情况下,传教士也得到了殖民当局相应的保护。第四,引进高效率的交通手段和建立货币经济,促进了商业和贸易,也引入了英、法生活方式。英、法的生活方式后来流行于整个非洲,其结果是村社制度崩溃了,让位于以个人为核心的社会体制。总之,在非洲的基督教传教士可以说是欧洲帝国主义的同盟者和助手,而传教士们的活动则是英、法价值观念和思想文化向非洲推进和渗透的重要操手。

殖民统治时期的基督教传播,并不完全由欧洲传教士充当。他们此前培养的非洲信教者、读经班和牧师们都加入到传播基督教的行列。同时一些当地的统治者,也尽一切可能给传教士们以帮助。殖民统治时期的基督教扩展在一定程度上还来自于非洲本土的信教者。非洲福音传道者作为走出自己部落圈子的传教士进行传教活动的事例数不胜数。例如,布干达的福音传教士们把基督教传给了其他各族,如班尼亚卡雷人、巴基加人、巴托罗人、巴吉苏人和兰吉人;巴干达的福音传教士的传教活动远达卢旺达和比属刚果。在西非,约鲁巴人主教塞缪尔·阿贾伊·克劳瑟在尼日尔河流域从事传教活动。巡回各地的利比亚人威廉·韦德·哈里斯在科特迪瓦和黄金海岸的阿波罗尼亚地区进行巡回传教,使大约 10 万人皈依了基督教。

---

① Ayegboyin, D & Ishola, S A. *African Indigenous Churches*. Lagos: Greater Height Publications, 1997, pp. 65 – 68.

　　还有一些人，他们选择的是适应基督教，建立自治基督教会。由于圣经被翻译成许多种非洲语言，非洲人可以读圣经，并有了自己的解释，在自己对基督教圣经理解的基础上，非洲人建立或创立了他们自己的教会。这样就摆脱了长期以来一直掌握在欧洲传教士手中的对基督教圣经进行解释的垄断权。这些分离出来的教会在某种程度上代表了非洲人对殖民主义的反应与适应。尤其是在欧洲人定居地区，那些政治迫害十分严重的地方，这种教会数目激增，吸引了大量非洲民族主义者。在非洲殖民地区，分派教会常会对殖民统治公开表示敌意。例如，约翰·奇伦布韦在尼亚萨兰建立起他的天佑勤奋传道会，激烈攻击英国殖民地实行的税制和征兵入伍的做法，终于在 1915年领导了一场反对英国殖民统治的未遂武装抵抗运动。

　　1935 年以后，基督教在非洲逐步本土化，这种趋势同反殖民主义的发展同步。反殖民运动中的大多数领导人都是受过英、法教育的精英。英、法教育也充当了"历史不自觉的工具"[1]，促进了非洲民族意识的觉醒，使非洲精英清楚地认识到，他们所受教育在很大程度上被迫从属于英、法的思想，脱离非洲文化的根基。这些精英们必须首先超越这些限制，并且借助教会与非洲的思想和价值观重新建立联系，并以此建立非洲社会的新形象。因此，争取民族独立的运动必须从教会开始，不仅是改变其机构，用非洲人取代占据领导地位的欧洲人，还要在不丧失基督教核心价值观的同时，对其形式和内容实行本地化。非洲的天主教徒和新教徒都着手承担这一使基督教会本地化的任务。但人们普遍认识到，这其中涉及的问题不仅限于基督教会的控制、内容和形式，还对整个社会的发展产生影响，即恩克鲁玛所说的，是对一种社会变革意识形态的探索、对英法科学技术的加工改造、对一种非

---

[1]《马克思恩格斯选集》第一卷，北京：人民出版社，2012 年版，第 854 页。

洲哲学的探讨以及对现代世界中的非洲特性做解释。在教会本地化这一问题上最有影响的文件之一是 1956 年出版的天主教会非洲领导人集体撰写的《黑人教士自问》。与此同时，以巴黎为基地，由阿利乌内·迪奥普领导的非洲文化协会将这一问题视为有关黑人精神的辩论中最为关键的内容。迪奥普利用《非洲存在》杂志开展了一场关于非洲宗教思想的生动辩论。

1.2.2　西欧文化的扩张

一、基督教文化扩张的方式

基督教文化进一步渗入非洲社会，并发生影响，其主要途径有三：宣讲教义、创办学校、行医治病。

（一）宣讲基督教教义

基督教文化入侵的基本方式，是向非洲教徒们宣讲基督教教义。其对非洲教徒产生深远影响的基督教教义主要包括两方面的内容：

一是基督教的平等思想。在奴隶贸易时代，奴隶制度被认为是正当的、合理的、有益于社会的。黑奴不被当做人而被当作牲口看待。而传教士们则秉承基督教的基本理念"上帝造人，生而平等"。传教士效法耶稣基督的道路，以信仰改变心灵，以心灵改变处境。他们的道路是"从奴隶到兄弟"。他们不相信暴力，只相信"柔和的舌头能折断骨头"。[①] 他们追求的平等是根植于人类在上帝面前的整体性，是"平等得像兄弟"。圣经中对人类起源的叙述为，上帝以自己的样貌为样板泥塑了一个人的躯体，接着向泥人的口中吹入了一口空气，由此泥人便有了生命，取名为亚当。而后，上帝取下亚当的一根肋骨，并以此

---

① Bold Rain, *Holy Bible*, S. Chinese Union Version, BOLD RAIN, 2016, p. 50.

塑造出了名为夏娃的女人。亚当和夏娃成为人类最初共同的祖先。从这则圣经故事中不难看出,对于基督教而言,人类之间是平等的,都是以泥土为材料,以上帝为形象,为上帝所创造的。上帝赋予了人类相同的形象与精神,这意味着所有的人类关系平等。旧约主张人人平等,新约中更是主张了人类在人格上应是完全平等的。

二是基督教的博爱思想,强调人与人的相爱。圣经对上帝的描述是充满爱的,上帝就是爱的代名词,对人类饱含爱意。圣经不断强调上帝的爱是纯粹的,最完美的,人类应该向上帝学习如何去爱。上帝的爱包括爱人如爱己,同时爱所有的人。对待曾经对己不利的那些人,要有包容的心态,不可以对其抱有怨恨的心理,更不可试图复仇。圣经认为人诞生于同源,相互之间都是亲人,相互关心与爱护是必须的。基督教的核心是爱。只有对人类饱含爱意,同时爱自己的仇人,才有成为基督教徒的资格。对于基督教徒而言,他们的思想被非暴力笼罩,战争的武器只有精神之间的对峙,而不能使用可以伤人肉体的兵器。同为基督教徒,相互之间产生了武装暴力,甚至是导致对方流血,这种做法是充满罪恶的。马太福音中撰写了耶稣对人的教育:一定不可以对仇人以牙还牙,切记的是,一旦有人打了你的右脸,你不可反抗,而应将左脸转过来继续让对方打。同时对你的仇敌应充满爱意,为仇敌做祷告。[①] 由此可见,对于基督教徒而言应该怀有博爱之心,不仅要爱自己、爱亲人,还要对敌人饱含博爱之情。

(二)办学校、学语言、传文化

第一,通过办学校实现基督教文化的入侵。

基督教和教育之间有着密切联系,许多非洲人都是通过传教士所建立的教会学校接触到基督教并学习语言、文化的。在非洲许多地

---

① [英]坎伯·摩根著,张竹君译:《马太福音》,上海:上海三联书店,2011年版,第34—38页。

方,学校等同于教会。关于学校对传教事业的重要性,传教士认为在非洲一个最小的学童就是一个传教士,他同成人们建立起联系①,从而进行对基督教思想和英、法文化的传播。

殖民地的英、法教育在殖民时期向整个非洲大陆逐渐传播发展。英、法教育,受殖民统治者的促进推动,得到快速发展,一些中学和技校陆续建立。在西部非洲,1827 年英国圣公会的正教传教会在塞拉利昂创办福拉湾学院。这是非洲近代第一所高等西式学院。到 1841 年,该传教会在塞拉利昂总共创办了 21 所小学,1842 年又开办了两所中学。② 1846 年,卫斯理宗传教会在黄金海岸开办 4 所女童小学和 20 所男童小学。在英属殖民地,1859 年,东正教传道会在拉各斯开设一所法文学校。1876 年,卫斯理宗传教会又创办了一所中学,即卫斯理高级中学。

在东部非洲和中部非洲,利文斯通开办的一所学校在 1890 年已有 400 名学生,还附设一个车间和一台印刷机,"它不断印刷初级读本、圣经翻译本、故事书和地理常识读物,还印刷非洲本地语种编写的自然史"。③ 1835 年,伦敦布道会报道说,他在马达加斯加建立的学校共有 4 000 名小学生。1894 年又报道说,马达加斯加的梅里纳高原约有 13.7 万人上过新教学校。

英、法教育的发展促进了黑人现代民族知识分子阶层或集团的形成。这个人数不断扩大的集团,开始接触到欧洲近代资本主义启蒙文化、民主和自由的思想,并开始和来自北美洲、西印度群岛和南美洲的

---

① 联合国教科文组织:《非洲通史》第 6 卷,北京:中国对外翻译出版公司,1998 年版,第 425 页。

② 联合国教科文组织:《非洲通史》第 6 卷,北京:中国对外翻译出版公司,1998 年版,第 34 页。

③ 联合国教科文组织:《非洲通史》第 6 卷,北京:中国对外翻译出版公司,1998 年版,第 34 页。

黑人知识分子建立了联系。这一批知识分子作为非洲的精英,一直主导着非洲政治文化和社会的发展方向,这便导致非洲国家的思想文化向宗主国进一步趋同。①

第二,通过学校语言实现文化渗入。

一方面,通过语言传授实现文化传播。

非洲的文字与学校出现在英、法等殖民者入侵后,所以在英、法侵略者看来,非洲是原始粗野的,没有自己的文化。进入非洲的英国和法国人对非洲原始文化持彻底否定的态度。在殖民教育过程中,殖民当局竭力向其领地范围内的非洲人民教授英、法文化和语言。英国人在整个殖民统治时期的教育过程中始终传播英语。英国入侵者在殖民教育的过程中始终用英语对非洲人进行教育,以英语为媒介,通过英国文化影响非洲人。此外,英国殖民政府还强迫每一个殖民地把英语作为当地通用语言。

19 世纪下半叶,法语是作为共和国价值观的载体进行推广的,中央政府采取了一些强制措施使得法语在小学教育、中等教育各个层面作为教学语言得到使用。对于法语的推广也渗透到了殖民活动当中。第三共和国的教育部长儒勒·费里提出,"法国必须向全世界扩张其影响,将她的语言、习俗、旗帜、武装力量、工程学带到各地"②,由此看出,语言被放在了殖民扩张的第一位。在法国中央集权机制下,这种理念也体现在了法国对殖民地的管理模式中,所以在暴力征服和殖民的过程中逐步推行法兰西文化也被法国在西非地区历任殖民总督视为首要任务。在 1829 年就有总督曾提出,需要在殖民过程中渗透欧洲文明的基本要素,要让当地人掌握知识、熟悉法语,激发当地人对法

---

① 刘鸿武:《非洲文化与当代发展》,北京:人民出版社,2014 年版,第 227 页。

② Ager, Dennis, *Identity, Insecruity and Image: France and Language*, Philadelphia: Multilingual Matters Ltd., 1999, p. 45.

国产品和生产的兴趣，并让青年精英有机会展现自己。在法国殖民统治塞内加尔的三大原则中，第二个同化原则便明确指出语言是同化的最基本的工具。

另一方面，通过翻译传播圣经实现宗教文化传播。

英、法殖民者在对非洲的长期考察中认识到宗教信仰对非洲人的重要性，于是他们试图利用宗教传播实现英、法文化在非洲的扩散。基督教传教士在非洲地区广泛建立教会学校，在教会学校的影响下，基督教逐步被非洲人接纳。非洲人在接纳基督教的同时不仅习得了英语或法语，还在潜移默化中习得英、法文化。

19世纪传教策略的目标集中于个人归主，建立教会。其行动主要有三种形式：布道、教育和医疗。其中布道包括各种形式的宣讲、组建和栽培教会、圣经翻译、发行圣经，以及出版创作其他基督徒读物。许多传教士为了传播圣经，亲自前往非洲学习当地语言。这绝非易事，正如《剑桥圣经历史》指出："即使是最简单、最基本的基督教概念，翻译员也许要花上几年的时间才能找到合适的词语来表达"。[①] 1857年第一本非洲语译本的《圣经》问世，而后其他非洲语言的圣经译本也相继面世。在这些早期的圣经译本中，不论是在《希伯来语经卷》（《旧约》）里，还是在《希腊语经卷》（《新约》）里，都可以读到基督教上帝的名字耶和华。据一项研究表明，英、法传教士曾"把圣经译为3 528种非洲语言，并为非洲61％以上的原始部落创造了文字"。[②]

（三）行医治病

英、法传教者通过行医治病赢得非洲信众。英、法基督教传教士

---

① Lampe, Geoffrey William Hugo, ed. *The Cambridge History of the Bible*, *Volume 2*, The West from the Fathers to the Reformation. Vol. 2. Cambridge：Cambridge University Press, 1975, p.56.

② 于可：《当代基督新教》，北京：东方出版社，1993年版，第261页。

利用先进的医疗技术在殖民地为当地人治病，感化他们，吸引他们皈依基督教。英、法的医术大部分是借助一些传教士进入非洲国家的。如 1908 年，基督教牧师在埃塞俄比亚开办了麻风病医院（如图 1-6 所示）。在当时的非洲感染麻风病便意味着死亡，麻风病会带来麻木性皮肤损害、神经粗大，严重时会导致肢端残废，病人极度痛苦。身为医生的传教士们将英、法医疗技术带到非洲，缓解了非洲病人的痛楚，给了他们生存的希望。同时，医院里会设立天主教堂（如图 1-7 所示），供治病的教徒们礼拜，如在坦桑尼亚的基戈马医院旁设立了天主教堂。

图 1-6　基督教牧师和病人在埃塞俄比亚麻风病医院

图 1-7　坦桑尼亚基戈马医院的天主教堂

传教团在非洲的活动还包括行医救人。传教士先进的医学知识和器械帮助许多非洲人从鬼门关走回了人间。不过，传教团的行医之道并非仅停留于医治身体疾病，还引导非洲人对非洲的传统宗教中的医术产生质疑。长此以往，许多非洲人为治愈身体疾病，不再依赖传统医术中的神灵。尽管大多数非洲人仍坚持对神灵的信仰，但一些人已经不再像以前那样对这些神灵顶礼膜拜了。这使非洲人的整个生活方式渐渐发生变化。

在英、法科学向非洲传播的过程中，医学扮演着先驱者的角色。基督教的传播往往伴随着教会医疗技术的引入。对于传统非洲而言，宗教和医疗是相互渗透的,人体的健康概念既囊括精神健康,也包括身体健康,同时还涉及到家族的兴旺发达、子女的平安健康、事业的大展宏图、婚姻的幸福美满等各领域。对于信仰传统宗教的非洲人而言,身体上的疾病、精神上的恍惚、生活上的不顺都来自于对自然力量的触犯,或是来自于对邪恶力量的触及。当基督教传教团的医生们的医疗效果被非洲人所认可时,越来越多的非洲人开始皈依基督教。第一批信奉基督教的非洲人是那些被社会抛弃的人,以及被人们所践踏的人,如在传统非洲社会里的麻风病人和其他形形色色的残疾人等。非洲人会认为这些被他们遗弃的人信仰何种宗教都不会影响其生活。相反,这些被社会忽略的人从传教士关于平等和兄弟关系的教育中,认识到不应该宿命地接受他或她低等的生活地位。在得到身体救助的同时,他们从英、法的基督教思想文化中获得了希望、信心和鼓舞。①

二、法国和英国殖民地的教育语言政策实践

殖民教育制度在确立殖民者的强大地位方面发挥了重要作用,因为殖民教育制度的性质是"以各种方式辅助殖民地政府的政治、经济和文化目标的实现"②。然而,具体分析各地区的殖民教育系统时,可以很清晰地看出,不同的欧洲殖民列强在 19 世纪和 20 世纪并不总是追求同样的教育政策,甚至在相同的殖民帝国,教育政策也因地区而异。

它们可以被看作是四个力量相互作用的结果,第一,推动资本主义扩张的需要;第二,偶发事件;第三,教会强调欧洲需要把文明带到

---

① 联合国教科文组织:《非洲通史》第 7 卷,北京:中国对外翻译出版公司,1991 年版,第 426 页。

② Spencer, John, Colonial language policies and their legacies. In: Thomas Seboek (ed.), *Linguistics in Sub-Saharan Africa*, The Hague: Mouton, 1971, p. 538.

世界；第四，坚持异域历史、传统和民族的非洲民族主义话语正在衰落。①

尽管存在地方差异，殖民时期的语言政策仍有两大类：都市语言模式和本土语言模式。法国和葡萄牙追求前者，英国和比利时追求后者。"自 18 世纪末以来，法国对西非政策的基础是法国大革命的自由主义思想，以及一种世界正在走向的、欧洲处于领导地位的普遍文明的概念。②因此，在法国殖民地建立起来的教育体系，与法国大都市的教育体系极为相似。整个法兰西帝国的学生都接受同样的课程，法语被列为唯一有效的教学和学习媒介。学习法语被认为是一切智力活动的必要预备。通过向非洲人教授法语和文化，他们赠予了一份无价的礼物，一份将成为开启法国文化和更广泛文明之门的钥匙的礼物。③

法国政府断然拒绝将母语教育或当地语言教学作为学校的课程，因为他们坚信这将使殖民地的儿童与都市儿童相比处于不利地位。一些宗教学校仅在宗教教学期间为方便教学使用当地语言。④传教士还认为，教法语是传播欧洲文化和道德的最好办法。"在学校进行法语教学"的政策也得到了受过良好教育的西非人的大力支持，甚至提出了要求。但是法语的强制使用带来了一些负面的后果。除了使孩子们远离他们的家庭文化之外，它还"阻碍了学业的进步"，并导致了

---

① Pennycook, Alastair, *English and the discourses of colonialism*: *The politics of Language*. London: Routledge, 1998, p. 68.

② Awoniyi, Timothy, Mother tongue education in West Africa: A Historical Background. In: Ayo Bamgbose (ed.), *Mother tongue education*: *The West African Experience*, London: Hodder and Stoughton, 1976, p. 31.

③ Awoniyi, Timothy, Mother tongue education in West Africa: A Historical Background. In: Ayo Bamgbose (ed.), *Mother tongue education*: *The West African Experience*, London: Hodder and Stoughton, 1976, p. 31.

④ Spencer, John, Colonial language policies and their legacies. In: Thomas Seboek (ed.), *Linguistics in Sub-Saharan Africa*, The Hague: Mouton, 1971, p. 543.

高辍学率。① 事实上,法国殖民时期的教育实践并没有影响到许多儿童。法国赤道非洲 1938—1955 年的数据表明,上学的儿童不到1%。② 事实上,在整个殖民时期,法国的殖民区域内,强加法语的愿望并不是始终如一的。例如,在法国殖民北非之初,根本就没有努力促进法语的发展。③ 许多殖民者,特别是由法裔突尼斯总督特里东领导的殖民者,都赞成维持"过去和现在殖民统治的人民的无知"。④ 尽管人们普遍认为法语是"强加的",而且到处都说法语,但更精确的分析表明,殖民制度在强加法语方面并不十分成功。⑤

在英属殖民地,教育最初只对少数人开放,学校一般由传教士和私人开办。从 1823 年开始考虑向更广泛的人群开放教育,但由于缺乏资金和基础设施,直到 19 世纪中叶才开始实施。⑥ 英政府认为促进教育是其道德责任。

在非洲本地进行英国化教育对就业、劳动和资本的增长产生不可思议的结果,它可以唤醒非洲人模仿英国在非洲国家开发大量资源,引导他们生产出更多的商品,满足英国民众的消费需求,而且由此开发的劳动力变得取之不尽。⑦

在非洲,新教使团率先建立了正规教育,英国政府直到 20 世纪初

---

① Awoniyi, Timothy, Mother tongue education in West Africa: A Historical Background. In: Ayo Bamgbose (ed.), *Mother tongue education: The West African Experience*, London: Hodder and Stoughton, 1976, p. 33.

② Calvet, Louis-Jean, *Langue, corps, société*. Paris : Payot,1979, p. 132.

③ Ageron, Charles-Robert, *Politiques coloniales au Maghreb*. Paris: PUF, 1973.

④ Riguet, Maurice, *Contribution à l'étude psycho-sociale du bilinguisme dans la population tunisienne*. Lille : Atelier National de Reproduction des Thèses, 1985, p. 22.

⑤ Calvet, Louis-Jean, *Linguistique et colonialisme : Petit traité de glottophagie*. Paris : Payot, 1974.

⑥ Pennycook, Alastair, *English and the discourses of colonialism: The politics of Language*. London: Routledge, 1998, p. 71.

⑦ Pennycook, Alastair. *English and the discourses of colonialism: The politics of Language*. London: Routledge,1998, p. 87.

才开始对教育事务感兴趣。[①] 强大的传教士团体确保了最初英国殖民地的大部分教学都是用当地语言进行。出于实用主义的考虑,传教士们普遍偏爱本土语言进行教学,而不是英语。他们意识到基督教信仰只能通过他们自己的语言才能真正传授给被殖民者。换句话说,"正规"学校被认为是以母语为媒介的精神教会机构代理人。[②] 因此,在英属殖民地,特别是在非洲的许多传教士,或是从事非欧洲语文阅读材料的描述、标准化和发展工作,或是必须对一种或多种非洲当地语言有一定程度的了解。[③] 1882 年 5 月 6 日,西非第一个殖民教育条例试图固化这一政策,规定英语阅读和写作是学校教育的主要目标。但由于缺乏可行的政府基础设施和受到传教士的广泛反对,致使这一目标无法轻易实现。传教士极力主张不能完全抛弃非洲本地语言,这一主张很快得到了费尔普斯-斯托克斯委员会(1920—1924)和土著教育咨询委员会的支持。两个机构都强烈赞成母语教育。根据这一建议,英国政府采取了一项政策,鼓励小学阶段接受所谓的白话教育,即采用"逐步引入英语"的方式。[④] 全英语教学从中学阶段开始,但直到二战后,中学阶段也只对少数被选中的人开放。[⑤] 非洲语言在中学期间仍

---

① Spencer, John, Colonial language policies and their legacies. In: Thomas Seboek (ed.), *Linguistics in Sub-Saharan Africa*, The Hague: Mouton, 1971, pp. 537 – 547.

② Awoniyi, Timothy, Mother tongue education in West Africa: A Historical Background. In: Ayo Bamgbose (ed.), *Mother tongue education: The West African Experience*, London: Hodder and Stoughton, 1976, p. 36.

③ Welmers, William E,. Christian missions and language policies in Africa. In: Thomas Seboek (ed.), *Linguistics in Sub-Saharan Africa*, The Hague: Mouton, 1974, pp. 559 – 569.

④ Awoniyi, Timothy, Mother tongue education in West Africa: A Historical Background. In: Ayo Bamgbose (ed.), *Mother tongue education: The West African Experience*, London: Hodder and Stoughton, 1976, p. 39.

⑤ Spencer, John, Colonial language policies and their legacies. In: Thomas Seboek (ed.), *Linguistics in Sub-Saharan Africa*, 537 – 547. The Hague: Mouton, 1971, pp. 537 – 539.

继续作为一门学科存在。从 1931 年到 1951 年，通过剑桥大学地方考试联合会的规定，在伦敦大学入学考试中可以提供约鲁巴语、芳蒂语和特维语等语言试卷。[①] 类似的规定后来在伦敦普通教育证书考试中也出现了。由于父母的压力，他们觉得孩子如果不学习英语，将会处于不利地位。在他们看来，英语是步入社会必不可少的技能。这更促使母语教育政策在二战后越来越多地被放弃或没有进一步发展。[②]

英国殖民地的母语教育不是一项慈善事业，而是服务于英国殖民宗主国利益的。殖民地教育工作者普遍认为，殖民地的主体需要道德和文化基础才能变得更好，即秩序良好、温顺和合作的主体，才能最终促进殖民统治。

人们普遍认为，最好是通过健全的基础教育来实现这一目标，这种教育既注重欧洲（或英国）的价值观，也注重了解非洲自己的文化（从英国人的角度看）。母语教育和将主要英语作品翻译成母语通常被视为努力的重点方向，因为这将确保充分理解所教的内容，并具有"丰富"当地文化的"积极"作用。[③]

虽然传教士和非洲殖民地政府支持母语教育，但他们也认为，所有提供非洲母语教育的教学方式都是不经济的，特别是对于那些只有少数人会说的非洲语言。1927 年，非洲咨询委员会因此"建议通过在教育中使用'主导'方言来对非洲学生实现母语教学，并建议通过官方批准的标

---

① Awoniyi, Timothy, *The teaching of African languages*. London: Hodder & Stoughton, 1982, p. 39.

② Spencer, John, Colonial language policies and their legacies. In: Thomas Seboek (ed.), in *Sub-Saharan Africa*, The Hague: Mouton, 1971, pp. 537 – 547.

③ Pennycook, Alastair, *English and the discourses of colonialism*: The politics of Language. London: Routledge, 1998, pp. 72 – 73.

准识字习语方法来统一和标准化方言群"。[1] 为此目的而选择的语言包括尼日利亚的豪萨语、肯尼亚的斯瓦希里语和坦桑尼亚语等。

虽然殖民地人民对英语有很大的需求,但政府一般不太鼓励学习英语,因为它被认为不利于实现殖民统治。殖民地企业只需要有限的人员,如职员、翻译和行政人员,他们都能用英语工作。大众普遍学习英语会提高他们获得这些职位的希望,而实际上这些职位并不充足。殖民时期的教育学家也认为,英语媒介教育会削弱教育的有效性。将非洲人民从文化背景中分裂出来,可能会威胁英国的殖民统治。如果学习英语是被迫在一个非常大的无法提供就业的环境下进行,这样成长起来的人会给社会带来危险,会激发社区成员对殖民政府的不满和不忠。此外,这种教育不利于向殖民地人民灌输道德或知识。相反,学习英语本身就是一个目的。最后,由于大多数地方教师严重短缺,人们认为大众英语媒介教学会导致"差"英语的发展。英国殖民地居民普遍不太支持母语教育和管理。受过教育的非洲人有一种倾向,认为在使用母语作为斗争武器时,非洲人民的进步及其融入现代世界的能力将受到损害。[2]

1.2.3　基督教植入非洲的原因

19 世纪至 20 世纪中叶,基督教在非洲得到快速传播和发展主要由以下原因促成:

首先,基督教是随着英、法对非洲的殖民入侵、征服、占领而得以真正立足和发展的。殖民统治的确立必然有助于基督教在非洲的进

---

[1] Spencer, John, Colonial language policies and their legacies. In: Thomas Seboek (ed.), *Linguistics in Sub-Saharan Africa*, 537 - 547. The Hague: Mouton, 1971, p. 539.

[2] Spencer, John, Colonial language policies and their legacies. In: Thomas Seboek (ed.), *Linguistics in Sub-Saharan Africa*, The Hague: Mouton, 1971, p. 540.

一步传播与发展。① 殖民统治建立后，一方面，殖民地区的秩序趋于稳定，传教士在宗主国控制地区的人身安全随之得到保护。另一方面，被征服地区在殖民当局的管理下，交通状况逐步改善，为传教士布道提供了便利的基础设施。更为关键的是，欧洲殖民者为实现在非洲殖民统治的永久和稳固，不仅需要借助武力占领非洲土地、暴力瓦解非洲传统政治经济结构，还需要从思想与精神上对殖民地人民进行控制。这在欧洲国家的殖民政策中，特别是同化政策中得以体现，而在这方面传教士可谓是殖民主义者的得力助手。② 因为从本质上说他们都来自同一文化，有着相同的世界观。③ 事实上，基督教也确实扮演了"文化帝国主义"的角色，因为"基督教与殖民化的联系非常紧密，致使它成为一种异化工具，在非洲人的精神中参与殖民开发"。④ 故此，殖民国家和殖民当局往往向教会提供各种资助和便利。而基督教得以在殖民地区获得前所未有的大发展，在很大程度上也是借助了殖民当局"行政力量"的支持。⑤ 基督教"在殖民时期所占领的地盘大大超过了以前三四百年的总和，正是在这段时期里基督教在东非和中部非洲站稳了脚跟"。⑥

其次，基督教非洲化运动推进了基督教在非洲的移植进程。带有

---

① 张宏明：《多维视野中的非洲政治发展》，北京：社会科学文献出版社，2007年版，第189页。

② 张宏明：《多维视野中的非洲政治发展》，北京：社会科学文献出版社，2007年版，第190页。

③ 联合国教科文组织：《非洲通史》第7卷，北京：中国对外翻译出版公司，1991年版，第224—225页。

④ Maurice Ahanhanzo Glélé, *Religion, Culture et Politique en Afrique Noire*, Paris: Présence Africaine, 1981, p.87.

⑤ [塞内加尔]马杰蒙·迪奥普著，萨本雄译：《黑非洲政治问题》，北京：世界知识出版社，1961年版，第130页。

⑥ 联合国教科文组织：《非洲通史》第7卷，北京：世界知识出版社，1961年版，第130页。

分离和分立性质的独立教会运动的兴起拉开了近代基督教非洲化的序幕。19 世纪晚期至 20 世纪 50 年代基督教逐步转向非洲化。基督教的非洲化过程具体而言是基督教同非洲传统文化相结合的过程,在不改变基督教本质的基础上,使得基督教成为形式上更容易被非洲人所接纳的宗教。形式上的变化包括用非洲人熟知的事物解释圣经等,为基督教披上非洲人更容易接纳的外衣。本质上不曾改变的是教义,基督教教义中深深蕴含的英、法价值观并未发生任何变化,直接被纳入非洲化基督教的教义之中,进而指导非洲基督教徒前进的方向。这种价值观念的植入无形、持久地对非洲信教群众和非洲人民产生深刻的影响。[1]

基督教非洲化运动开始于 19 世纪晚期的非洲南部,继而波及东部、中部和西部非洲。兴起原因,从政治上来看,受到殖民压迫,非洲人的政治权利被剥夺。同时,在被殖民环境中,缺乏先进的领导阶级。如此一来,只能向具有一定政治功能的独立教会寻求帮助,表达内心夙愿。从经济上看,殖民者对非洲土地暴力掠夺,强迫劳工进行繁重的劳动,还对非洲人民征收繁杂税种,人民承受的负担过重。从社会文化来看,基督教非洲化运动是在非洲黑人基督教徒为抵制英、法文化入侵和捍卫非洲传统文化,抵制教会内部种族歧视和摆脱英、法教会控制的诉求中兴起的。

这一运动从组织独立开始,逐渐扩展到圣职结构、宗教礼仪、教义和神学等方面。[2] 一些非洲人脱离传教士控制的基督教会,建立独立的非洲人教会。在基督教非洲化运动中产生的独立教会或地方教会的共同点在于,其成员来源相对集中,大多数来源于同一部族或同一

---

① 郭佳:"'一带一路'倡议实施中的宗教风险探析——非洲基督教的视角",载《世界宗教文化》,2017 年第 3 期,第 27—31 页。

② 张宏明:《多维视野中的非洲政治发展》,北京:社会科学文献出版社,2007 年版,第 190 页。

地域。这些教派或教会大都将圣经传说及基督教教义和礼仪加以改造,把基督教精神与非洲传统宗教、文化糅合在一起,创立了一种带有混合性质和地方色彩的宗教教义和礼仪。各级神职人员除布道外,还替人看病、除鬼降魔等。① 基督教非洲化运动虽然是以反对殖民主义和种族歧视及争取黑人在宗教领域内的独立和自治权的面貌出现,但由于独立教会或地方教会在组织上摆脱了英、法教会的控制,加之其教义和利益中对传统宗教文化的糅合,因而它更易于被非洲民众所接受。随着基督教非洲化运动的深入和发展,客观上推动并强化了基督教在非洲的传播。②

再次,基督教各派为传播福音采取了一系列行之有效的措施。其中包括:

其一,将圣经翻译成地方文字并用当地语言讲解教义。传教士认为有必要让非洲人读到用自己母语写成的圣经。为了达到这个目标,许多传教士前往非洲学习各种非洲语。有些人为各种方言土语制定文字和编纂词典,然后着手将圣经翻译成多种非洲语言。1857 年,茨瓦纳人拥有了茨瓦纳语圣经全书。这是第一部将圣经全书译成以前没有文字的非洲语译本。一段时间之后,其他非洲语言的圣经译本也相继面世。英、法传教士曾把圣经译为 3 528 种非洲语言,并为非洲61%以上的原始部落创造了文字。③

其二,尊崇基督教核心原则,改变基督教的传教形式。在基督教中融合了祭祀、祷告等传统非洲宗教仪式,接纳了传统非洲宗教影响下的家庭生活方式等。

---

① 社会科学院世界宗教研究所编:《各国宗教概况》,北京:中国社会科学出版社,1984 年版,第 187—188 页。

② 张宏明:《多维视野中的非洲政治发展》,北京:社会科学文献出版社,2007 年版,第 191 页。

③ 于可:《当代基督新教》,上海:东方出版社,1993 年版,第 261 页。

其三,通过兴办教育、医疗卫生及慈善事业等手段来博取黑人的好感与信任。殖民者开始组建殖民地区医疗卫生组织。1905 年,科特迪瓦组建卫生保健服务部、医疗卫生处和医疗卫生公共部,医生由军医担任。1918 年,组建达喀尔非洲医学院。对于地方居民,主要通过地方医疗辅助部办一些医务室来提供服务。[1]

其四,通过培养和提拔黑人神职人员来激发传教积极性。进入 20 世纪后,在基督教非洲化运动的影响下,英、法差会[2]所控制的"洋教会"中的黑人基督教徒要求自治权和领导权的呼声日益高涨,迫于这种压力,亦是处于策略上的考虑,基督教各派开始重视对黑人神职人员的培养,并视为对基督教在非洲势力和影响扩大的手段。到 1933 年,黑人神职人员已由 1913 年的 30 多人增至 156 人[3],1939 年又增至 388 人,并祝圣[4]了第一位非洲主教。

第二次世界大战后,随着非洲民族独立运动的高涨及殖民主义体系濒临瓦解,基督教各派也调整策略以适应殖民地形势的变化。在去殖民化时期,基督教各派都比较注重吸收和培养黑人神职人员,并特别强调黑人神职人员与白人神职人员地位的平等性。到 1957 年,黑人神职人员的数量已超过 2 000 人,其中主教也从 1951 年的 2 人增至 1957 年的 17 人。[5]

最后,通过兴办教育来传播基督教文化。英、法宗主国通过基督

①〔科特迪瓦〕哈里·梅默尔-弗代著,张大川译:"科特迪瓦:非洲医疗模式的一个例子",载《国际社会科学杂志》,2000 年第 3 期,第 65—79 页。

② 差会,又称国外宣教部、传道部等,为欧、美等国差派传教士到国外进行传教活动的组织,由教会团体组织,大多得到本国政府支持和富商资助。

③ Maurice Ahanhanzo Glélé, *Religion, Culture et Politique en Afrique Noire*, Paris: Présence Africaine, 1981, p.98.

④ 基督教神学术语,是一种宗教仪式。天主教称为祝圣,圣公会称为圣别,正教会称为成圣。在授予圣职时,如任命主教时,会进行祝圣仪式。

⑤ Maurice Ahanhanzo Glélé, *Religion, Culture et Politique en Afrique Noire*, Paris: Présence Africaine, 1981, p.10.

教教会学校以及殖民者建立的中等和高等学校在青年一代中灌输和传布英、法基督教文化,以消除非洲人对英、法殖民者的排斥心理,并形成对宗主国的认同与认可。以法国为例,法国在非洲的殖民时期就开始渐进推行法国本土教育体系,比如通过中等和高等师范学校培养师资力量,用高等研究院以及大学等不同性质与目标的教育机构开展人文研究和高等教育。"殖民"作为行动时,各种主体的不同决定了对历史和当时的各种行动有不同的解读,但把主体作为一个附属的要素,将教育放到整个英、法基督教文化传播的进程中来看,我们能看到其具有运用文明手段传播的特征。[①]

---

① Leften Stavrianos, *A Global History*, *From Prehistory to the 21st Century* (*7th Edition*), California: Pearson, 1998, pp. 90 – 101.

第2章 基督教文化的传播与非洲的内化

"语言"(英语和法语)与"宗教"(基督教)是英、法殖民统治根植于非洲的两颗最富生命力的文化和观念的"种子"。非洲国家独立以后，基督教文化在非洲国家进一步传播，并向更深层内化。一是英、法借助语言、媒体等优势向非洲国家进行信息传播；二是基督教的非洲化使基督教思想在非洲民众思想中扎根；三是通过英、法式教育体系培养更多的具有英、法理念的精英。非洲国家对基督教文化的内化使得英、法进一步加强了对非洲话语权的掌控、对舆论的左右，形成了非洲民众对欧洲基督教文化的认同，以及非洲精英对英、法政治观念的认可。

2.1 基督教文化在非洲传播的优势

非洲国家独立以后，获得了政治上的独立，摆脱了英、法的殖民统治。非洲国家虽然赶走了殖民者，但却承袭了大量的殖民遗产。本节将要论述非洲国家独立后对英、法基督教文化的继承和发展。

2.1.1 传播的工具优势

英、法的基督教文化在非洲传播具有得天独厚的优势，在长期殖民教育中，英语和法语为非洲民众广泛使用。非洲国家独立后，受到语言和技术条件的制约,大部分媒体为英、法两国所控制。由此,语言和传媒成为英国和法国传播其基督教文化的有力工具。

一、语言工具

语言不仅是承载与传播文化的工具,还富含深刻的文化底蕴。语言是文化的基础,它不仅可以反映表象,还可以塑造人们认识事物的思维路径。语言是文化的基础,是对文化的反映。①

二战后,殖民统治下的非洲国家相继获得独立,他们选择了不同的发展道路。就语言方面来讲,他们对待宗主国语言的态度也不尽相同。喀麦隆、科特迪瓦等国家采取措施继续普及法语,而几内亚、刚果(金)等国家则倾向于保护本地语言。但无论如何,没有一个国家能够完全抛弃原宗主国语言,宗主国在这些国家留下的印迹在短时间内都难以消除,并且影响着非洲国家社会生活的各方各面。

语言可以影响权力,不仅因为它是思想的载体,还因为它可以改变思想,甚至可以控制思想。一个人说的话总会直接或间接地影响他人的态度或行动,既可以限制他人的权力,同时也可以增加自己的权力。非洲国家在英语和法语方面的使用与普及可以在一定程度上限制非洲国家的行动,与此同时增强英、法在非洲的话语权。在非洲普及英、法语言,可以极大程度上控制非洲人的思想,使英、法在非洲的权力大大增加。

目前非洲国家主要使用 4 种官方语言。在非洲被广泛使用的官方语言有法语②、英语③、阿拉伯语④、葡萄牙语⑤。法语为官方语言的

---

① 孙吉胜:“孔子学院:语言、文化与理念传播”,载《公共外交季刊》,2014 年第 3 期。

② 法语为官方语言的有 23 个非洲国家。

③ 英语为官方语言的有 18 个非洲国家。

④ 阿拉伯语为官方语言的有 7 个非洲国家。

⑤ 葡萄牙语为官方语言的有 5 个非洲国家。

非洲国家有喀麦隆(主要说法语,英语是官方语言之一,只有 2 个省以说英语为主)、刚果(金)、刚果(布)等 23 个国家。[①] 英语为官方语言的非洲国家有冈比亚、塞拉利昂、利比里亚等 18 个国家。[②]

英、法在非洲国家独立后,为加强非洲国家对原宗主国语言的保留与发展,开展了一系列的长期语言推广活动。

早在 1823 年,英国政府便认识到英语在殖民教育中的重要性,认为英语教育是同化殖民地区人民的最有效方式。随着殖民范围的扩展,对英语的推广成为政府制定外交政策的重要部分。非洲国家独立后,英国文化委员会、教育发展中心等各类国家机构及国有企业担当着推广英语的重要任务,成为推广英语的重要组织部门与平台。

在一系列机构中,起到尤为重要作用的部门是英国文化委员会。作为准官方部门,它是英国政府推广英语的执行主体。尤其在 1970 年《伯理尔报告》出台后,英国更加重视推广英语的工作。进入信息时代后,英国文化委员会开始借助国际互联网,发展其英语推广策略。该委员会在非洲 19 个国家设立了 27 个办事机构:赞比亚、津巴布韦、加纳(2)、尼日利亚(3)、喀麦隆、南苏丹、苏丹、卢旺达、埃塞俄比亚、南非(3)、塞内加尔、坦桑尼亚、肯尼亚、博茨瓦纳、埃及(3)、阿尔及利亚、利比亚、突尼斯、摩洛哥(2)。

一直以来,推广法语是法国政府的长期外交政策。对于法国而言,法语的推广有助于维系法国的国际地位以及增强其文化软实力。

---

① 法语为官方语言的非洲国家:喀麦隆(主要说法语,英语是官方语言之一,只有 2 个省以说英语为主)、刚果(金)、刚果(布)、科特迪瓦、卢旺达、中非、多哥、几内亚、马里、布基纳法索、贝宁、尼日尔、布隆迪、塞内加尔、马达加斯加、科摩罗、塞舍尔(法语、英语)、加蓬(法语、英语)、赤道几内亚(西班牙语、法语、葡萄牙语)、乍得(法语、阿拉伯语)、吉布提(法语、阿拉伯语)、毛里求斯(法语、英语)、摩洛哥(阿拉伯语、法语)。

② 英语为官方语言的非洲国家:冈比亚、塞拉利昂、利比里亚、加纳、尼日利亚、埃塞俄比亚、乌干达、坦桑尼亚、赞比亚、纳米比亚、莱索托、南非、斯威士兰、津巴布韦、博茨瓦纳、马拉维、肯尼亚、厄立特里亚(英语、阿拉伯语)。

为此,法国大规模搭建传播法语的语言平台,建立众多法语文化组织或机构。以 1883 年成立的"法语联盟"为例,法语联盟设立了众多分支机构,它们遍布非洲大陆,形成了一个密集的法语推广网络。具体而言:在马达加斯加设有 29 个分支机构,南非设有 13 个分支机构、尼日利亚设有 10 个分支机构,毛里求斯设有 6 个分支机构,加纳和肯尼亚分别设有 4 个分支机构,科摩罗设有 3 个分支机构,埃塞俄比亚设有 2 个分支机构。此外,在博茨瓦纳、厄立特里亚、莱索托、莫桑比克、纳米比亚、斯威士兰、坦桑尼亚、乌干达、赞比亚和津巴布韦分别设有 1 个分支机构。在政府的支持下,法语联盟已经成为法语在非洲传播的中流砥柱。

除搭建语言传播平台外,法国还巧妙借力国际组织实现传播法语的目标。1970 年,在戴高乐的倡议下,创建了法语国家组织。该组织是以法语作为第一语言或受法国文化影响显著的国家地区共同组成的国际组织,目前拥有 57 个成员国,其中有 31 个非洲国家(非洲国家占成员国 54%)。从 1986 年开始,这一会议形成制度化,每两年举办一次。其举办的主要目标是加强法语国家在各领域的广泛深入合作。经过法国对该组织的多年运作,它成功地积聚了全球 1/3 的国家,并营造了这些国家对法国的认同感及对法国文化的归属感。值得关注的是,非洲地区法语人口增长 15%,占非洲总人口的 54.7%,超过欧洲的 36.4%,非洲地区说法语的人口增多使法国对非洲的软权力进一步增强。

总之,法语在非洲大陆的拓展伴随着法国在非洲的持续深入,它既是法国开展殖民统治的工具之一,也是推动非洲地区社会及思想文明进步的工具,至今仍然并将继续对非洲法语国家的发展产生长久的影响。虽然非洲有些国家,如几内亚、刚果(金)等倾向于保护当地语言,但无论如何,没有一个国家能够完全抛弃法语,法语在这些非洲国家留下的印迹在短时间内都难以消除,仍然影响着其社会生活的各个方面。

二、媒体工具

非洲国家的媒体使用的语言多为原宗主国语言,其中以英语和法语为主。英语和法语对于英国和法国同其前殖民地国家之间关系的发展具有重要的作用和影响。媒体工具的优势,一方面,在于殖民时期的英、法媒体在非洲的延续;另一方面,在于非洲本地媒体对英、法媒体的依赖。

(一)英、法媒体在非洲的延续

英、法殖民时期建立的报刊、杂志、书籍和广播电视媒介"地方化"后,仍围绕英、法之前的运营模式继续运转。

以英国媒体而言,使用英语的大众传播媒介进行文化与思想的传播,帮助英国消除了同非洲国家之间文化和思想沟通的障碍。在英国印刷并投入出版的书籍除销往英国本土,其余大都出口至包括非洲大部分国家在内的英联邦国家。非洲地区的英联邦国家只负责出版中小学教材,这些地区的高等教育教材、科技类图书及文学作品等领域书籍的出版与发行大都由英国当地出版商承担。

在报刊杂志的出版发行方面,也存在类似的情况。英国出口的报纸和期刊有将近一半是输往英联邦国家的,其中如《开普时报》还在沿用英帝国年代的名称。在非洲国家报纸国有化后,依旧保持着同英国新闻业的密切联系。它们的新闻来源大都由英国新闻署提供,如路透社向大多数非洲的英联邦国家新闻业提供信息源,一般情况下有关英国的新闻远远多于对其他地区甚至是对本地区的报道。也是受此影响,非洲的英联邦国家记者久而久之形成了以英国为出发点看世界的视角。

英国广播公司对非洲广播电视的发展方向具有重要的导向作用,他们开设训练节目编播人员的培训班,并向非洲国家大量出售英国节目。为达到更好传播英国文化的效果,英国传媒部门专门推出一系列针对非洲国家的纪录片、电视剧和电视新闻。

法国媒体一直占据非洲的主要听众,主导着法语非洲地区民众收听率最高的频道。法国国际广播电台固定的非洲听众约有 2750 万[①],法国国际电视新闻网在阿尔及利亚拥有 67% 的观众。这一数据,超过了卡塔尔半岛电视台对这一地区的影响力(62%)。[②] 在非洲讲法语国家,法国国际广播电台和法国 24 小时的收视收听率超过所有国际电台和电视台。在非洲不讲法语的国家,法国国际广播电台也有很高的收听率,每周听众达 800 万。弗朗克·梅伦认为这些法国的对非媒体不是"法国之声",而是在传播法兰西价值观,其使命是使欧洲人民同非洲人民关系更亲密。[③]

(二)非洲本地媒体对英、法的依赖

首先,从语言使用来看,非洲本地媒体多使用原宗主国语言。以具有发达新闻传播业的尼日利亚为例,尼日利亚的媒体以英语为主要语言向非洲民众传播信息。从通讯社来看,尼日利亚通讯社是尼日利亚官方通讯社,该社目前分上、下午两次发新闻稿,国际新闻靠外电。虽然尼日利亚生产的报纸杂志多是"本土制造",但细细观察也不难发现,很多报道多采用法新社、路透社等英、法通讯社的稿件,所持观点则不可避免地会受到这些英、法媒体的影响。从尼日利亚的报业来看,尼日利亚国内影响较大的日报有:《每日时报》、《新尼日利亚人报》、《卫报》、《民族和睦报》。这四大报纸都为英语报纸。从广播来看,尼日利亚广播产业的发展源于英国殖民时期。尼日利亚独立后,

① RFI 法国国际广播电台,www.fltaradio.com/160-rfi-radio-france-internationale.

② Joseph KERGUERIS, No. 102 TOME IIIMEDIAS, SENAT, 19 November 2009, p. 16.

③ 希尔薇·托马斯,《法国公共视听产品传播海外》,http//hongkong.consulfrance.org/article5703.

信息发射站发展为尼日利亚联邦广播公司,广播语言用英语广播占有很大比例。从电视来看,尼日利亚国家电视台在整个非洲的电视收看比例中处于前列,其播放语言为英语。

此外,南非媒体的英语使用率也远远高于当地语种。南非最大的平面媒体集团"独立传媒"出版主要英文报《艾格斯报》和《开普时报》。此外该媒体在开普敦亦有一系列的社区小报,几乎每个区域都有属于他们自己的报纸来刊载社区的新闻。一些较大规模的社区小报,如英语小报:艾法隆(Athlone)的《艾法隆新闻》(*Athlone News*)、《大西洋太阳报》(*Atlantic Sun*),君士坦蒂亚堡(Constantiaberg)的《君士坦蒂亚堡快报》(*Constantiaberg Bulletin*),科斯湾(False Bay)的《科斯湾回响报》(*False Bay Echo*),海德堡(Helderberg)的《海德堡太阳报》(*Helderberg Sun*),《平原居民报》(*Plainsman*),贝尔维尔(Bellville)的《城市博览报》(*City Vision*)、《哨兵消息报》(*Sentinel News*)、《南部郊区杂谈》(*Southern Suburbs Tatler*)、《席间漫谈》(*Table Talk*)、《泰格说》(*Tygertalk*)。南非荷兰语小报:《兰德布-布格尔》(*Landbou-Burger*)、《泰格伯格》(*Tygerburger*)。科萨语小报:开普平原区(Cape Flats)的 *Vukani*。

其次,从非洲国家媒体与英、法等欧洲国家的关系来看,非洲媒体运作模式与发展理念对英、法等欧洲国家具有很强的依附性。1960 独立年后,非洲国家在政治地位上获得了独立,然而从非洲政治制度、社会、文化、经济、教育等领域的发展走向来看,仍依附于英、法。非洲地区的媒体发展同其他领域一样,在第三次民主化运动期间,非洲国家的媒体被迫同民主自由挂钩。[①] 受到英、法政策的影响,非洲媒体向自由化方向发展。

---

① Gagliardone, Iginio, Maria Repnikova, and Nicole Stremlau. China in Africa: a new approach to media development?. 2010, https://repository. upenn. edu/cgi/viewcontent. cgi? article=1003&context=cgcs_publications.

2.1.2 基督教对英、法文化观念的承载

多年以来,作为一种文化机构的基督教教会与非洲进行的互动,深深地影响了非洲人对基督教的身份认同和对基督教教义观点的认同。基督教,都是围绕欧洲中心主义式的神学而解释的。在后殖民时代,基督教在全球范围内展现出一种由北向南的运动轨迹,它的未来发展热土将不再是发达的欧洲,而是欠发达的非洲。

在基督教非洲化运动的推动下,非洲基督教得到长足发展,其影响力几近遍及非洲大陆。自 1960 年开始,基督教成为非洲信仰人数最多的宗教派别(如图 2-1 所示)。从 1960 年至 1980 年的 20 年间,非洲基督教高速发展。尤其在进入 21 世纪以后,基督教发展速度更为迅猛。当今非洲基督教的发展充满活力且多姿多彩,非洲成为世界范围内基督教信徒增长最为迅速的地区。2017 年,哥顿康维尔神学院统计了全球基督教状况,数据表明非洲基督教信徒已增至

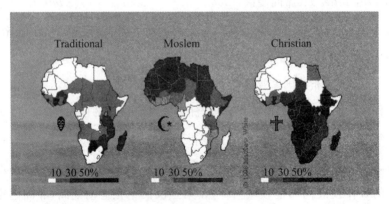

图 2-1 非洲基督教分布情况①

---

① Mikhail Bakunin: Lets Kick Islam and Christianity out of Africa interview with activist Jd Otit, https://www. lipstickalley. com/threads/%C2%93let%C2%92s-kick-islam-and-christianity-out-of-africa%C2%94-%C2%97-interview-with-activist-jd-otit. 862627/.

5.82 亿。[①]

基督教对英、法文化观念的承载,具体表现为以下几方面:

第一,基督教国家彼此具有相同的宗教,形成了基督教文明的身份认同。亨廷顿的文明冲突论指出,区分不同的人和文明的各种因素中,宗教是最关键的。借助宗教的力量人们可以平抑自己的欲望和过度的行为,平衡现代化、机械化等诸多弊端。亨廷顿指出宗教同语言、血缘等因素相比,具有更强的排他性与持久性,它具有更强的封闭性和稳定性,就如同社会的活化石一般,它的存在时刻提醒着人们长久以来在同一宗教中的人们都是一个共同的生命共同体。宗教是属于文明的核心部分,对文明有主导作用。此外,亨廷顿还指出相同文明的国家或实体之间的关系有异于不同文明的国家或实体的关系,基督教国家彼此打交道的原则不同于它与其他文明打交道的原则,这源于同一文明下的国家会相互产生自然而然的信任、有着相同的语言和文明行为,并且相互间具有可设想的动机与社会行为。非洲国家中越来越多的民众信仰基督教,这样便形成了与欧洲相同的文明身份,继而产生了非洲对欧洲文明的认同。

第二,《圣经》对非洲身份与欧洲身份作出了界定,这种身份界定在一定程度上影响了非洲人对非洲同欧洲关系的定位,欧洲基督教担负着改变非洲异教徒的使命。《圣经》"创世记"第九章讲述了诺亚三个儿子及其子孙们的故事。诺亚有三个儿子,分别叫做闪、雅弗、含,他们是人类的祖先。其中,含是迦南之父。一个偶然的事件决定了他们及其子孙后代的命运。一次诺亚喝醉后全身赤裸地躺在帐篷里,含看见后告诉了他的两个兄弟。闪和雅弗随即取来一件外衣,倒退着进去给父亲盖上。醒来后,诺亚诅咒了含及其后人,而正直的闪和雅弗

---

① Todd M. Johnson, Gina A. Zurlo, Albert W. Hickman, Peter F. *Crossing*: *International Bulletin of Missionary Research*, Vol. 41, No. 1, pp. 41 – 52.

则得到了父亲的祝福。

这一圣经故事在经过神学家们的阐释后,逐渐成为了世界大陆三分的起源:闪及其后人分布在从幼发拉底河到印度洋之间的亚洲区域,雅弗的子孙分布于从小亚细亚山脉到北部顿河以及远至欧洲卡迪兹的广袤土地上,含及其子孙则散居在非洲大陆。[1] 奥古斯丁作为神学界的权威,在其著作《上帝之城》一书中对诺亚儿子故事的启示意义做了最深刻的阐释。在其分析中,"雅弗"意为"扩大"或"伸展",寓意基督教会的扩展;"含"意为"热",它代表了异教徒的狂热和盲信。[2] 他将故事本身与基督教教义相结合,得出结论:雅弗、含分别代表了欧洲的基督教徒和非洲的异教徒。因此,在奥古斯丁看来,欧洲基督教的宿命便是扩展基督教,改变异教徒的狂热和盲信。

第三,基督教文化中承载着欧洲中心思想。欧洲中心主义是一种自觉或下意识感觉到欧洲相对于世界的优越感。基督教《圣经》中"神的选民"这一说法,更是直接表达出欧洲中心思想。这一说法对于信奉基督教的人们而言,英、法所在的欧洲是受到上帝眷顾的,是优等的民族,他们是被上帝选中的。所以,英、法可以率先完成工业革命并带领世界走向文明。随着基督教在非洲传播,这一思想在非洲不断蔓延,非洲人也随之产生了对欧洲文化的崇拜。

第四,基督教在非洲化的过程中保留了基督教义的核心思想,基督教非洲化的改变大都是对表象的仪式等作出的。基督教文化在非洲传播过程中,与非洲传统文化不断调试,逐步适应非洲文化。基督教传教初期,除基督教以外的任何思想都受到批判,被传教士认定为

---

① Kevin Wilson, Jan van der Dissen, *The History of the Idea of Europe*. London and New York:Routledge,1995,p.20.

② Kevin Wilson, Jan van der Dissen, *The History of the Idea of Europe*. London and New York:Routledge,1995,p.21.

野蛮的思想。在基督教进一步扩张的过程中,有的教会虽然也认为从其他文化中学不到什么重要的东西,但是会鼓励传教士使用当地象征和仪式。还有一部分教会会不加批判地采用当地文化的象征、神话和仪式。然而无论基督教如何变化,其变化的部分终究只是吸引非洲人接纳基督教的手段,仅仅是换一种方式解释基督教。教会一直在控制着传教士对传统习俗的使用,使基督教在适应非洲文化的过程中,让非洲人将对基督教的崇拜等同于甚至超过对自己神学的崇拜。

第五,非洲基督教继承了英、法基督教文化中的博爱思想,将追随耶稣的人们统称为兄弟姐妹,继而非洲教徒与英、法基督教徒形成了"兄弟姐妹"的关系。上帝对人的爱具体表现在两个方面,全心全意地创世、用爱子的牺牲唤起人对上帝及其信仰的忠诚从而救赎世人的灵魂。爱上帝意味着要发自肺腑地爱天主,这是首要的。爱邻人意味着将所有的基督教徒视为兄弟姐妹,将基督教视为大家庭。爱仇敌意味着即便是仇敌,也要用爱来感化他,并且要帮助他进行祈祷。凡是信仰基督教的信徒互为兄弟姐妹,这拉近了非洲同欧洲的关系。

第六,非洲基督教继承了英、法基督教文化中的和平理念。基督教中对于和平的理解独具特色,主要分为三个方面,分别是心灵的和平、心理的和平与关系的和平。具体而言,心灵的和平指向的是人同上帝之间的平和相处,心理和平指向的是人内心的平和,关系的和平指的是人际之间的平和。

2.2　基督教文化在非洲的内化

宗教决定了一个文明的主要特征。[①]　英、法的基督教是英、法文明

---

① [美]塞缪尔·亨廷顿著,周琦、刘绯、张立平、王园译,《文明的冲突与世界秩序的重建》,北京:新华出版社,1998年版,第32页。

唯一最重要的特征。① 大多数研究文明的学者认为,历史上除了埃塞俄比亚拥有自己的文明外,在其他地方并不存在独特的非洲文明,欧洲的帝国主义和殖民活动带去了英、法文明。其中最重要的是,欧洲的帝国主义把基督教文化带到了非洲大陆。② 英、法基督教文化在非洲的传播和渗透打破了非洲文化的自然发展进程。基督教文化在非洲的渗透对非洲语言文字、教育制度等都产生了极大的影响。

2.2.1 通过语言文字的内化

语言文字对于历史的演进、文化的形成和文明的传承都颇为重要,它是历史、文化与文明实现延续的重要载体。

一、后殖民时期非洲的语言和教育

政治独立使前殖民地有机会决定自己的语言政策。新独立国家决定采取什么样的语言政策取决于各种因素,例如殖民实践的性质、人口的语言、文化和种族构成、思想和教育目标。它们大多国民情况不同,使语言政策的制定面临许多问题。③ 在独立时,非洲国家对语言的态度有三种。大多数情况下,"不平等的双语"或"双语化"是去殖民化进程中非洲国家的普遍选择。④ 第二种是顺其自然的态度,这是对殖民教育政策和实践的延续⑤,并被用来维持和巩固殖民现状。加

---

① 〔美〕塞缪尔·亨廷顿著,周琦、刘绯、张立平、王园译,《文明的冲突与世界秩序的重建》,北京:新华出版社,1998 年版,第 60 页。

② 〔美〕塞缪尔·亨廷顿著,周琦、刘绯、张立平、王园译,《文明的冲突与世界秩序的重建》,北京:新华出版社,1998 年版,第 32 页。

③ Dumont, *Pierre L'Afrique noire peut-elle encore parler français*? Paris : L'Harmattan. 1986.

④ Laroussi, Foued and Marcellesi, Jean-Baptiste 1996 Colonisation et décolonisation. InHans Goebl, Peter Nelde, Zdeněk Stary and Wolfgang Wölck Contact Linguistics. *Aninternational Handbook of Contemporary Research*, 193 – 199. Berlin: de Gruyter.

⑤ Bamgbose, Ayo, *Language and exclusion: The consequences of language policiesin Africa*. Münster: Lit Verlag, 2000, p. 49.

纳、肯尼亚、赞比亚、刚果民主共和国(前扎伊尔)和津巴布韦等一些国家急于实现"现代化",所以采用了这种方法。因为它们看来独立初期使用欧洲中等教育模式是实现这一目标的最有效途径。[①] 最后一种,例如几内亚、布基纳法索、坦桑尼亚、多哥、埃塞俄比亚,采取了民族主义的办法,选择在整个小学周期内接受母语教育,并将母语的使用扩大到较高的教育水平。

从一开始,就有三个重要因素影响着非洲国家的语言政策。第一,为了避免可能的政治后果,语言政策并未形成正式文本出台。这给个别方案的解决提供了空间,但也导致新问题的出现"没有统一政策的指导,教师感到沮丧和缺乏方向"。[②] 第二,在独立最初的几年,受意识形态和政府变化的影响,语言政策有所波动。[③] 例如,在加纳,1951 年至 1956 年,3 年的母语教育政策变为 1 年。1956 年,政府恢复了之前的 3 年母语教育政策。1960 年,只有第一年保留母语教育,但从 1963 年开始颁布法令,在条件允许的情况下,从一开始学校教学就应该使用英语。1968 年,加纳恢复 1960 年的语言政策,但 1970 年又改回 1951 年的政策。[④] 第三,由于政策执行困难,政策与实践往往缺乏一致性。例如,尽管尼日利亚的政策是在模仿西方国家,规定小学三年级后应改变原来的约鲁巴语教学为英语教学。然而,在教学实践过程中,这一政策无法得到落实,特别是在农村偏远地区,母语继续被

---

① Bamgbose, Ayo, *Language and exclusion*: *The consequences of language policiesin Africa*. Münster: Lit Verlag, 2000, p. 50.

② Bamgbose, Ayo Introduction: The changing role of mother tongues in education. In: Ayo Bamgbose (ed.), *Mother tongue education*: *The West African experience*, 9 - 26. London: Hodder and Stoughton, 1976, p. 17.

③ Bamgbose, Ayo, *Language and exclusion*: *The consequences of language policiesin Africa*. Münster: Lit Verlag, 2000, p. 50.

④ Bamgbose, Ayo, Introduction: The changing role of mother tongues in education. In: Ayo Bamgbose (ed.), *Mother tongue education*: *The West African experience*, London: Hodder and Stoughton, 1976, p. 17.

广泛使用于学校教育。形成这样结果的主要原因在于学生的英语水平的能力不足。此外，在一些学校中混合了不同语言群体，英语往往比官方政策规定的更早成为教学媒介。[①] 新政策常常导致语言学习环境发生改变，从而促成新的不平等的社会关系形成。在摩洛哥、突尼斯和阿尔及利亚等北非国家，过去三十年来，法国在殖民时期实行的唯一教育政策已被促进"阿拉伯化"政策的双语办法所取代。[②] 不过，这一政策也带来了新的问题，因为学生们的母语是不同的阿拉伯语"方言"或柏柏尔语，但学校是通过统一的古典阿拉伯语或阿拉伯语授课。坦桑尼亚也出现了类似的问题，虽然选择了斯瓦希里语作为该国唯一的官方语言，实际上阻碍了来自非班图语和非斯瓦希里语高峰地区的人们平等参与国家和地方机构。

　　尽管政策不同，欧洲语言在后殖民时期继续主导非洲教育系统，主要原因是独立的非洲国家仍不得不选择其前殖民国的语言作为其唯一官方语言或主要官方语言之一。母语教育在整个非洲的教育中仍然只起着边缘的作用，如果有的话，也仅限于小学教育的初始阶段，很少有国家在整个初级阶段或中级阶段使用母语教学。在高等教育阶段，非洲母语教学更加稀缺。

　　语言政策一直受到非洲国家的严格审查。至少在一些国家，已经进行了实验，以提高教育实践的效力，并解决共同面对的问题。实验有三种类型。第一种"旨在更有效地利用现有教学媒介，不改变其作

---

　　① Bamgbose, Ayo, Introduction：The changing role of mother tongues in education. In：Ayo Bamgbose（ed.），*Mother tongue education*：*The West African experience*，London：Hodder and Stoughton,1976，p. 18.

　　② Granguillaume, Gilbert, *Arabisation et politique linguistique au Maghreb*. Paris，1983.

　　Gratiant, Renaud Créole et éducation：l'expérience de Basse Pointe, aspectsd'une réalité. Mémoire de DULCC, Université des Antilles et de la Guyane, 1988.

表 2－1 在非洲教育中母语的使用情况

	使用级别	国　　家
1	不用	科特迪瓦、贝宁、安哥拉、莫桑比克、赞比亚、佛得角
2	实验性	喀麦隆、尼日尔、塞拉利昂、塞内加尔、马里
3	初等教育	加纳,尼日利亚,肯尼亚,南非,乌干达,马达加斯加,津巴布韦
4	中等教育	索马里、埃塞俄比亚
5	高等教育	没有任何例子,除了用于教授语言本身的课程

为媒介的使用程度"。[1] 例如,尼日利亚北部小学教育改善项目的重点是加强教师培训、编制课程、编制更合适的教材。即使教学媒介是一种欧洲语言,也鼓励教师在编写教材时考虑学生的母语。[2]

第二种旨在将母语教育带到以前不存在的领域。其中一个项目是 1981 年在喀麦隆东部多语言地区实施的,它的目标是将七种当地语言纳入学校系统。在第一年,70％的学习时间是用非洲语言进行的。目前,该地区的小学教育经常使用 12 种语言。

第三种旨在扩大母语教育的项目。这方面的一个成功项目是 1971 年在尼日利亚进行的为期六年的初级项目。它的目的是比较六年母语(约鲁巴语)教育与标准的三年母语和三年英语中等小学教育。评价表明,前者的教育效果明显优于后者。

非洲语言教学受到各种因素的阻碍。[3] 母语媒介教育和学校的非

---

[1] Bamgbose, Ayo, *Language and exclusion: The consequences of language policies in Africa*. Münster: Lit Verlag, 2000, p.51.

[2] Bamgbose, Ayo, Introduction: The changing role of mother tongues in education. In: Ayo Bamgbose (ed.), *Mother tongue education: The West African experience*, London: Hodder and Stoughton, 1976, p.21.

[3] Awoniyi, Timothy, *The teaching of African languages*. London: Hodder &Stoughton, 1982.

洲母语教学缺乏家长和政府的广泛支持。同时,这些母语语言的教师一般情况下都很少受过良好的训练。事实上,在很多情况下,唯一的要求就是教师会说这些语言即可。教材一般不像欧洲语言教材那样是最新的、现成的或具有创新性的。教师通常没有与教授欧洲语言或其他学科的教师相同的教学动机。相比之下,母语语言教师往往不受尊重。此外,欧洲语言在所有级别和期末考试中都是强制性使用的,但非洲语言教学通常不受这一约束。即使在坦桑尼亚(斯瓦希里语)和津巴布韦(索纳语),母语的学习虽然是必修课,但它与学生的学业进步无关。①

二、西欧语言传播对非洲造成的影响

欧洲宗主国语言文字作为英、法文化的重要载体植入非洲社会文化之中,对非洲传统社会造成了积极与消极两方面影响。

从积极方面来看,一是推动了非洲社会的整合,为非洲现代语言文化的形成提供了纽带。随着欧洲国家语言文字的传播流行,欧洲语言文字成为非洲一些国家或地区的通用语、官方语,或是作为商业贸易、学校教育和文化交往中的共同语言,从而打破了非洲语言结构高度分化、相互封闭隔离的局面,非洲的现代语言文化聚合由此开始。在那些民族构成十分复杂,部族语言众多的前殖民地地区,这一趋势更为明显。如尼日利亚在殖民地时期便逐渐开始以英语为共同用语或官方语,学校教育和商业贸易活动中都采用英语为交流媒介,使得有着大小二三百个部落,存在数百种部族语言或土语方言的地区,有了一个共同的文化纽带——英语,这对于殖民地社会的聚合和一体化

---

① Roy-Campbell, Makini 1998 Attitudes towards the use of African languages as mediaof instruction in secondary schools: Reflections from Tanzania and Zimbabwe. In KwesuKwaa Prah (ed.), *Between distinction & extinction: The harmonisation and standardisation ofAfrican languages*, 225 – 264. Johannesburg: Witwatersrand University Press.

是一个有利的推动力。

二是促进了非洲传统语言向文字化发展,对非洲传统语言的文字化起促进作用。欧洲语言传播流行的过程,同时也是欧洲文字流行的过程。19 世纪殖民地建立以后,欧洲文字在非洲大陆各地逐渐传播开来,非洲各部族开始了由无文字向文字化的方向转变。殖民统治者采用英、法字母符号给非洲地方语言配上相应的文字系统,创立出非洲地方语言文字系统。在近代早期,这一工作由一些欧洲传教士进行。据统计,英、法传教士曾"把圣经译为 3528 种非洲语言,并为非洲 61％以上的原始部落创造了文字"①,这其中比较有影响的有斯瓦希里语、南非的苏鲁语、乌干达的卢奥语等。此外,非洲语言的文字化还为保留与传承非洲传统文化起到积极的作用。

从消极方面来看,一是欧洲语言的使用造成非洲文化资源与精神财富的严重流失。就民族文化传统方面来说,由于这种语言文化的聚合是以外来的欧洲语言为基础,而不是以黑人自己的民族语言为基础,因而这一语言聚合本身对非洲黑人的民族心理和民族情感会造成许多冲击,引起许多矛盾与困惑。欧洲语言并非只是欧洲人的交往工具和信息载体,它同时也是欧洲文化的重要部分,接受欧洲语言也就在很大程度上接受了欧洲文化的熏陶。随之而来的是本民族语言运用的减少,在很大程度上限制了本民族语言文化的发展。从实际结果来看,当时非洲所发生的这一语言聚合过程确实也是一个欧洲文化在非洲扩散传播、黑人文化发生明显衰败散失的过程。比如西非的伊格博人和约鲁巴人在 19 世纪以后受英语文化的影响愈来愈广泛,他们几乎在所有重要的公共交往领域中,诸如贸易、商业、政治、现代教育、文学等都更多地开始使用英语,而不是本民族语言。对于这些人来

①　于可:《当代基督新教》,北京:东方出版社,1993 年版,第 261 页。

说，使用英语不仅意味着将外来的英语视为社会交往的通用工具，而且意味着非洲人在愈来愈大的程度上接受了欧洲语言内在的思维方式、语言逻辑结构，接受了这一语言特定的文化蕴含、价值体系和行为模式。对宗主国语言文化的认同使得他们世世代代以口头语言传承的文化和传统受到冲击。对于非洲社会来说，欧洲语言文字在流行和取代非洲地方语言的同时，那些凝结在地方语言中的传统精神财富、口头传说、历史、宗教、观念、生活的经验和积累，所有这些以口传语言表现出来的非洲人民的物质精神创造，都会因地方语言的衰落和废弃而归于消亡。

虽然说，非洲各族的文化传统也可以借助外来的欧洲语言文字体系加以继承、传递和保存，但地方语言转译为外来语言本身必然会引起一系列文化资源的损耗。由于有了欧洲文字来传递、记载文化信息，以往非洲各族用于传承文化信息的那些独特的非文字语言信息在传承的过程中逐渐被忘却，其功能性也随之减弱。[①]

二是打乱了非洲大陆原有文化区域格局和部落文化结构从而引发不同文化部落之间的冲突。欧洲人为了便于统治，采取一些遗害久远的"分而治之"政策，其基本方式是"分化与控制"的政策，扶持一个人数相对较少、力量相对较弱的民族，让其在殖民政府机构、军队及政治部门占据有利地位，从而得以统领一个或几个相对先进、势力较大的民族，以形成一种必须由欧洲殖民者来调控的"权力平衡"状态，这种做法给后来非洲独立后发生民族冲突留下了隐患。比如，英国人统治时期，在尼日利亚殖民地重点扶持东南部的伊格博人，伊格博人较早地开始了细化过程，尽管历史上尼日利亚北方的豪萨—富拉尼人和西南部的约鲁巴人不仅人数众多，社会经济与文化也相对发达。这导

---

① O. O. Oreh, *Traditional Modes of Communication in Africa*, Nigeria: Nsukka, 1978, p. 109.

致从 1960 年独立之初至今,三大部落的矛盾冲突一直不断,甚至爆发了 1967 年的比夫拉内战。

2.2.2　通过教育的内化

教育是文化的载体,能够培育社会所需的人才。教育又是一种培养人的活动,是文化选择出来对人进行改造的工具,促进文化在社会中实现更好的传播。非洲现代欧洲式教育伴随英、法殖民探险和入侵而逐步建立起来。殖民统治时期的非洲学校建立在英、法教育体系基础之上。西式教育传递了英、法对人的认知过程,传递的是英、法在知识积累中的核心观念。

在英联邦框架下,英国对非洲的政治、经济和社会各领域产生影响。独立后非洲国家全盘继承了英国殖民统治以来形成的殖民教育体系,并致力于将殖民时期的精英教育转变为大众教育。

英国的教育制度对非洲英联邦国家的教育事业具有重要的影响。无论非洲英联邦各国的初等教育存在多少差异,他们中学和大学的教育模式大都是英国教育模式的翻版。正是从基础教育开始的文化传播,使得非洲英联邦内部的国家形成了共同文化。共同文化是共同观念形成的基础。受到共同观念的影响,在共有文化的作用下,各国更容易形成可以相互理解的政策。

非洲国家在 20 世纪 50 年代末 60 年代初取得独立地位后,新独立国家的大学教育事业得到了英联邦大学联合会的帮助。联合会帮助这些国家选派师资,对教育管理提供咨询,并为非洲国家参加它所组织的定期代表大会和各种会议提供机会和方便。

1960 年加蓬独立后,与法国在政治、经济等多方面保持特殊的密切关系。执政时间长达 42 年的前总统哈吉·奥马尔·邦戈·翁宁巴曾说,加蓬离开法国就像汽车没有司机,意味着离开了法国的加蓬就会失去发展的方向。这足以表明独立后加蓬对法国的依赖关系。在教育改革方面也同样如此。独立后,加蓬的教育体系基本继承了法国殖民教育体系,实行小学 6 年、初中 4 年、高中 3 年和大学两年的学制体系。

马里的教育体系按层次和类别分为基础教育、中等教育和高等教育。第一,基础教育。在殖民统治时期,基础教育是 10 年制,分为初级小学 6 年、高级小学 4 年。1962 年改革中将其 10 年的基础教育改为 9 年,分为初级小学 5 年、高级小学 4 年。1968 年又对基础教育阶段的学制进行了改革,改为初级小学 6 年、高级小学 3 年。同时规定,基础教育的入学年龄为 7 岁,实行免费义务教育。从各级教育的衔接来看,基础教育是第一阶段,小学 6 年级毕业时学生须参加毕业证书考试,然后进入第二阶段学习。学习期满后,毕业时学生需参加基础教育毕业证书考试,成绩合格者升入中等教育学校学习。第二,中等教育。包括普通中学和技术中学,学制均是 3 年。通过毕业会考后,获得相应学历。中等职业技术学校的学制为 4 年,毕业时颁发技术员资格证书。第三,高等教育。包括高等教育研究中心、农业应用研究中心、未来生产及管理研究中心等。

后殖民时期的教学语言和课程设置对非洲年轻人英、法观念的培养起到基础性作用。1960 年,许多非洲国家获得了独立,这本是给新独立的非洲国家提供的一个可以对殖民地语言政策进行批判并作出客观的评价,明确突出的问题,在民族语言、文化和教育方面制定新时期的原则和指导思想的机会。遗憾的是,除了极少数例外,殖民列强以前的做法被新独立的非洲国家全盘接受下来,往往连轻微的改动都没有。实际上,许多新国家对文化领域极不重视,将它排在优先考虑事项的末尾,几乎只是凭着外国和国际组织的慷慨解囊才得以使其存在下去。在非洲,随着学生对知识需求量的增加,课程难度的加大,土著语言无法满足学生的需要,课堂上使用英语、法语、葡萄牙语更为方便,从而导致非洲本土语言在高等教育中被边缘化。

津巴布韦的国民教育体系仿照英国教育体系,分为初等教育、中等教育和高等教育。初等教育就是小学,学制 7 年。中学 6 年,毕业将取得初等教育证书、普通教育证书和高级教育证书。一年分为 3 个学期,有 10 个月的在校时间。国家考试在 11 月,即在第三个学期进行。初等教育学习为义务教育,不过政府并没有制定强制性措施。一般学生在 6 岁至 7 岁入学,分成幼儿学校和初级学校两个阶段,每天上课 5 小时,课外活动 3 小时,一年上课 188 天。中学学习年限为 6 年,每两年为一个阶段:第一、二年级为初级班,完成学业时必须参加津巴布韦初中证书考试;第三、四年级为中级班,完成学业时必须参加英国剑桥普通证书考试;中学最后两年为高级班,毕业生须参加英国剑桥高级证书考试,以进入大学。津巴布韦的考试体系大体照搬了英国的考试体系与评价体系。从 20 世纪 90 年代初开始,普通证书的考试被纳入剑桥大学的考核体系中,津巴布韦接受高等教育者最终获得的均为剑桥高级学历证书。拿到剑桥国际证书,并取得优异成绩的学生才有成为国家公务员或去英联邦内的其他国家继续深造的资格。值得注意的是,A-level 属于英国剑桥大学的等级证书考试,其考试中包括英国文学等具有英国知识储备的科目,参加A-level 考试的学生大都成绩极为出色。由此可见,独立后非洲国家的教育体系进一步培养了具有西欧文化及思维方式的非洲年轻人与知识分子。

法语非洲国家教育体系大都沿袭了法国的教育体系。法国在非洲殖民统治最为深远的影响体现在其同化政策上,这在教育政策上体现得最为充分和明显。殖民地各个领域都使用法语,学习法国的历史和文化是殖民地精英教育的主要内容。独立后,乌弗埃—博瓦尼等一批非洲国家领导人一直配合法国的"法兰西非洲"政策。科特迪瓦的学制与法国类似,由 6 年基础教育、7 年初等教育和 3 年高等教育学制构成。高等教育也完全按照法国的模式,包括综合性大学、高等专业学院、高等专科学校。

英、法教育一方面瓦解着非洲本土教育体制,另一方面加速了基督教文化向非洲的移植。

从促进作用来看,一是西式教育体制的传入为非洲培养了最早的民族知识分子群体。殖民前的非洲教育是一种传统教育,或称之为习俗教育、本土教育。[①] 习俗教育都是针对特定情境的具有实践性特征的教育,极少使用抽象的理论和概括。宗教、民族和教育错综复杂地交织在一起,几乎没有任何新的观念或技术的实验,非洲的习俗教育在本质上是保守的。非洲本土的知识系统强调接受和服从,抑制了儿童潜能的发展,扼杀了青少年的创造性。[②] 所以传统教育体制中培养出的非洲文化不存在民族主义等现代政治观念。

在殖民统治时期,受到殖民教育的推动,非洲地区的初等、中等和技术院校得到一定的发展。1827 年英国传教会在塞拉利昂创办的福拉湾学院,是非洲近代第一所高等西式学院。在英属殖民地,1948 年在尼日利亚成立的伊巴丹大学,为非洲培养过一批著名黑人学者,并成为当时西非的文化繁荣中心。[③] 在英、法教育模式培养下成长的黑人学子逐渐构成了知识分子阶层。这一阶层人员不断壮大,并不断接受更多欧洲近代资本主义启蒙文化、民主和自由的思想,同时开始和来自北美洲、西印度群岛和南美洲的黑人知识分子建立了联系。他们

---

① Joseph Kisanji, Historical and Theoretical Basis of Inclusive Education, http://teachinggrammar3. pbworks. com/f/Kisanji,％20Historical％20and％20Theoretical％20Basis％20of％20Inclusive％20Education. doc.

② 刘艳:《后殖民时代非洲教育改革模式研究》,杭州:浙江人民出版社,2014 年版,第 28 页。

③ B. Traore, *The Black Afica Theatre and its Social Functions*, Ibadan University Press, 1972, pp. 28 – 30.

一步步的成长促进了非洲民族主义的复兴,对 20 世纪非洲黑人的民族独立与解放运动起到了启蒙和推动的重要作用。

二是对英、法教育体系的引进,促进非洲教育向顺应现代教育趋势的方向发展。非洲遭殖民入侵前的政治组织大都以部落或部族自治为核心。从教育的角度来看,这一时期的非洲表现出明显的原始社会教育特征。前殖民时期的非洲教育是关乎整个社会的关键问题,但不是专门化的,而是一种集体责任。非洲的本土教育在本质上是保守的。教育是维持文化传承和现状的媒介,这强化了非洲本土知识体系内既有观念的保守性特征。因此,在青年人的思想中,进步的观念是非常薄弱的。前殖民时期的非洲教育表现出传统社会的非洲本土色彩,教育的主要目的是维持、保存和传承以知识、技术和价值观念为主要内容的部落文化,教育的本质是加强社会的团结。[①]

欧洲基督教传教士来到非洲,出于阅读《圣经》和宗教教导的需要,在本国政府和利益集团的财政支持下,开始兴办学校,传播知识。欧洲传教士将现代教育体系移入非洲。1482 年,葡萄牙探险家迪欧古·卡奥第一次到刚果河河口探险,紧随其后的就是天主教传教士。殖民主义时期,基督教传教士在非洲教育发展中扮演关键角色。起初,欧洲殖民统治者和贸易商人为黑白混血儿童和非洲儿童建立了学校。18 世纪,英国、法国、葡萄牙等欧洲殖民主义国家的传教士开始在非洲建立欧洲类型的学校。1845 年,塞拉利昂建立了第一所男孩文法学校,1849 年建立了女孩文法学校。30 年后,尼日利亚和黄金海岸(加纳)开始出现第一批中学。到 1937 年,在英属西非,殖民政府在乌干达建立了马凯雷雷大学,在肯尼亚建立了两所教会初级中学。在法属西非,宗主国每年向殖民地输送 35 名中学

[①] 刘艳:《后殖民时代非洲教育改革模式研究》,杭州:浙江人民出版社,2014 年版,第 28 页。

教师,毛里塔尼亚、几内亚、马里、塞内加尔、象牙海岸、上沃尔特、贝宁和尼日尔 8 个国家和地区的中学每年能够得到全部的教师供给。英、法现代教育体制在非洲的引入,为教育过程中重视培养学习的环境和能力打下了基础,为非洲后殖民时期现代教育制度的建设提供了参照与引导。

从阻碍作用来看,殖民统治时期对非洲学生的教育不仅使非洲文化丧失了服务非洲人的职能,还造成非洲社会的分化。殖民统治时期的学校是建立在英、法教育体系基础之上的,所以殖民教育的目的是培养非洲本土精英,传播基督教,推进殖民化进程。在殖民主义时期,教师由英、法派出,但他们对非洲当地的具体情况几乎一无所知。教学内容上,完全不涉及有关非洲的任何东西。殖民时期的教育与"母国"密切联系在一起。在《曼德拉传:光辉岁月》中,有这样一段描述,由英国人出资建造的学校里,南非黑人所受到的教育和在社会上受到的教育一样,都是一种洗脑式教育。英国人为他们灌输一种思想:只有英国思想才是最好的思想,只有英国政府才是最好的政府,而世界上最好的人就是英国人。以至于受到这种洗脑式教育的非洲黑人会潜意识地将英国白人当成是一种血统高贵的人,还会把英国人当成他们学习的榜样,甚至有些南非黑人还立志要做一个"黑色的英国人"。英国人也常常不无讽刺地称呼他们为"黑色的英国人"。而这些"无知"的南非黑人,包括尚且年幼的曼德拉,都会为这种讽刺性的称呼而真心地感到高兴,而不是感到耻辱。[1] 殖民主义下的教育是殖民计划的组成部分,它将非洲人分为精英和未接受过教育者,精英则极具优越感,认为自身超过从未读过书的人。这是因为接受学校教育的非洲人接受的是欧洲文化而不是非洲文化,非洲精英的目标便是不惜一切

---

[1] 韩明辉:《曼德拉传:光辉岁月》,北京:清华大学出版社,2013 年版,第 11—12 页。

代价成为欧洲人。①

脱离非洲历史的实际,学习欧洲历史,为殖民体系服务,是整个非洲殖民地时期教育体系的普遍特征。为了分化非洲社会,拉拢部落首领、酋长,殖民统治时期的教育只是少数非洲人的特权。从毕业后的就业情况来看,在殖民统治行政机构工作的大多归属于特权阶级。他们大多是非洲社会的精英,经过殖民教育体系的精心培养,对英、法价值观有极大的认同度。事实上,非洲被动接受英、法教育体系之时,其传统的本土教育体系已经遭到了全面的破坏。②

2.2.3 英语和法语在非洲的使用

一、英语在非洲的使用

非洲各地对英语教育和交流的需求增加,包括在学校和政府机关等各种场合。

（一）英语是全球性语言

英语已经成为每个人的第二语言,几乎在世界上任何地方,受教育意味着懂英语。③ 随着世界各国之间的联系越来越紧密,英语在各大洲的传播和重要性越来越明显。全球化和英语之间的联系是显而易见的。这是一个过程,开始于讲英语的帝国——英国的统治。④

英语的力量体现在全球舞台的政治、经济和教育领域。在政治

---

① 刘艳:《后殖民时代非洲教育改革模式研究》,杭州:浙江人民出版社,2014 年版,第 122 页。

② 刘艳:《后殖民时代非洲教育改革模式研究》,杭州:浙江人民出版社,2014 年版,第 122 页。

③ Mydans, S. Across cultures, English is the word. *New York Times*, 2007, April 9.

④ Mydans, S. Across cultures, English is the word. *New York Times*, 2007, April 9.

上，英语是世界上大多数国际政治集会的官方或工作语言①，85%的国际组织使用英语作为官方交流语言。② 经济上，《哈佛商业评论》称英语为"全球商业语言"。③ 随着企业将经营范围扩大到各个国家，"地理上分散的员工必须共同工作以实现共同的目标"。④ 一种共同的工作语言是这种合作的必要条件。此外，随着发展中国家寻求在全球市场上竞争，英语成为大多数谈判和营销计划必须使用的语言。英语也是学术界的主要语言，因为大多数学术出版物都是用英语写的。⑤ 当我们调查为什么这么多国家近年来把英语作为官方语言或选择它作为学校的主要外语时，最重要的原因之一总是教育，因为获取知识是教育的工作。⑥ 通过学习英语，可以接受更多的教育，习得更为丰富的知识。此外，各国英语教育和经济政策之间存在密切联系，追求以出口和吸引外资为基础的国家会调整其语言教育政策，以适应其经济战略的要求。⑦

通过互联网、全球政治体系和殖民传统的传播，英语已经成为全球化的语言。随着越来越多的非洲国家采用英语作为官方语言，更多的非洲学校也将英文学习纳入公立学校学生学习的课程，宗主国的语

---

① Crystal, D. *English as a global language*. Cambridge：Cambridge University Press，2003.

② The triumph of English：A world empire by other means. （2011，December 9）. *The Economist*. UNESCO. （2013）. www. unesco. org.

③ Neeley, T. *Global business speaks English*. Harvard Business Review，2012，May.

④ Neeley, T. *Global business speaks English*. Harvard Business Review. 2012，May.

⑤ Negash, N. English language in Africa：An impediment or a contributor to development? *Perceptions of English*，2011.

⑥ Crystal, D. *English as a global language*. Cambridge：Cambridge University Press，2003.

⑦ Coleman, H. *The English language in development*. The British Council，2011，p. 20.

言在非洲正逐步扩散。

（二）英语在非洲的扩散

如今的非洲，尤其是撒哈拉以南非洲的 26 个国家，或将英语作为官方语言（如尼日利亚和加纳），或将英语和另一种非洲语言（如肯尼亚和南非）共同作为官方语言。[①] 这些国家中有几个传统上讲法语的国家也将英语纳入了官方语言之一，如喀麦隆和塞舌尔。在非洲 50 多个国家和地区，英语被广泛用于交际。作为非洲联盟的官方语言和国际语言，英语对非洲大陆十分重要。[②]

英语在非洲的地位日益重要的同时，同样值得注意的是法语在非洲的地位正在下降。由于英语在南部非洲以及国际上的重要性越来越凸显，以前法语人口众多的国家正在转向英语。与此同时，英语正在成为非洲最重要的西方语言，逐步取代法语和葡萄牙语。[③] 有人认为，20 年后，非洲可能根本不会说法语。在卢旺达，英语替代法语似乎是可能的，那里只有少数人口能说法语，而且自 2008 年以来，英语一直被强调在学术和政治生活中广泛使用。[④]

将英语作为官方语言。在非洲大陆上，卢旺达是改变英语政策的突出案例。1994 年卢旺达大屠杀后，英语成为卢旺达官方语言。到了2008 年，卢旺达语言政策发生了更显著的变化，将英语作为卢旺达公立学校的官方教学语言，取代法语，成为主要的第二语言。在首都基加利，人们越来越多地用英语交谈……一段时间以来，基加利科学技

---

① Negash，N. English language in Africa：An impediment or a contributor to development? *Perceptions of English*，2011.

② Negash，N. English language in Africa：An impediment or a contributor to development? *Perceptions of English*，2011.

③ McGreal，C. Why Rwanda said adieu to French. *The Guardian*，2009，January 15.

④ McGreal，C. Why Rwanda said adieu to French. *The Guardian*，2009，January 15.

术学院一直将英语作为官方教学媒介。① 欧睿国际 2009 年的一份报告显示，英语在基加利城市区域的使用已经达到高度本地化。该报告还预测，卢旺达政府将推出更多的举措推动其英语教学政策，并加大对农村英语教育的推动。② 此外，最近成立的南苏丹也采用英语作为官方语言。BBC 援引英国文化协会驻苏丹官员的话说："英语已经成为发展的工具，即使在苏丹的英国人有时被视为殖民统治者，但英语仍然受到尊重"。③

另外，还有一些非洲国家，虽然它们可能没有把英语作为国家的官方语言，在传统上讲葡萄牙语和法语，英语也发挥着重要作用。在布隆迪，人们对英语的兴趣正在迅速增长。其中一个原因是，与它地缘相接、文化相似的邻国卢旺达，实施了强有力的英语教育政策。④ 这种政策或多或少对其产生影响。在埃塞俄比亚，英语是获得工作的必备技能，例如在政府部门，会说英语成为入职的必要条件。⑤ 在布隆迪和埃塞俄比亚等国，未来的语言政策是否会像它们的邻国一样，把英语作为国家的官方语言还有待观察。然而，无论如何，重视英语已成为国家语言政策发展的主流趋势。

（三）非洲教育体系中的英语

各国在英语方面的立场最明显地体现在对教育政策的研究上。

---

① Negash, N. English language in Africa：An impediment or a contributor to development? *Perceptions of English*, 2011.

② Negash, N. English language in Africa：An impediment or a contributor to development? *Perceptions of English*, 2011.

③ Goldsmith, R. South Sudan adopts the language of Shakespeare. BBC News, 2011.

④ Nizonkiza, D. *English in Burundi：A non colonial heritage*. University ofBurundi, 2006, March.

⑤ Negash, N. English language in Africa：An impediment or a contributor to development? *Perceptions of English*, 2011.

从小学到大学,英语在许多非洲国家被用作教学媒介。在前法国殖民地科特迪瓦、马里和塞内加尔,英语是第一门必修外语。许多非洲国家,高等教育机构的课程已经用英语教授了一段时间,值得注意的是,各国现在都认识到在小学初期就开始学习英语的价值。

自 2008 年以来,英语一直是卢旺达教育机构的教学语言。[①] 教育部门认为选择英语作为教学语言是迈向未来的一步,选择英语作为教学媒介,可以使今天的卢旺达人和未来的卢旺达人都能够受益。[②]

在埃塞俄比亚,自从 1994 年实施了一项新的教育政策以来,英语就被作为一门课程从小学开始教授。[③] 此外,埃塞俄比亚的大多数大学也都使用英语作为教学语言,因为正如一位埃塞俄比亚教授所说,"我们在非洲或埃塞俄比亚获得的(学术)资源的 90% 来自西方,而这几乎都是英语"。[④] 英语可以被认为是学术界的语言,因此,英语水平是在高等教育中取得成功的必要条件。然而,在埃塞俄比亚几个地区,语言教学实践不统一和教师资源不足使得低年级英语习得的有效性往往不一致。这些不一致会使学生在更高层次的学校取得成功变得更加困难,因为他们不具备取得成功所必需的英语技能。尽管存在这些挑战,学生和他们的父母都承认英语是最好的"教育的语言"。[⑤]从这个意义上说,人们对英语学习的重要性有着强烈的共识。

埃塞俄比亚是历史最悠久的独立国家之一,拥有发达的阿姆哈拉

[①] Jury out on language switch trend. *The Guardian*, 2010, November 13.

[②] McGreal, C. Why Rwanda said adieu to French. *The Guardian*, 2009, January 15.

[③] Bogale, B. Language determination in Ethiopia: What medium of instruction? *Proceedings ofthe 16th Conference of Ethiopian Studies*, 2009.

[④] Negash, N. English language in Africa: An impediment or a contributor to development? *Perceptions of English*, 2011.

[⑤] Bogale, B. Language determination in Ethiopia: What medium of instruction? *Proceedings ofthe 16th Conference of Ethiopian Studies*, 2009.

语,自 1920 年后现代教育开始以来,埃塞俄比亚的高中和高中以上学校也将英语作为教学语言。埃塞俄比亚人使用英语的独特之处在于,英语是从一年级到六年级的第二语言,而该国的民族语言阿姆哈拉语则用于其他科目。当学生转到七年级时,教学语言将改为英语,这种情况一直持续到大学。[①]

(四) 非洲对英语教材的需求量巨大

随着越来越多的非洲国家,寻求制定和实施有效的英语教学政策,非洲课堂对高质量英语教材的需求越来越大。随着对优质英语图书的需求不断增长,非洲图书的需求变化凸显出非洲对英语教育的日益重视。以美国的非洲图书公司为例,它是世界上最大的向非洲大陆运送捐赠英语文本和图书的公司,在过去 25 年里,该公司已向 49 个非洲国家运送了 2 900 多万册图书。2010 年,非洲图书公司向非洲运送图书 160 万册;2011 年运送图书 190 万册;2012 年运送图书 220 万册。这种增长是显著的,因为非洲图书公司响应了非洲国家和民众对图书的需求,而且这种对英语教材的需求正在增长。[②] 例如,2012 年,非洲图书公司向埃塞俄比亚的图书运送量位居非洲第三,有 44 万册图书被运往大学、中小学和新的英语学习图书馆。在 2008 年卢旺达政府推出其新的英语学习政策之前,卢旺达只收到了非洲图书公司的一批图书。自 2008 年以来,运往卢旺达的集装箱数量大幅增加。2012 年,卢旺达学校和图书馆共收到 6 批图书,共计 13.2 万册。卢旺达的教育组织对英语图书的兴趣越来越大,这可能是对 2008 年引入的英语政策的回应。此外,非洲图书公司不仅将许多图书运往以英语为母语的国家,而且,也将目标投向传统上讲法语的国家。例如,2013

[①] The World Factbook. www. cia. gov/library/publications/the-world-factbook/. 2013.

[②] Books For Africa. www. booksforafrica. org. 2013.

年,非洲图书公司向布隆迪发送了第一个书籍运送的集装箱。① 另外,《非洲历史图书》的英语版本,大约有 370 万册被运往不使用英语作为官方语言的非洲国家。② 这一需求不言自明,越来越多的非洲人希望获得英语书籍。

莫桑比克曾是葡萄牙殖民地,因此官方语言是葡萄牙语。最近,有很多投资者从海外来到这个国家,他们提供了很多就业机会。这在任何发展中国家都是非常受欢迎的,对于莫桑比克居民而言,唯一的问题和障碍是这些公司需要英语作为在他们公司就业的先决条件。所以,非洲人民学习英语,不仅仅是因为整个国家都需要学习英语,还因为他们需要工作、需要融入世界其他地区。③

（五）英语在非洲使用越来越多的原因

以上的例子表明,英语是现代非洲的重要组成部分。虽然经济因素可能是最明显的驱动力,但将英语视为一种统一的语言有助于非洲地区国家的共同进步,也是非洲向现代发展的一个重要的推动力。

英语是一种商业语言。寻求经济发展的国家往往把英语作为一种进入外国市场的手段。为了吸引外国投资、发展国际贸易机会和开展旅游活动,非洲国家往往把英语视为一种必不可少的工具。随着非洲经济体寻求增加其商品出口,"数百万非洲农民的安全依赖于代表他们的领导人和出口商所拥有的谈判和营销技能,包括他们的英语水平"。④ 此外,国际旅游业被认为是一个有价值的发展机会,预计在未来将迅速增长。事实上,根据联合国的可持续发展与消除贫困计划,旅游业对发展中国家的经济尤为重要。良好的英语水平,不仅对营销旅游

---

① Books For Africa. www.booksforafrica.org. 2013.

② Books For Africa. www.booksforafrica.org. 2013.

③ Books For Africa. www.booksforafrica.org. 2013.

④ Negash, N. English language in Africa: An impediment or a contributor to development? *Perceptions of English*, 2011.

项目的领导者,而且对迎合游客需求的服务人员来说,都是至关重要的。

在卢旺达,教育部政策规划主任表示,有必要在卢旺达使用英语……因为英语现在是世界语言,尤其是在贸易和商业领域。卢旺达正在努力吸引外国投资者——这些人中的大多数都说英语。① 卢旺达商界正在"务实地接受英语"。同时,政府新推出的英语学习计划将大大提高就业群体英语水平,这也使得民众接受英语的趋势变得更加明显。② 卢旺达人在服务业和外国投资方面都出现了令人印象深刻的增长,虽然这种增长不能直接促进政府对英语教学关注度的提高,但很明显,政府会将这些促进英语教学的政策视为其经济发展战略的一个关键组成部分。

在埃塞俄比亚,英语是官方语言之一,教育被视为一项重大优先事项。埃塞俄比亚是世界上增长最快的十个经济体之一,也是非洲增长最快的非石油经济体。对于一个曾经因饥荒、贫困和战争而成为头条新闻的国家来说,埃塞俄比亚正在逐步登上非洲大陆发展领导者的地位。在这个快速增长和快速发展的国家,埃塞俄比亚教育部启动了非洲大陆最雄心勃勃的教育项目。小学低年级的入学率从 1991 年的不到 30% 上升到 2008 年的 90% 以上。然而,尽管入学人数增加了两倍,但仍有 43% 的埃塞俄比亚人是文盲。③ 埃塞俄比亚政府的五年计划导致小学教育的大量增加,从 16 795 所增加到 25 217 所。增加的入学人数将需要大量增加广泛可用的英语教材和阅读材料,这进一步提高了英语在埃塞俄比亚的主导地位。④

英语不仅被非洲国家视为服务全球经济利益的语言,而且也能服

---

① McGreal, C. Why Rwanda said adieu to French. *The Guardian*, 2009, January 15.

② Jury out on language switch trend. *The Guardian*, 2010, November 13.

③ Research Triangle Institute. www. rti. org. 2013.

④ Research Triangle Institute. www. rti. org. 2013.

务于非洲大陆内部的经济与和平关系。英语可以被看作是跨越地域、文化和语言障碍的工具。寻求与邻国发展贸易关系的国家将英语视为一种有效的谈判工具，可以消除由地区语言障碍带来的分歧。例如，在卢旺达，推广英语的学习是为了加强卢旺达与讲英语的东非邻国的关系，包括乌干达、肯尼亚和坦桑尼亚，因为卢旺达与这些国家有很多贸易往来。[①] 在邻国布隆迪，为寻找大湖地区外贸伙伴成为英语学习中心学生出勤率大幅上升的一个因素。[②] 正因如此，英语不仅是世界市场的语言，而且也作为非洲大陆国家间贸易和谈判的语言而存在。

在特定的文化环境中，英语可以被看作是一种帮助一个国家形成的语言。例如，当南苏丹从苏丹独立出来时，南苏丹广播电台的新闻主任宣称，英语让南苏丹"成为一个国家"。南苏丹可以通过语言消除部落差异，并实现与世界其他地方的沟通。[③] 在这种情况下，英语成为新政府能够更好地治理一个新的统一国家的语言。

二、法语在非洲的使用

法国成立了法语国家组织来推广法语。法语国家的概念几乎掩盖了这样一个事实：讲法语的国家基本上与法国的前殖民统治范围重合，法语国家首先服务于法国的所有利益。这一组织总的目标是保持法国的政治影响力，阻止二战以来英语和英语文化的快速传播。法语国家代表着一个"自然"的国家集团，每个国家都与法国保持着特殊的文化、经济和政治关系。法国在法语国家中的地位从来没有完全清

---

① McGreal, C. Why Rwanda said adieu to French. *The Guardian*, 2009, January 15.

② Nizonkiza, D. *English in Burundi: A non colonial heritage*. University ofBurundi, 2006, March.

③ Goldsmith, R. South Sudan adopts the language of Shakespeare. *BBC News*, 2011.

楚过——它只是法语国家的一部分,还是以它为中心?同样不清楚的是,法国海外部门在该组织中的地位。法语国家组织的语言发展政策表明,该组织最初没有考虑到法语国家的多语言。但在过去 30 年里,情况发生了很大变化。"法语空间"中不同地方语言的共存得到了官方承认,今天法语和这些语言之间的关系以伙伴关系的形式呈现。迄今为止,法国在语言和政治两方面的中心作用未受挑战。

全世界大约有 4.34 亿人说法语。然而,法语人口最多的国家不是法国。相反,非洲国家刚果民主共和国以 7 700 多万人口位居法语人口最多国家的榜首。法国排名第二,大约有 6 700 万人口。马达加斯加和喀麦隆分别有 2 400 万和 2 300 万人口,分列第四和第五。

在非洲法语使用者最多的五个国家中,象牙海岸排名第四,仅次于喀麦隆,估计有 2 200 万人使用法语。尼日尔排名第五,约有 1 900 万人。在名单的另一端,塞舌尔在非洲说法语的人最少,估计有 92 900 人。非洲垫底的 5 个国家还包括科摩罗(788 474)、赤道几内亚(845 060)、吉布提(887 861)和加蓬(1 725 300)。

从法语在非洲的主导地位来看,仅刚果民主共和国就占全世界法语人口的 17%。非洲占世界法语人口总数的 70% 以上。排名前五的国家加起来占世界法语人口总数的 35% 以上。

从地理上讲,大部分法语国家来自西非和中非。西非拥有较多的说法语人口,这是由历史造成的,法国和比利时控制了西非的大部分地区,因此这些国家现在会将法语作为其官方语言之一。

今天,每天有一半以上的法语使用者生活在非洲。引用阿尔及利亚诗人的一句名言:法语是阿尔及利亚的战利品。除了经久不衰的传统,非洲人还将法语作为自己的语言。它属于所有那些抓住它,操纵它,把它浪漫化,重新创造它的人。

在非洲,法语非常活跃,尤其是在城市里,法语与不同的民族语言交织在一起,形成了和谐的共存。它经常夹杂着古老而罕见的表达方式。有必要接受这种语言的独特性,因为它是一种挪用的象征,是一种将法语及非洲人特定身份融为一体的愿望。

法语缩小了法国与非洲国家的距离,同时也为法语非洲国家的交往搭建了桥梁。此外,它也是非洲国家通往法国的门户,特别是在法国和非洲国家之间的商业往来中被频繁使用。

2.3　基督教文化对非洲的影响

从 19 世纪至 21 世纪,基督教在非洲的传播是广泛的,影响是巨大的。基督教对非洲的影响存在于基督教同非洲传统社会之间,影响即为基督教使非洲传统社会发生改变。基督教对非洲产生的影响从性质上分为积极和消极两方面;从类别上分,主要在教育、社会政治生活和卫生领域。

"基督教"一词源于中世纪拉丁语"Christianitas",其本意为基督统治的地理区域。[①] 由此,基督教便超越了"信仰"概念,成为地区的生活方式。同理,在受基督教影响的非洲地区,它已然超越了宗教理念,成为非洲人民生活中不可或缺的一部分。随着 19 至 21 世纪基督教在非洲地区迅猛扩展,其对非洲生活产生了巨大影响。

1910 年爱丁堡世界宣教大会的报告肯定了"在一代人的时间内完成在非基督教世界宣教工作的可能性"[②]。同样,那时许多基督教学者预测,到 20 世纪,基督教的重心将向南转移。尽管伊斯兰教的快速发

---

① Geering, L. *Christianity without God*. California: Polebridge Press, 2002, p. 21.

② Barret, DB. 1970. AD 2000: 350 million Christians in Africa. *International Review of Mission* 59(233), p. 39.

展给基督教在非洲的存在和传播带来了威胁①,即便非洲一些当局对基督教采取非常严苛的措施,但基督教在这一时期依然像野火一样在撒哈拉以南非洲蔓延开来。如几内亚第一任总统艾哈迈德·塞古·杜尔统治时期(1961—1984),对基督教的控制极为严苛,仅允许基督教中的天主教和圣公会可以在几内亚范围内传教。② 艾哈迈德·塞古·杜尔1984年去世后至1991年,圣公会在几内亚的传教士仅为1人,但即便在这样的社会环境下,仍有100多名新教群众追随着该传教士。

20世纪,尽管基督教在非洲的传教事业存在许多障碍,但扩张还在进行着,并取得了巨大的成功。夸梅·比迪亚科曾说:"在我们这个时代,有很多关于冷战结束后非洲边缘化的现象发生……然而……在一个特殊方面,非洲不会被边缘化,它是基督教神学和基督教宗教研究。"③这说明基督教在非洲取得了巨大的发展。根据1990年的估计,非洲5.5亿人口中有41%是基督徒……在撒哈拉以南国家,这一比例要更高:加纳1 900万人口中60%以上是基督徒;65%的喀麦隆人是基督徒……赞比亚75%的人是基督徒,乌干达2 000万人口中78%的人是基督徒。无论这些统计数字表明什么,它们都证实了非洲,特别是撒哈拉以南非洲,是一个以基督教为主的大陆。④

非洲基督教具有一个令人惊讶的现实性的成长。20世纪基督教在非洲的扩张是如此剧烈,以至于被称为"基督教扩张的第四个伟大

---

① Barret, DB. 1970. AD 2000: 350 million Christians in Africa. *International Review of Mission* 59(233), p. 39.

② Gifford, P. Some recent developments in African Christianity. *African Affairs* 93(373), 1994, p. 517.

③ Katongole, E. *Prospects of ecclesia in Africa in the twenty-first century*. Logos: A Journal of Catholic thought and culture 4(1), 2001, p. 179.

④ Katongole, E. *Prospects of ecclesia in Africa in the twenty-first century*. Logos: A Journal of Catholic thought and culture 4(1), 2001, p. 180.

时代"。根据不完全统计 1900 年有 1000 万非洲基督徒,1970 年有
1.43 亿,到 2000 年有 3.93 亿。[①] 到 2018 年,根据戈登-康维尔神学院
全球基督教研究中心的统计,目前有超过 6.31 亿基督徒生活在非洲,
占非洲总人口的 45%。根据美国哥伦比亚广播公司新闻(CBS News)
报道,赞比亚是基督徒人口比例最高的非洲国家,约有 95.5%的人口
信奉基督教;比例第二高的非洲国家是塞舌尔,总人口中有 94.7%信
奉基督教;列于第三位的是卢旺达。[②]

2.3.1　基督教对非洲教育的影响

基督教作为一种有书籍的宗教和一种关注黑人道德生活的组织,
对撒哈拉以南非洲正规西方教育的产生和持续发展作出了重大贡献。
有研究表明,宗教因素和经济因素一样重要(有时甚至更重要),可以
引发受教育者数量的迅速增长。[③] 为了使基督教在其福音传播活动中
取得重大进展,必须大幅提高非洲人的识字和算术水平。这要求基督
教传教士必须采取认真的态度和有效的教育措施。新教教会尤其提
倡大众教育,因为它们强调所有信徒都必须用自己的语言阅读圣经。
伍德伯里和沙阿指出:"路德派虔诚者首先提出了普及识字的想法,识
字运动在新教世界迅速蔓延。"[④]

然而,基督教会的教育任务同样服务于商业机构。基督教将提供
道德指导的原则,而合法的商业和教育将鼓励非洲人从他们肥沃的土

---

① Maxwell, D. New perspectives on the history of African Christianity. Review article. *Journal of Southern African Studies* 23(1),1997,p.141.

② https://www.christiantimes.cn/news/26980/非洲超过拉丁美洲,成全球基督督徒人数最多的大洲

③ Daun, H. Primary education in sub-Saharan Africa — a moral issue, an economic matter or both? *Comparative Education* 4(1),2000,p.37.

④ Woodberry, RD. & Shah, TS. The pioneering Protestants. *Journal of Democracy* 15,2004,p.53.

地上生产他们自己的商品来与欧洲人进行贸易。① 因此,西方传教士协助西方商人在非洲进行的贸易既不能被忽视,也不能被否认。② 商人和传教士认为受过教育的人是商业顺利发展和基督教实现传播的先决条件,第一批欧洲教育企业也是商人和传教士共同活动的直接产物。③ 虽然在建立和发展非洲的西方正规教育方面,传教士与商人的作用可能是平等的,但传教士的作用似乎是受到全能上帝更深的承诺和真正忠诚的驱使,他们对大众教育的投入超过了商人。④ 因此,在基督教信教人数较多的地区,识字率较高。⑤

殖民当局重视传教士在构建教育机制中作用。殖民总督任命教育咨询委员会的委员中往往包括政府官员、商人、移民协会和传教士等。传教士通过这种方式深度参与非洲人的正规教育。殖民者将非洲教育分为三类,第一类叫做"通识教育",另外两类分别为"工业教育"和"酋长和首领之子的教育"。通识教育是教会的社会责任,"主要是关注阅读和写作,以便使非洲人改变信仰和接受培训"。⑥

就教育而言,教会社团并非一切顺利。到 1918 年,人们发现这些社团没有完成殖民当局提出的通识教育任务。殖民当局和教育部门对这一情况并不满意,特别是他们了解到教会的通识教育仅实现了教

---

① Nkomazana, F. Livingstone's ideas of Christianity, commerce and civilization. Pula: *Botswana Journal of African Studies* 12(1&2),1998,p. 45.

② Nkomazana, F. Livingstone's ideas of Christianity, commerce and civilization. Pula: *Botswana Journal of African Studies* 12(1&2),1998, p. 45.

③ Urch, GE. Education and colonialism in Kenya. *History of Education Quarterly* 11(3),1971,p. 251.

④ Frankema, EHP. The origin of formal education in sub-Saharan Africa: was British rule more benign? *European Review of Economic History* 16(4),2012, p. 2.

⑤ Daun, H. Primary education in sub-Saharan Africa-a moral issue, an economic matter or both? *Comparative Education* 4(1),2000, p. 49.

⑥ Urch, GE. Education and colonialism in Kenya. *History of Education Quarterly* 11(3),1971, p. 254.

会当地人阅读和写作,而未使非洲人接受殖民者的统治。然而,传教士自己坚持认为,鉴于基督教教育的道德价值,教育必须与宗教相协调。传教士也认为他们自己是非洲人权的保护者,并怀疑殖民当局有关教会教育的安排只是为了确保定居者能够更有效地剥削非洲人民。①

在殖民当局教育问题上排斥教会的企图注定要失败,因为教会对撒哈拉以南非洲国家教育的重要性和影响绝对是巨大的。谈到主流教会对教育的贡献,吉福德写道:"他们在非洲有着悠久而重要的历史,他们对健康和教育的贡献是众所周知的。据估计,肯尼亚 64% 的教育机构都以教堂为基础。"②

面对种族隔离和后种族隔离时代的南非的教育危机,有些人强调要记住教会在 1953 年颁布《班图教育法》之前所提供的良好教育。这一法案使得种族隔离政府能够从教会手中接管学校,从此只为黑人提供较差的教育,而这种教育的目的仅仅是把他们变成顺从的工人阶级的一员。③ 彼得尔斯呼应了最受尊敬的特雷弗·哈德勒斯顿④的著作《在荒野中哭泣:南非为正义而战》⑤的前言中所说的话。黑人没有权利在绿色的牧场上放牧,很明显,那些曾经享受过良好而平等的教会教育的人会怀念从前,愤恨这个充满敌意、种族隔离意识形态的国家里的教育。汤姆·曼塔⑥是一位直言不讳的种族隔离批评家和社区领

---

① Urch,GE. Education and colonialism in Kenya. *History of Education Quarterly* 11(3),1971,p. 255.

② Gifford, P. Trajectories in African Christianity. *International Journal for the Study of the Christian Church* 8(4),2008, p. 276.

③ Pieterse, HJC. *Preaching in a context of poverty*. Pretoria:UNISA Press,2001, p. 47.

④ Trevor Huddleston.

⑤ Crying in the wilderness:the struggle for justice in South Africa.

⑥ Tom Manthata.

袖,他强烈谴责种族隔离政府在 20 世纪 50 年代接管教会学校系统的卑劣方式。[①]

基督教对非洲教育的参与也扩展到高等教育。肯尼亚有 7 所公立大学,但现在私立大学的数量超过了公立大学,几乎所有的私立大学都是基督徒建立的。乌干达目前有 4 所公立大学和 18 所公认的私立大学。在这 18 所机构中,有 11 所是基督教机构。[②] 在南非,最早的有影响力的高等学府之一是洛弗代尔。到 1863 年,洛弗代尔已经在训练铁匠、木匠、印刷工、装订工、教师和传教士。[③] 洛弗代尔为黑人和白人学生提供普通教育,旨在确保学生更好地理解彼此。换句话说,这个机构也促进了所有价值观念中最重要的价值观——良好的人际关系的形成。[④]

非国家资助的教会需要为其成员提供各种技能。通过这类教会学校的教学,非洲人学习了各种技能,包括生活技能、工作技能和领导技能。非洲人通过学习的丰富技能建立了广泛的关系网络,并积累了其他有助于组织非政府组织和社会运动的发起资源。[⑤] 这些教会认为教育对实现这些目标至关重要。有趣的是,即使在宣教历史的早期,非国家资助的教会在教育非洲人的过程中也跨越了"性别障碍",它们在培训妇女方面尤其突出。这当然是由于传教士相信所有人的价值都是平等的。事实上,这意味着教会教育使人们的思想向民主理想敞

---

① Nolan, A. *Appeal to churches: save our schools*. Challenge 59, 2000, pp. 26 - 27.

② Gifford, P. Trajectories in African Christianity. *International Journal for the Study of the Christian Church* 8(4), 2008, p. 276.

③ Hinchliff, P. *The Church in South Africa: church history outline*. London: S. P. C. K, 1968, p. 87.

④ Hinchliff, P. *The Church in South Africa: church history outline*. London: S. P. C. K, 1968, p. 87.

⑤ Woodberry, RD. & Shah, TS. . The pioneering Protestants. *Journal of Democracy* 15, 2004, p. 52.

开了大门。[①] 因此,基督教会的教育与民主之间有着密切的联系。大众教育通过增加对民主理想的接触,促进经济增长和中产阶级的崛起,并将影响力扩散到少数精英之外,从而促进民主。"[②]

2.3.2　基督教对非洲社会及政治生活的影响

基督教无疑对非洲人民的社会生活及政治生活产生了积极和消极的影响。虽然有些传教事业只专注于传福音,但利文斯通等传教士对传教事业表现出了一种整体的态度。利文斯通的传教事业概念与他在伦敦传教协会的大多数老同事不同。他的任务中心不仅是为了严格地传福音,而且包括探寻整个人类在非洲活动的范围。他将其行为目标分为三类:商业、基督教和文明(意思是好的政府、教育等)。[③]

约翰·牛顿曾对威尔伯福斯说过,鼓励他继续留在议会,特别有趣的是,这些话指出并肯定了牛顿对宗教和公民事务的关注。牛顿曾对威尔伯福斯说:"人们希望并相信,上帝为了他的教会和国家的利益把你复活了。"[④]威尔伯福斯完全反对奴隶制的恐怖和一切残忍,甚至被称为"议会的良心"。与奴隶贸易作斗争或反对奴隶贸易的确是那些被圣灵充满的人的工作。牛顿本人曾是一名奴隶贩子,他在皈依基督后发现,"既然奴隶也是按照上帝的形象创造的,奴隶贸易本身就是错误的,是不人性的。"由此,他离开了奴隶贸易,与福音传道者乔治·

---

① Woodberry, RD. & Shah, TS. The pioneering Protestants. *Journal of Democracy* 15,2004, p. 53.

② Woodberry, RD. & Shah, TS. The pioneering Protestants. *Journal of Democracy* 15,2004, p. 53.

③ Nkomazana, F. Livingstones ideas of Christianity, commerce and civilization. Pula: *Botswana Journal of African Studies* 12(1&2),1998,44.

④ Sarfarti, J. Anti-slavery activist William Wilberforce: a Christian hero. *Journal of Creation* 21(2),2007, p. 122.

惠特菲尔德(1714—1770)、约翰·韦斯利(1703—1791)和他的兄弟查尔斯(1707—1788)成为朋友,自此成为了一名牧师,并就奴隶贸易的暴行向乔治三世(1738—1820)作证。基督徒根除奴隶制的承诺与基督拯救世界的承诺和决心类似。到1927年劳博士结束52年的传教工作离开利文斯通时,马拉维已经废除了一些邪恶的社会习俗,例如,奴隶贸易已经停止,罪恶摧残犯人的审判也不再进行。让人们感受到这是福音带来的真正的转变,这种转变给非洲人民的社会政治生活注入了神圣的原则和人性。[①]

基督教正义问题在利文斯通的传教活动进程中占有重要地位。[②]就利文斯通而言,奴隶贸易成为他极想要消除的不公平现象。传教士作为他们的支持者的主要游说者,经常游说其支持者应立即废除奴隶制和其他形式的强制劳动,也经常站在反对官方批准的鸦片贸易的最前线。换句话说,基督教传教士积极地反对对土著居民的不公正待遇和压迫。

传教士为正义而战有助于把某些人道的考虑和行动纳入殖民当局的活动中。大英帝国更早地禁止奴隶制和强迫劳动,更经常地惩罚虐待殖民地的官员,总体上比其他欧洲殖民列强更成功地安排了和平的非殖民化进程——即使这些国家是相对民主的国家,如法国和比利时。历史证据表明,新教传教士及其支持者发起了英国改革,这些改革不仅总体上是人道的,而且有助于繁荣。[③] 因此,至少在这方面,基督教可以被视为处于社会和政治改革的前列。皈依基督,这不仅与某

[①] Mkandawire, AC. David Livingstone's medical dimension in Malawi and how it is connected to his vision 150 years after his death. *The Society of Malawi Journal* 62 (1), 2009, p. 63.

[②] Nkomazana, F. Livingstone's ideas of Christianity, commerce and civilization. Pula: *Botswana Journal of African Studies* 12(1&2), 1998, p. 45.

[③] Woodberry, RD. & Shah, TS. The pioneering Protestants. *Journal of Democracy* 15, 2004, p. 56.

些民主价值观念有关,而且重要的是建立在对上帝和对人类同胞的真爱的基础上。

　　另一位著名的伦敦宣教会成员约翰·菲利普①认为正义是不容置疑的。他 1820 年在南非担任宣教会成员,1850 年之前一直担任伦敦南非宣教会的负责人。② 菲利普将非洲人受到的不公正待遇归咎于开普敦腐败的殖民法制。他还认为,东开普省问题的根源不是科萨人的邪恶,而是布尔人和英国农民夺走了他们的土地。③ 同时,他还谴责殖民当局对科萨人造成伤害的严重性,驱逐科萨人原始祖先,剥夺他们赖以生存的土地,对非洲人民是一道极深的伤口,比剥夺非洲的农业用地伤害更深。因为土地是与祭祀密切相关,祭祀习俗又关乎非洲民众对祖先的尊崇。④ 土地被征用的痛苦是不容易愈合的伤口。非洲的土地问题仍然是一个引起严重争议的问题。约翰·菲利普认为,基督教给非洲人带来争取个人权利的勇气。⑤ 这种勇敢源于一种真正的基督教信念,即非洲人像所有人一样,是按照上帝的形象创造的,因此应该得到公正和有尊严的待遇。然而,菲利普仍无法调和对非洲人的不人道待遇与基督教对正义和尊重所有上帝子民人权的伦理要求之间的矛盾。

　　南非的非洲民族主义在 20 世纪 50 年代成为一股不可忽视的力量,并受到某些基督教传教机构(如洛夫代尔大学和福特黑尔大学,许

---

① John Philip.

② Nkomazana, F. Livingstone's ideas of Christianity, commerce and civilization. Pula: *Botswana Journal of African Studies* 12(1&2),1998,47.

③ Nkomazana, F. Livingstone's ideas of Christianity, commerce and civilization. Pula: *Botswana Journal of African Studies* 12(1&2),1998,47.

④ Mtuze, PT. *The essence of Xhosa spirituality and the nuisance of cultural imperialism*, (Hidden presences in the spirituality of the Eastern Cape and the impact of Christianity on them). Florida Hills: Vivlia: Publishers & Booksellers, 2003, p. 9.

⑤ Nkomazana, F. Livingstone's ideas of Christianity, commerce and civilization. Pula: *Botswana Journal of African Studies* 12(1&2),1998, p. 47.

多黑人都在这些机构接受高等教育)的影响。的确,在 20 世纪 50 年代,基督教会和教会的高等教育促进了非洲人的政治意识、非洲民族主义的形成并使非洲人认识到有必要实现真正的解放。1952 年 6 月 26 日,反抗殖民者的战役在伊丽莎白港打响,港口、城市和一切生产运作都停止了。这场运动的高潮是 1960 年沙佩维尔大屠杀。①

正如许多人所认为的那样,南非反对歧视的斗争是神学的,也是政治的。用本·马莱的话说,这是因为"种族隔离侵蚀了人性的基础"。② 基督教及其价值观,以及教会牧师和教会成员的积极参与,为解放斗争提供了巨大的"推动力",教堂实际上变成了"斗争的场所"。③ 先知基督教能够与解放斗争相互影响,甚至相互融合。④ 到 20 世纪 80 年代中期,先知基督徒在揭露南非政府的非合法性和赋予解放运动权力方面发挥了重要作用。

关于基督教会的社会政治影响,作为一股社会变革的力量,主流教会经历了两个高峰。一是,在殖民时代,他们无疑发挥了西化的作用,通过教育使土著人民参与市场经济。二是,这些教会对 1994 年推翻种族隔离制度和向民主统治过渡作出了重大贡献。⑤

非国大领导人在争取平等和正义的斗争中充分利用基督教价值观。这场由虔诚的基督教牧师和教会成员领导的运动深受基督教原则和价值观的影响。非洲人国民大会的创始领导人,如约翰·杜比就

---

① Walshe, P. South Africa: prophetic Christianity and the liberation movement. *The Journal of Modern African Studies* 29(1),1991, p. 27.

② Walshe, P. South Africa: prophetic Christianity and the liberation movement. *The Journal of Modern African Studies* 29(1),1991,p. 27.

③ Walshe, P, South Africa: prophetic Christianity and the liberation movement. *The Journal of Modern African Studies* 29(1),1991, p. 28.

④ Walshe, P. South Africa: prophetic Christianity and the liberation movement. *The Journal of Modern African Studies* 29(1),1991, p. 28.

⑤ Garner, RC. Religion as a source of social change in the new South Africa. *Journal of Religion in Africa* XXX(3),2000, p.313.

是一位虔诚的基督徒。杜比本人是公理会的一名牧师。此外,非洲人国民大会第一任主席扎切斯·马哈巴内①是卫理公会的一名牧师,也是开普敦国会和非洲人国民大会的总统成员(20 世纪 30 年代)。十年后的 20 世纪 40 年代,身为基督教医生的徐玛博士成为非洲人国民大会主席。艾伯特·卢图利②是上世纪 50 年代反抗运动期间的非国大主席,也是公理会的虔诚信徒。所有这些人都以基督的真正追随者的身份行事,从而激励了他们的追随。③

2.3.3　基督教对非洲医疗卫生事业发展的影响

非洲一些地区有无数的疾病和流行病,这些疾病和流行病在医学出现之前曾困扰该地区人民数百年。在非洲人的思想中,健康被认为等同于生命本身,这就是为什么健康是非洲黑人的最高愿望之一。④非洲地区医疗进步使健康这一愿望成为现实。基督教在向非洲民众介绍卫生保健和医学科学方面起到重要的作用。基督教的医疗使命几乎无处不在,它是非洲医学、外科和公共卫生方法的引导者,也是非洲人医学技能的先驱培训者。⑤ 传教士强调要确保在他们传教活动的地区建立医院和其他卫生设施。⑥ 因此,可以肯定地说,非洲的卫生状况在基督教的引导下已经好转,这体现在儿童和产妇死亡率下降,所有非洲人的预期寿命都增加了。在南非,如果特派团不认真注意保

---

① Zacheus Mahabane.

② Albert Luthuli.

③ Walshe, P. South Africa: prophetic Christianity and the liberation movement. *The Journal of Modern African Studies* 29(1),1991, p. 30.

④ Moila, MP. *Challenging issues in African Christianity*. Pretoria: CP Powell Bible Centre, University of South Africa, 200, p. 21.

⑤ Ross, E. Impact of Christianity in Africa. *Annals of American Academy of Political and Social Science* 298, p. 164. Contemporary Africa trends and Issues, 1955.

⑥ Mkandawire, AC. David Livingstone's medical dimension in Malawi and how it is connected to his vision 150 years after his death. *The Society of Malawi Journal* 62 (1),2009. p. 63.

健,他们的工作也不会完成。苏格兰特派团在南非的工作值得赞扬,他们在一所医院成立了可以培训护士的机构,它成为该国第一个非洲人可以在那里接受医学培训的机构,它是一个可以培训非洲人成为护士的地方。[①] 这是非洲地区欧洲基督教传教士工作的一个例子,他们让该地区的许多人有机会过上有意义的生活。

随着特派团的增加,非洲人对医疗服务的需求也在增加。基督教特派团在医疗服务非洲人的同时从精神上向患者及其周围的人传递着基督教信仰,使非洲人感受到信仰基督教就可以健康。这进一步促进了非洲基督教信徒的增加,对医疗服务的需求成为灵魂皈依基督教的一个重要因素。医疗服务使非洲人接受基督教医疗队的诊治,而灵魂的医治和拯救则留给具有提供精神净化能力的基督教牧师。[②]

在撒哈拉以南非洲引入医疗服务的目标是为非洲人提供更全面的服务。就非洲而言,传统上他们没有分离人类生活的物质和精神维度。[③] 基督教推行卫生保健的动机主要是为了创造有利于传播福音的环境。在基督教传教站引进医疗服务对非洲改信基督教的人享有良好的健康作出了很大贡献,特别是因为这种综合的保健方法也消除了历史上曾蹂躏非洲人民的许多流行病。[④] 因此,就基督教的传播而言,

---

① Hinchliff, P. *The Church in South Africa: church history outline*. London: S. P. C. K, 1968. p. 88.

② Mkandawire, AC. David Livingstone's medical dimension in Malawi and how it is connected to his vision 150 years after his death. *The Society of Malawi Journal* 62 (1), 2009. p. 62.

③ Manala, MJ. 'God is the most Superior physician': Conqueror of witches and great restorer of health in Africa. *Practical Theology in South Africa* 20(2), 2005, p. 64.

④ Mkandawire, AC. . David Livingstone's medical dimension in Malawi and how it is connected to his vision 150 years after his death. *The Society of Malawi Journal* 62(1), 2009, p. 63.

传教士和医生同样重要,两者是互补的。

所有这一切的结果是,越来越多的人,特别是住在撒哈拉以南的人,开始相信与政府设施相比,以教堂为基础的保健设施是有效的。基督教医院以教堂为基础,这显然使它们更受欢迎。事实上,非洲人民几乎都认为,卫生工作者受雇于提供宗教的地方,教会医术优于卫生部同行,因为他们是经过宗教训练的,可以理解身体和灵魂之间的联系,可以显示出更大的对人类苦难的怜悯。[1]

今天,艾滋病毒感染在撒哈拉以南非洲特别普遍,艾滋病流行是该大陆最具破坏性的疾病。尽管如此,还是有一些人相信教会有能力提供帮助,尤其是由于教会的教育具有影响力,它特别警告人们不要沉迷于危险的性行为。[2] 一些基督教会严格禁止婚前性行为和婚外性行为。

有学者将教会描述为"基督的身体",并声称:"作为对教会的隐喻,基督的身体暗示了全球教会和基督徒之间的相互联系。更有甚者,在三位一体的维度上,教会是人类与造物主的相互关联。"[3]基督的身体代表统一的本质。在抗击艾滋病的斗争中,利用这一比喻来争取团结一致是一个有力的工具。非洲神学家将全球教会描绘成基督的身体,使人们认识到更加迫切地需要一个统一的战线来对付这一流行病。

基督教在很大程度上一直在向非洲人传播西方文明,有一些地区

---

① Good,CM. . Pioneer medical missions in colonial Africa. *Social Science & Medicine* 32(1),1991,p. 2.

② Van Klinken, AS. . When the body of Christ has AIDS: a theological metaphor for global solidarity in light of HIV and AIDS. *International Journal of Public Theology* 4,2010, p. 446.

③ Van Klinken, AS. When the body of Christ has AIDS: a theological metaphor for global solidarity in light of HIV and AIDS. *International Journal of Public Theology* 4,2010. p. 447.

的基督教传播甚至严重损害了非洲的生活方式。尽管传教士声称他们关心保护土著人民及其利益,但事实仍然是,一些传教士在设法促进欧洲人的利益和传播西欧的文化。传教士,有意识或无意识地,有一个双重的任务,因为他们也是殖民势力事实上的代理人,他们征服了非洲的文化。① 由于这个原因,非洲的许多生活方式即使没有完全被妖魔化,也会受到人们的鄙视。基督教宣称非洲的一些习俗是异教的,教会对家庭习俗有着普遍的影响。② 这导致了许多非洲人心理上存在严重身份危机,以及他们的自我仇恨和自我诋毁。③

在后来的岁月里,非洲黑人以巨大的代价(包括死亡)挽救了他们的自尊、自爱和对自己黑人身份的自豪感,这在很大程度上要归功于南非和非洲其他地方的黑人意识觉醒运动。④

---

① Mtuze, PT. *The essence of Xhosa spirituality and the nuisance of cultural imperialism*, (Hidden presences in the spirituality of the Eastern Cape and the impact of Christianity on them). Florida Hills: Vivlia: Publishers & Booksellers, 2003. p. 2.

② Pityana, NB. The renewal of African moral values, in *African Renaissance*, edited by Malegapuru William Makgoba. Sandton: Mafube Publishing (Pty) Limited and Cape Town: Tafelberg Publishers Limited, 1999,137.

③ Mtuze, PT. 2003. *The essence of Xhosa spirituality and the nuisance of cultural imperialism*, (Hidden presences in the spirituality of the Eastern Cape and the impact of Christianity on them). Florida Hills: Vivlia: Publishers & Booksellers, p. 8.

④ Pityana, NB. The renewal of African moral values, in *African Renaissance*, edited by Malegapuru William Makgoba. Sandton: Mafube Publishing (Pty) Limited and Cape Town: Tafelberg Publishers Limited, 1999, p. 138.

第 3 章 去殖民化时期英、法政治体制的移植与非洲的模仿

第二次世界大战之后，国际局势发生了巨大变化，亚非拉殖民地人民燃起了反抗殖民主义者的民族独立运动的烈火，非洲地区也不例外。然而，英、法并不甘心退出非洲的舞台，他们通过召开制宪会议"帮助"非洲国家建立独立后的政治体制。以分权制衡为原则的英、法政体在制宪会议中成为英、法为独立后的非洲国家设计政治体制的模板。受到国内国际多方面因素的影响，非洲国家被迫接受了英、法在构建自身政治体制建设上的"帮助"，从而为英、法软权力的建立奠定了制度基础。

3.1 去殖民化与非洲制宪会议

去殖民化是指殖民地从外国殖民统治转向独立与自治的过程。本书提及的去殖民化是指，第二次世界大战后，处于英、法殖民统治下的非洲地区争取民族独立，建立拥有主权的现代民族独立国家的过程。20 世纪 60 年代，非洲的民族独立运动蓬勃发展。在非洲的去殖民化过程中，英、法对非洲国家政治体制的建立采取了具有决定性影响的举措，一是英、法完成了政治体制在非洲的移植，二是英、法观念中的民主、人权逐步被非洲人内化，并转化为政治斗争的工具。去殖

民化时期英、法软权力资源中政治体制的移植与非洲对英、法价值观念与思想的内化为英、法价值观在非洲的渗透和发展提供了制度保障和思想基础。

3.1.1　战后非洲的民族独立运动

第二次世界大战使非洲的社会经济条件发生了重大变化。第二次世界大战结束时,除了埃塞俄比亚和利比里亚保持着名义上的独立外,非洲的其他地区仍然处于英、法的殖民统治之下。战后非洲经济社会的发展及其引发的社会阶级结构的变化、泛非主义的传播以及有利的国际环境,促使非洲人民迅速走向民族觉醒,民族独立运动逐步高涨,反对殖民统治、争取民族自治和独立的运动很快席卷整个大陆。总的来说,从开展争取独立斗争的时间来看,北部的民族独立运动激发了撒哈拉以南的非洲地区的独立斗争,南部非洲相对较晚。直至1980年,非洲各国除纳米比亚外已经全部获得独立,而这最后一块殖民地也在历经险阻后最终于1990年完成了独立。

战后非洲的民族独立运动经历了以下三个阶段。

第一阶段,自二战结束至20世纪50年代中期,局部地区开展反对殖民统治、要求自治或独立的斗争,组织了大规模的罢工、罢课、罢市和示威游行,有些地方还掀起了反殖武装起义。第二次世界大战的胜利激发了非洲人民摆脱殖民统治争取民族独立的觉悟和斗志。其间的独立运动有两个突出特点,一是大都通过暴力性质的武力斗争争取民族独立,二是许多地区掀起了大规模反对殖民主义的群众运动。这些运动虽被殖民当局镇压,但都在不同程度上打击了殖民统治,推动了民族主义运动的发展。[①]　主要事件如下。

在马达加斯加,1947年3月底,反法武装斗争从一些地区很快发

---

① 吴秉真:《非洲民族独立简史》,1993年版,第115页。

展为席卷全国的起义,3/5 的地区和 70% 的人民投入战斗。"马达加斯加革新民主运动"积极参加和领导了起义。法国几次增援军队,出动飞机和坦克加以镇压。在这次马达加斯加的人民武装斗争中,9 万人被屠杀,2 万人被捕。

在肯尼亚,曾在二战中效力于英国军队的肯尼亚军人相继回国生活。受到二战洗礼的肯尼亚士兵在耳濡目染下民主思想萌发。回国后,他们以民主思想为核心,以传统宣誓为形式,组建"茅茅"。该组织的口号深入人心,迎合当地人民的诉求,得到各地民众的支持,规模迅速壮大。自 1950 年 8 月,"茅茅"由思想宣传转为武装斗争。斗争的内容包括了流血战争、破坏殖民者居住的房屋与经营的商店。[①] 1952 年殖民当局对"茅茅"运动领导人的大肆逮捕触发了延续近 4 年之久的武装反抗。

第二阶段,20 世纪 50 年代后期到 70 年代初。这是非洲政治发生翻天覆地变化的年代。在这一阶段的最初几年,非洲各地的民族主义政党先后举起反帝反殖争取独立的旗帜。这一阶段,撒哈拉以南的非洲地区掀起了大规模的民族独立运动。运动中,大部分地区通过议会斗争的和平方式实现独立,大批非洲国家实现独立,迎来了 1960 年的非洲年。主要事件如下。

在加纳,1950 年恩克鲁玛号召全民总罢工,并再三要求人民不要诉诸暴力,要用和平的不合作的办法使政府陷于瘫痪。英国殖民当局在镇压了 1950 年的非暴力积极行动后,迫于形势推行宪法改革。规定 1951 年 2 月举行第一次大选。当时恩克鲁玛虽然在狱中,但他和他所领导的人民大会党对这次大选做了充分准备,指示党组织在选举

---

① 巴奈特、恩家马:《茅茅内幕》,1966 年版,第 67—69 页。

中要"用尽一切力量竞争每一个席位"①。选举结果恩克鲁玛所在的人民大会党以压倒多数赢得了胜利。1952 年,殖民总督宣布将恩克鲁玛担任的政府事务领导人职务改称总理,组成新的内阁。1960 年 7 月,通过自由公正的选举,加纳成立共和国,恩克鲁玛当选为首任总统。

在几内亚,1958 年,几内亚人民通过公民投票决定是否接受戴高乐宪法,反对票 1 136 324 张、赞成票 56 981 张②,最终结果是要求立即独立,拒绝留在法兰西共同体内。同年 10 月 2 日正式宣告独立,成立几内亚人民革命共和国。杜尔出任共和国首届总统。

在刚果(金),1959 年 1 月 4 日,卢蒙巴在首都利奥波德维尔举行集会,并发表演讲:"不能把独立认为是比利时赠送给刚果人民的礼物,而应当看成是刚果人民恢复它失去的权力。"③在这种情况下,比利时国王于 1959 年 1 月 13 日被迫发表声明,答应使刚果成为能够行使主权和决定自己独立的民主国家,并答应在 1959 年年底举行地方选举。经过反复的斗争,1960 年 5 月,刚果举行大选。大选结果,卢蒙巴领导的刚果民族运动党赢得胜利。最终,1960 年 6 月 30 日,刚果终于向全世界宣布独立。④

在尼日利亚,人民通过制宪斗争迫使英国殖民主义步步后退,最后结束殖民统治而取得民族独立。1950 年英国殖民当局在伊巴丹召开尼日利亚全国制宪会议,并通过了麦克弗逊宪法。这部宪法确立了尼日利亚北、东、西三大地区分支和多级间接选举制度。根据《麦克弗逊宪法》,1951 年 10 月各地举行选举,结果三大地区要求实现民族独

---

① 国际关系研究翻译组译:《恩克鲁玛自传》,北京:世界知识出版社,1957 年版,第 137 页。

② [德]约阿希姆·福斯:《几内亚》,上海:上海译文出版社,第 115 页。

③ [法]罗贝尔·科纳万,史陵山译:《刚果(金)历史》,北京:商务印书馆,1974 年版,第 451 页。

④ 吴秉真:《非洲民族独立简史》,北京:世界知识出版社,1993 年版,第 289 页。

立的政党都在各自的地区选举中获胜。1953 年 7 月,尼日利亚再次召开制宪会议,并通过了 1954 年《李特尔顿宪法》。1957 年 5 月 23 日,在尼日利亚联邦众议院和各区政府纷纷要求民族独立的压力下,英国政府同尼日利亚再次召开制宪会议,最终达成了英国政府准备从 1960 年 10 月 1 日起给予尼日利亚独立的决议。

在坦噶尼喀,经过 1958 年 9 月和 1959 年 2 月两轮选举,坦噶尼喀非洲民族联盟控制了立法会议。经过多次磋商与争论,殖民当局统一在行政会议中任命 5 名(非洲人 3 名、欧洲人和亚洲人各 1 名)当选代表为部长,但拒绝坦盟提出的在 1959 年成立责任政府的要求。对此,坦盟内部酝酿要在各地采取"积极行动"以向殖民当局施加压力。1960 年 8 月 30 日,坦噶尼喀举行了不分种族的全国大选。拥有百万以上党员的坦盟大获全胜,赢得了立法会议全部 71 席中的 70 席。根据同英国政府达成的协议,坦噶尼喀于 1961 年 5 月 15 日取得完全内部自治。同年 12 月 9 日,坦噶尼喀宣告独立。[①]

在肯尼亚,经历了 1960 年和 1962 年的两次制宪会议后。1963 年 5 月,肯尼亚进行了大选。6 月 1 日,肯尼亚实行内部自治。在 1963 年 9 月 25 日举行第三次伦敦制宪会议后,肯尼亚通过制宪斗争实现民族独立的趋势已经无法阻挡。肯雅塔一方面宽容对待欧洲移民,另一方面对藏身丛林的"茅茅"参与势力进行招安。最终,1963 年 12 月 12 日,肯尼亚宣告独立。

第三阶段,20 世纪 70 年代开始至非洲地区全部摆脱宗主国的殖民统治获得政治独立。这一阶段,民族独立运动的主要目标是冲垮殖民主义。这些地区的统治者拒绝非洲人对独立和多数人统治的合理要求,并对非洲民族主义者进行残酷迫害与镇压,这使得民族独立运

---

① 吴秉真:《非洲民族独立简史》,北京:世界知识出版社,1993 年版,第 340 页。

动过程不得不以暴制暴。所以,这个时期不同于此前,武装斗争成为该时期的主要斗争形式。在葡属殖民地的民族独立运动高涨并取得成果的影响下,仍处于英、法殖民下的非洲地区也相继实现国家独立。

在津巴布韦,自 1976 年至 1980 年,游击武装斗争蓬勃发展。1976 年 3 月,官方估计仅 700 名游击队员;到 1977 年中,在罗德西亚的东部、北部和南部大约已有 3 000 名游击队员;1978 年发展到 13 000 名;1979 年中已超过 20 000 名。[1] 游击战开展活动的范围在不断扩展:1976 年前游击队仅能在同莫桑比克交界的东北部活动;而到 1979 年游击队已活动于北部、中部和南部广大地区。据穆加贝的介绍,"民盟"建立了解放区和民兵,1978 年将几个半解放区发展成完全的解放区。他估计解放区有 50 万至 75 万人口。[2]

值得注意的是非洲民族独立运动基本上采取了暴力和非暴力两种方式进行斗争,采取暴力方式的为 11 个地区,占少数;采取非暴力斗争方式进行独立运动的为 30 多个地区,占多数。其中在第二个民族独立运动阶段,运动以群众性非暴力斗争为主。非洲大多数地区在这一时期通过非暴力手段实现独立。然而在这种和平实现国家独立的背后,非洲各国与宗主国在政治体制建立的过程中,一步步走向妥协,或因袭原宗主国在殖民地创制的政体,或依宗主国模式匆匆而建,逐渐形成了堪称英、法模式翻版的宪政体制。

非洲争取民族独立和解放斗争取得成功有着深厚的国际和国内原因。

从国际环境来看,二次大战以后,国际局势发生了重大变化,形成

---

[1] Martin, David, Phyllis, and Robert Mugabe. *The Struggle for Zimbabwe: The Chimurenga War*. London: Faber & Faber, 1981, pp. 279 - 309.

[2] Mugabe, Robert Gobtiel. *Our War of Loberation: Speeches, articles, interriews, 1976 -1979*. Mambo Press, 1983, p. 192.

了有利于非洲民族独立运动的外部环境。一是亚洲民族解放运动的胜利不仅在心理上极大鼓舞了非洲人民,还有一部分已获独立解放的国家向非洲人民提供政治、军事、资金和人员培训等方面的实际支援。这种援助对非洲一些地区顺利开展反殖民武装斗争发挥了有效的作用。二是战后一系列社会主义的国家建立。社会主义国家反对殖民统治、反对民族压迫,支持殖民地人民的独立和解放。二战后社会主义阵营的出现与扩大,客观上有助于对殖民宗主国家施加精神压力,促使它们作出有利于殖民地人民的让步,以求防止殖民地人民向"东方"寻求援助。三是随着亚非成员国的增加和反殖民主义力量的不断壮大,联合国对非洲国家争取民族独立运动发挥了积极的作用。1960年 12 月,联合国建立的国际托管制度,将大战前的国联委任统治地改为托管地,并把推进托管地向自治或独立的方向发展作为其根本目的。[①] 1961 年底,联合国大会和托管理事会分别举行了 177 次和 21次意见听取会,听取托管地请愿者的意见。这些请愿活动提高了民族主义者及其代表的政党威信,鼓舞了非洲民族解放运动的开展。四是随着非洲民族解放运动的蓬勃发展,殖民国家统治阶层目睹了顽固坚持殖民统治和镇压政策必须付出巨大的代价。权衡利弊后,殖民当局主张修正政策,加快实现去殖民化。五是非洲国家的相互支援给未独立国人民更多的支持。由于民族独立运动发展不平衡和不同殖民国家的不同政策,非洲国家获得独立的时间也不同。但非洲各国人民争取独立斗争是相互支援的,除了双边援助外,先获得独立的国家还建立非洲统一组织、前线国家组织等机构,向未独立地区的解放斗争提供集体援助。[②]

---

① 《国际条约集(1945—1947)》,北京:世界知识出版社,1959 年版,第 53 页。

② 吴秉真:《非洲民族独立简史》,北京:世界知识出版社,1993 年版,第 105—109页。

从非洲内部看,战后非洲民族独立运动的迅速兴起和蓬勃发展有着深刻的政治思想和社会经济等各种原因与条件。一是非洲民众和精英经过第二次世界大战的洗礼,反抗殖民者的意识愈发强烈,要求摆脱殖民奴役与压迫的呼声越来越高。由于有阅读书刊、收听广播以及同国内外知识界交往等条件,非洲知识分子是最早接触民族独立思想的人群,加之其工作岗位散布在政府、教育、新闻、法律和工商企业等部门,他们又成为传播民族主义思想的主要人群。民族主义思想的传播为非洲民族独立运动提供了必要的政治思想基础。二是殖民地社会经济的发展引起了深刻的社会变化,为开展非洲民族独立运动提供了物质条件。在大战期间和战后,非洲的交通、邮电等基础设施有明显扩大与改进。客观上为非洲民族主义者沟通讯息、传播民族主义思想、发展组织和开展活动提供了方便条件。非洲民族资产阶级、小资产阶级的成长与人数的增加,工资劳动者和工人阶级队伍的不断壮大,以及非洲知识分子队伍的壮大为非洲民族独立运动准备了大批领导骨干与主要斗争力量。三是殖民国家竭力想维持对非洲殖民地的统治,政治上拖延甚至顽固地拒绝给予殖民地人民以自治和独立,经济上继续对他们肆意剥削与掠夺,致使非洲人民经济生活困苦以至恶化,因而激起他们的强烈不满与反抗。二战后,殖民主义者不仅不想改弦更张,反而变本加厉地夺取非洲人的土地,给他们制造更多的苦难。这些做法成为非洲人民反殖斗争的导火线。

3.1.2 英、法的应对

在非洲反抗殖民统治斗争的巨大压力下,英、法殖民主义不得不仓促应对。他们所采取的方式是妥协、撤退,但又决不放弃既得利益。

一、妥协与撤退

英国在非洲的去殖民化实行的是"连击"政策,即一个一个地解决;法属非洲的去殖民化具有一揽子解决的特征。[①]"连击"指英国基本实行了循序渐进和不同殖民地采取不同方式解决的原则;"一揽子解决"指法国在戴高乐执政时期,也就是在两到四年的短时期内大规模撤出非洲。英、法在非洲的殖民统治撤退并不是他们想要放弃殖民统治中所获得的利益。

为保证对去殖民化进程实现完全的掌控,也是为了保证英国不会失去在非洲的既得利益,贝文在去殖民化过程中极力推崇使用英属非洲同英国政府之间具有亲密的关系的提法。英国政府企图从这一部分人中寻找愿意同宗主国开展合作的人士。以形式上的统治撤离获取与他们的合作,继而以对地方政府进行改革为切入口,开启政治去殖民化的步伐。其步骤是:培养当地人具备政治行政和管理的能力,而后英国殖民当局分阶段让渡政治权力,将政治权力让渡给行事温和拥护英国的民族主义者。

虽然英国从形式上看,在大幅移交殖民地政权。然而,英国实为培养自己的傀儡政权。由于二战后非洲在英国战略中的地位非常重要,所以英国在去殖民化的过程中重在塑造非洲国家的政治体制,通过塑造政治体制保证英国政府对关键部门安置。[②] 与此同时,以形式上的撤退蒙骗非洲民众的视野,获得非洲国家的赞许与支持,也促使非洲国家在独立后仍愿意留在英联邦,支撑英国在世界体系中的重要地位。

法国的戴高乐也决定加速撤退,他确信从非洲撤退有利于法国的利益。由于大部分黑非洲国家都提出在"共同体"内独立,愿意与法国

---

① Robert Cornevin, *L'Afrique Noire de* 1919 *a nos jours*, Paris: La déviance, 1973, p. 141.

② Nicholas J. White, *Decolonization*, *The British Experience since 1945*, London: Longman, 1991, p. 18.

建立一种"联合"制度,为法国继续保持在黑非洲的存在提供了方便。因此,戴高乐认为,"既然这个变革是合法的,既然只是形式上做一些改动,绝不影响法国和非洲团结的实质"①,那就应该去做。因此,除却阿尔及利亚与马达加斯加外,法属非洲的去殖民化是通过"无严重危机、渐进式的以及宗主国舆论首肯的方式实现的"。②

黑非洲民族主义运动的相对"温和"是形成政治渐进和平撤退的最主要原因。同时,这与法国的殖民统治与战后的殖民政策紧密相关。法国殖民主义入侵黑非洲后,在那里摧毁了旧的权力结构,建立了一套新的殖民政治体制,实行了"直接统治"制度,这套制度的影响持久而深远。

"直接统治"特别是同化政策充当了催生非洲民族主义产生的不自觉的历史工具,但其奴化教育同时也带来了难以估量的影响。它向一部分接受了法语教育的非洲人展示了成为法国人的美好前景,给他们带来了对美好生活的幻想。因此,非洲的政治发展遵循着一条和平渐进的"主权交接"之路的演变。

二、制宪会议

二战后,宗主国推行去殖民化政策,试图以和平方式实现权力的转移。宗主国召开制宪会议的目的是保留宗主国仍能在原殖民地发挥某些控制性作用的手段。英、法推出制宪会议似乎是要把殖民地的统治权以自治的形式归还给殖民地区。但是自治的含义是模棱两可的,它可以指相当独立的自治领地位,也可以指英、法统治下的内部自治。在后一种情况下,自治领地的权力有限,实际上仍为殖民地。英、

---

① [法]戴高乐著,复旦大学资本主义经济研究所译:《希望回忆录:复兴》,上海:上海人民出版社,1973年版,第68页。

② Henri Grimal, *La decolonisation*, *de 1919 a nos jours*, Bruxelles: Complexe, 1985, p. 282.

法决策者的真实目的是要建立在"英联邦"或"法兰西共同体"内的自治。在权力转移过程中,重要一环在于从"半责任制政府"转至"充分的责任制政府"。这种"权力转移"就是将殖民政府转变为主要由非洲人组成的政府,实行内部自治。在这一"权力转移"过程中,英、法两国移交权力的方式不尽相同。

（一）英国"有所控制"的循序渐进方式

英国在宪政改革的进程中为保证对进程的持续性掌控,采取了循序渐进的推进模式。英国殖民政府在西非地区实行的宪政改革是英国制宪会议的前奏。1948 年,继任的殖民大臣克里奇·琼斯表明了英国去殖民化的目标:为保证非洲人民生活水平的提高和拥有抵御外界压迫的能力,英国去殖民化的手段是将殖民政府改造成英国形式的责任制政府。[1] 其"在共和国内部转向责任政府"之意即在英国的控制下按部就班、循序渐进,将非洲的政治体制控制在英国可控的模式之下。以尼日利亚国家独立为例,英国驻非总督主持制定了尼日利亚 1946 年理查兹宪法、1951 年麦克弗逊宪法、1954 年李特尔顿宪法等非洲国家宪法。这些宪法均以英国主导尼日利亚政治运作方式为蓝本,保留了英国在尼日利亚的既得利益。尼日利亚国家的完全独立经历了三个阶段,分别是 1957 年的两区自治、1957 年的政府成立和 1960 年 10 月的正式独立。此外,尼日利亚独立有其先决条件,即其第一步宪法的生效需要得到英国政府的首肯。尼日利亚的首部宪法规定了其政体同英国相同,属于联邦制国家,且以英国女王为国家元首。此后,尼日利亚的历代宪法都有深刻的英国宪法的影子。尼日利亚的历代宪法既体现了尼日利亚与宗主国英国以及自身不同部族、地区之间

----

① L. H. Gann, Pefer Duignan, *Colonialism in Africa 1870 - 1960*, *Vol2*, The History and politic of colonialism 1914 - 1960, Cambridge: Cambridge University, 1974, p. 466.

的利益折中,也体现了尼日利亚宪法是受英国宪政制度塑造而成的产物。在西非其他地方也是如此。虽然英属非洲各殖民地的宪法改革起点不同、发展轨迹相异,但其发展方向都是朝着类似于英国的政治体制逐步完善。

英属殖民地宪法的最终确立是殖民地人民不断斗争和英国殖民者不得已妥协让步的结果,这在肯尼亚表现得最为明显。肯尼亚从1954 年李特尔顿宪法到 1957 年伦诺克斯·波依德宪法的更替,既可以看出肯尼亚民众对原宪法的不满,也可以看出英国人的妥协让步。无论英国人如何让步,从两部宪法中依旧可以看到英国的"渐进主义"制宪轨道和不遗余力地在非洲实现英国政治体制的移植的目标。

(二)法国"强行推销"的一揽子解决方式

法国的制宪过程相对于英国的各个击破,更接近于一揽子解决。1958 年 6 月戴高乐重新执掌了法国政权。面对风起云涌的民族独立运动和一个早已分崩离析的帝国,他痛切地意识到"帝国建立的基础——对远方殖民地的统治,已经完结了"。[1] 在新的形势下,要使得法兰西继续在大国中占有一席之地,就必须重新建立政治体制,结束延续了 10 余年的殖民地危机。严峻的现实迫使他决定"不惜代价把法国从过去的帝国义务中摆脱出来"。[2] 他上任后出台第五共和国宪法,同时成立法兰西共同体。

戴高乐在制定新宪法的过程中,始终秉承维持同非洲密切关系的原则。虽然,戴高乐很清楚去殖民化的趋势不可逆转,但他并不甘心于让法属非洲各国立即获得独立。戴高乐及其政府希望通过建立一

---

① [法]戴高乐著,复旦大学资本主义经济研究所译:《希望回忆录:复兴》,上海:上海人民出版社,1973 年版,第 10 页。

② [法]戴高乐著,复旦大学资本主义经济研究所译:《希望回忆录:复兴》,上海:上海人民出版社,1973 年版,第 10 页。

个类似于联邦体制的"法非共同体",在共同体内部实现非洲国家的自治。由此,在不损害法国原有利益的基础上,构建新的法非关系,确保其传统势力。

法兰西共同体新宪法以自由之姿,行强迫之实。在定稿的宪法草案中,戴高乐给非洲提供了两种选择:联合或是分离。这两种选择的提出,意味着戴高乐确立了处理撒哈拉以南原殖民地非洲地区独立的过程中遵循的原则,即非洲领地可以"自行决定"自身的命运,如若加入法兰西共同体,则为联合,如若退出法兰西共同体,则为分离。然而,这种"自行决定"的背后,有法国强制力的推促,如果选择分离,新独立的非洲国家则要承担分离的一切后果。

戴高乐塑造法属非洲政治体制主要方式是"强行推销"①法兰西共和国。1958 年 8 月 8 日,戴高乐发表广播演说,宣布将通过公民投票的方式,让非洲领地在独立和联合之间进行选择,也就是对共同体赞成或否决。② 这实际上是一场极大的政治赌注。为了在黑非洲获得合意的投票结果,戴高乐在宪法草案出台后亲自到法属非洲进行推销与宣传。宣传过程中,其内容大致相近,若各法属非洲公民支持戴高乐宪法,则会在法国的保护下加入法兰西共同体③;若投票中反对戴高乐宪法,便意味着该国只能孤零零地走自己的路,自己承担各种风险④。戴高乐毫不避讳地说出非洲国家从法国分离后可能会得到的"报应"。简而言之,在"加入共同体"与"从法国分离"中择其一,分离的后果自

---

① [法]布赖恩·克罗泽著,四校外语系合译:《戴高乐传》,北京:商务印书馆,1995 年版,第 586 页。

② Georges Chaffard, *Carnets secrets de la decolonisation*, t. II, Calmann-Levy, 1965, pp. 185 – 186.

③ 国际关系研究所编译,《戴高乐言论集》,北京:世界知识出版社,1964 年版,第 30 页。

④ 国际关系研究所编译,《戴高乐言论集》,北京:世界知识出版社,1964 年版,第 30 页。

负。此时,摆在非洲领地首脑面前的,实际上是得到一切或失去一切的选择。[①] 在戴高乐巡回宣传中,受到"得到一切或失去一切"的利益诱使,在塔那那利佛、布拉柴维尔、阿比让等地,戴高乐都受到了当地领地政府组织的盛大欢迎。

戴高乐软硬兼施的手段收效显著。在戴高乐巡回宣传后,原本强烈反对加入共同体的塞内加尔自治政府官员几乎全都改变了原有态度,转而赞成加入法兰西共同体。[②] 戴高乐在回忆录中承认:"无疑,我的访问、访问产生的影响以及我的讲话将深刻影响进步人士的态度和民众的反应,因此对事情的结局也将产生深刻的影响。"[③]

法国对其非洲殖民地的干涉主义、至上主义和家长式的观点,植根于对共产主义蔓延效应的恐惧。西方希望把前殖民地维持在自己的势力范围内。在看似分工的幌子下,法国其实是在讲法语的非洲扮演遏制共产主义的角色。

此外,法国对戴高乐主义的非洲外交政策设想是,认为法国的经济、政治、文化和军事援助只提供给拥护这一设想的国家。加入法非共同体后,这些非洲国家政府领导人必将屈从于法国,但这同时也损害了它们自己的国家利益。例如,科特迪瓦,在冷战期间,给予了法国投资者以巨大的让步和自由统治,让他们将利润汇回法国。[④] 这项政策的累积结果是将科特迪瓦在国际金融和经济领域的国家安全暴露

①[法]布赖恩·克罗泽著,四校外语系合译,《戴高乐传》,上海:上海人民出版社,1973 年版,第 56 页。

②[法]戴高乐著,复旦大学资本主义经济研究所译:《希望回忆录:复兴》,上海:上海人民出版社,1973 年版,第 58 页。

③[法]戴高乐著,复旦大学资本主义经济研究所译:《希望回忆录:复兴》,上海:上海人民出版社,1973 年版,第 54 页。

④ Chanter L. Daily Telegraph, London 17 August1964, cited in *Vincent Bapketu Thompson*, 1969. Africa and Unity: The Evolution of Pan-Africanism. London: Longman Group Ltd.

于法国。法国无疑成为这些非洲国家政府在国际舞台上的喉舌。戴高乐主义对非洲的政策得到各届法国政府的贯彻和执行,不论其意识形态如何。因此,大多数法语国家支持法国对全球政治的看法。这些国家在国际论坛上的投票格局确实反映了巴黎的立场。历届法国政府都排斥那些效忠共产主义的法语非洲国家政府。如,西非国家几内亚共和国的第一任总统艾哈迈德·塞古·杜尔,他是典型的民族主义者。他在任期间实行亲共外交政策,特别是与苏联和中华人民共和国维持紧密的关系。从 1958 年公民投票结果出炉后,法国情报机构便开始对几内亚新生政权展开全面颠覆活动,包括对几内亚的经济协定、财政管理体系的打击。[①]

三、制宪会议的结果：施行英、法政体

制宪会议的结果基本达到了英、法殖民者的目标,就是使非洲国家保留在"英联邦"或"法兰西共同体"内,将殖民政府转变为由非洲人组成但实行英、法政体的政府。

(一)英、法政体在非洲原殖民地国家无条件延续

制宪会议的结果之一,是在非洲原殖民地国家完全地、无条件地推行英、法政体模式。英国在允许大部分非洲殖民地独立时,把威斯敏斯特的议会制度作为一种制度遗留下来。英国人的理由是,它试图"为当地人开化",为他们准备一个在威斯敏斯特模式基础上的民主政府。在独立时,加纳、索马里、喀麦隆、塞拉利昂、坦桑尼亚、乌干达、肯尼亚、桑给巴尔、赞比亚、马拉维、冈比亚、莱索托、博茨瓦纳、斯威士兰和津巴布韦的政体都是由威斯敏斯特模式发展而来。

在法属非洲,公民投票取得了令戴高乐政府满意的结果,在 1958 年 9 月 28 日的公民投票中,法属西非 8 个领地和法属赤道非洲 4 个

---

① Rubin L, Weinstein B. *Introduction to AfricanPolitics*: *A Continental Approach*. New York: Praegers Publishers Inc, 1977.

领地以及马达加斯加投赞成票的有 7 471 000 人,反对的 1 121 600 人,大多数领地赞成率达到了 97% 以上,只有尼日尔的赞成票较低,但也有 76%。总投票的赞成率为 95%。[①] 这是戴高乐亲自出访强行推销的成果。根据非洲领地的投票结果,除几内亚外,有 12 个非洲国家,包括:塞内加尔、苏丹(马里)、科特迪瓦、达荷美、上沃尔特等成为共同体成员国,获得了自治。按照 1958 年宪法,这些自治国家制定了自己的宪法,选出了各自的议会和总统,建立总统共和制国家,并且不再向法国国民议会和参议院派驻代表。原法属殖民地大都加入了法兰西共同体,这也意味着它们完全无条件接纳了法国的总统共和制。

(二)宗主国的利益通过条约得以保障

为维护殖民者的利益,英、法通过"援助"、"合作"方式确定他们在非洲原殖民地国家的军事和经济利益。

英国二战后的殖民撤退过程中,同其势力范围内各领地首领签订了一系列军事协定,这类协定可分为三种。第一类条约,以共同防御为目标。如毛里求斯等国,这类条约和协定的内容主要有下面几个方面:(1)规定双方在共同防御过程中进行军事合作,(2)允许英国在对方拥有军事基地和驻军,(3)实现英国对非洲地区国家的军事援助。第二类条约,以设立军事基地为目标。如,马尔代夫等国,允许英国在其境内设立军事基地。第三类条约,主要签订于非洲国家独立后的最初几年,以维系军事联系为目标。如肯尼亚,英国于 1964 年和 1967 年同肯尼亚分别签署了军事协定,其主要内容是协助壮大肯尼亚武装力量。

英属非洲国家独立初期,仍然维持着同英国密切的经济联系。双

---

① Robert Bourgi, *Le general de Gaulle et L'Afrique norie*, 1940 - 1969, Paris: Gallaecia, 1980, p. 346.

方的贸易关系已经持续几百年,非洲国家在长期的贸易交往中形成了单一经济结构,即使在他们独立后也不得不继续维持双方的贸易格局,即英国出口制成品,非洲出口初级产品。加入英联邦的前殖民地国家,他们同英国互惠关税,旨在减免大英帝国与其自治领和殖民地,及自治领和殖民地之间的互相进口关税。英国通过该方式旨在提高本国在非洲地区的竞争力。

法属非洲国家独立初期,戴高乐通过一系列合作协定,继续维持同非洲地区国家的密切关系。

经济上,法国在非洲国家独立初期对原殖民地保持着高度控制。譬如,在非洲法郎的使用方面,非洲法郎投入使用的初期,使用非洲法郎的西非和中非各法属殖民地尚未独立。非洲国家独立后,实现了法郎同非洲法郎的直接挂钩,为确保非洲法郎的可兑换性,由法国国库负责担保。法国改用欧元后,由欧元取代了法国法郎的地位,其他机制均无变化。这使得非洲法郎对法国货币产生较大的依赖性,因为货币和汇率政策均由法国决定。事实上,西非国家中央银行、中非国家银行的行长都无权调整非洲法郎的币值,而是由法国派驻这两家银行的代表决定。另外,这两家银行发行的非洲法郎虽币值相同,但仅限各自区域内流通,不得跨区使用。非洲法郎不是单纯的经济问题,更是政治问题。非洲法郎是所谓法、非特殊关系的体现,是法国殖民的残留物。

在军事上,至 20 世纪 60 年代,为了实现法国对法语非洲国家的控制,法国同它们分别建立了各种类型的军事联系,如,签订防务条约、进行军事训练、建立军事基地、保证武器出口等。直至 1990 年冷战结束时,法国同其前殖民地国家先后签订了 23 份有关安全合作的协定,其军队在非洲 22 个国家驻扎。同时,法国借"保护对法友好的政权不受内外部攻击的威胁,以维护法国在非洲的政治经济利益"频

繁干预原法属非洲地区的政治事务。[①]（如表 3 - 1 所示）

表 3 - 1　20 世纪 60—80 年代法国在非洲的主要军事行动

时　　间	国　　家	主　要　目　的
1964 年	加蓬	政变后恢复总统地位
1968——1972 年	乍得	镇压北部叛乱
1978——1980 年	乍得	保护乍得政权,抵抗叛军
1978 年	扎伊尔(今刚果(金))	从叛军手中拯救欧洲人质
1979 年	中非共和国	推翻"博卡萨一世皇帝"
1983——1984 年	乍得	帮助乍得政府镇压叛军
1986 年	乍得	帮助乍得政府镇压叛军
1986 年	多哥	政变后恢复总统地位
1989 年	科摩罗	平息政变
1990 年	加蓬	支持邦戈政权,撤侨

资料来源：Abdurrahim Sıradağ, "Understanding French Foreign and Security Policy towards Africa：Pragmatism or Altruism," Afro Eurasian Studies, Vol. 3, Issue 1, 2014, p. 106.

3.1.3　移植英、法政治体制的原因

英、法在非洲推行英、法政体有其重要的利益。

一、经济利益

其一,非洲是英、法经济和社会发展的最大原材料供应地。战后英、法为维护殖民统治不遗余力,其重要的原因是从殖民地对英、法的经济利益考量的。

从自然资源来看,非洲的资源丰富是帝国力量的来源之一。非洲的地域辽阔,物产丰富多样。非洲大陆素有"世界原材料仓库"之称,世界上已探明的 150 种地下矿产资源在非洲都有储藏,尤其是与高科技产业密切相关的 50 多种稀有矿物质在非洲储藏量巨大,其中至少

[①] Dele Ogunmola, Redesigning Cooperation：The Eschatology of Franco-African Relations, *Journal of Social Sciences*, Vol. 19, No. 3, 2009, p. 236.

有 17 种矿产储量居世界首位,铂、锰、铬、钌、铱等的蕴藏量约占世界总储量的 80％,磷酸盐、钯、黄金、钻石、锗、钴和钒等矿藏占世界总储量的一半以上。非洲的石油储量仅次于中东和拉美,仅撒哈拉大沙漠地下的石油储量就占世界总储量的 12％左右。可见,非洲丰富的资源,是支撑英、法帝国的重要经济力量。

由于战争的破坏和消耗,战后初期英国面临严重的财政困难:大战期间海外投资减少 1/4,外债增加 30 亿至 35 亿英镑,外贸逆差高达 40 亿英镑,国际收支赤字严重,外汇十分短缺,同时还严重缺乏食品和原料。[①] 当时的非洲政局稳定、资源丰富,蒙哥马利考察非洲后,指出英属非洲物产丰富,是优质的原料产地与劳动力聚集区,粮食可以想种多少就种多少,煤似乎用之不竭并非常便宜。[②]

战后法国生产大幅下降,出现经济的严重匮乏。1945 年初的工业生产量还不到 1938 年的一半。50 万座建筑物彻底被摧毁,150 万座建筑严重受创。全国 3/4 的火车头已经消失,只剩 1/10 的卡车还可使用。战后初期到 20 世纪 50 年代中期对法属非洲的投资非但没有什么收益,相反,这些投资对国家财政和纳税人都是一笔沉重负担。1956 年至 1958 年法国在非洲发现和开采出新的矿产资源,这一发现极大改变了 50 年代中期以前对非洲援助性投资的状况。1956 年法国在撒哈拉发现了丰富的石油和天然气;1957 年在法属西非发现了磷盐酸、锰等矿藏,巨大的经济效益吸引法国企业趋之若鹜。[③]

其二,非洲是英国与法国巨大的商品销售市场。英、法同非洲的

---

① 陆恩庭、彭坤元主编:《非洲通史》现代卷,上海:华东师范大学出版社,1995 年版,第 212 页。

② M. Havinden and D. Meredith, *Colonialism and Development: Britian and the Tropical Colonies 1850 - 1960*, London and New York: Routledge, 1993, p.231.

③ 陈晓红:《戴高乐与非洲的非殖民化研究》,北京:中国社会科学出版社,2003 年版。

贸易关系已经持续几百年，不算奴隶贸易也有约 200 年的历史。英、法一向将非洲当作工业品市场。第二次世界大战前它曾禁止或限制其非洲殖民地发展工业，以防有损其工业品出口。第二次世界大战后逐渐改变这种政策，但非洲国家长期形成的单一经济结构，使得非洲国家即使独立也不得不继续维持双方的贸易格局。非洲作为英、法工业制成品的销售市场得以延续。

英、法在对非经贸关系上通过双边和多边协议维护其在非洲的销售市场。英国与英联邦成员在 1973 年以前，实行英联邦特惠制，主要内容是英国对来自英联邦成员的商品给予减免税优待，并限制从其他国家输入农产品；英联邦成员国对来自英国的工业品给予减税优待并提高其他国家货物的进口税率。英国以此来保证其在非洲工业制成品的出口市场。在多边关系中，主要通过遵守欧共体与非洲等国家集团签订的历次条约实现。通过建立联系国制度保持欧洲与非洲国家和领地特殊的经济关系。其中，为保障对非洲市场的垄断，联系国在同第三方进行贸易前，需同欧共体事先商量。

其三，非洲作为投资场所的作用在战后日益增强。战后英国资本主要是投入生产战略原料的采矿工业。在种植业中，英国的资本也有显著增加。在开发殖民地及其资源方面英国做出了巨大的努力。英国为开发非洲拨款由 1945 年的每年 500 万英镑增至 1 000 万英镑，又在三年后将此数额增至 8 000 万英镑。[①] 从 1946—1958 年英属非洲从这项拨款中获得近 7 600 万英镑，占总拨款的 34.4%。[②] 英国还为其非洲殖民地制定发展规划，同时鼓励私商向殖民地投资。1953 年，英

---

① Lord Hailey, *An African Survey* (Revised 1956), Oxford: Orxford University Press, 1957, pp. 1323, 1336.

② Yusurf Bangura, *Britain and Commonwealth Africa*, Manchester: Manchester University Press, 1983, p. 61.

属非洲领地的发展规划要求在十年内总投资近 2.83 亿英镑,其中约 18％由英国拨款提供。[1]

法国在非洲的投资主体主要是与金融资本结合的大垄断集团和跨国公司。1955 年后,各种开发矿业资源和石油资源的公司如雨后春笋般建立。如开采磷酸盐的多哥贝宁矿业公司和塞内加尔塔伊巴磷酸盐公司;开采铜矿的毛里塔尼亚铜矿公司;开采铁矿的科纳克里矿业公司;开采锰矿的欧果韦矿业公司;开采铀矿的法朗斯维尔矿业公司等。这些公司由法国的大银行集团如巴黎荷兰银行、东方汇理银行、洛希尔集团、巴黎联合银行等控制。1956—1958 年,法国成立了 44 家开发撒哈拉石油的公司。[2] 法国设在非洲的跨国公司数目逐年增加,据 1960 年代的统计,法国分布在第三世界的子公司约 1 347 个,其中 66.6％设在非洲。[3]

二、政治利益

就政治利益而言,最重要的原因在于非洲是英、法作为帝国、大国和强国的力量所在。

帝国在狭义上用来形容由君主(皇帝)统治的强大国家,广义上用来形容国力强大的国家。在现代国际政治范畴内,也指在一个较大地理区域内、涵盖较多人口,建立有鲜明特征的政治、经济、社会、军事体系,具有特有人文价值观的国家,并在国家之间推广、维护这种体系,并形成一定范围的国际政治体系。

从领土面积来看,广阔的领土是帝国力量的来源之一。单就英国

---

① Lord Hailey, *An African Survey* (Revised 1956), Oxford: Orxford University Press, 1957, p. 1337.

② [法]亨利·克劳德著,李元明、林立译:《戴高乐主义与大资本》,北京:世界知识出版社,1963 年版,第 60 页。

③ [法]米歇尔·博德著,吴艾美、杨慧玫译:《资本主义史 1500—1980》,上海:东方出版社,1986 年版,第 263 页。

和法国本土情况而言,英国与法国难以发展成为帝国。

英国本土面积仅为 24.41 万平方公里(全球排名第 76 位),法国本土面积为 54.703 万平方公里(全球排名第 47 位)。所以,无论是英国还是法国,控制的广阔地域是其帝国力量的又一来源。大英帝国统治面积约 3 400 万平方公里,是世界历史上面积最为广大的殖民帝国。作为世界上最强大的帝国,1914 年英国参与了第一次世界大战。在一战结束后的 1922 年,根据巴黎和会夺取德国殖民地,这一时期的英国领土覆盖了地球上 1/4 的土地和 1/4 的人口,成为了世界历史上经度跨度最广的国家。因而,有"英国的太阳永远不会落下"的说法。非洲曾是英国殖民地最多、地理分布最广的洲——北非、西非、东非和南部非洲,到处都有英国的殖民地。因此,非洲是英帝国力量的重要组成部分。

法兰西殖民帝国在 1919 后的 20 年间领土达到巅峰,总面积达到1 289.8 万平方公里,这一数值占地球土地面积的 8.6%。其中,法属非洲的殖民地约 1 340 多万平方公里,占其整个殖民帝国的 92%,人口的 56%。[1] 因而,非洲殖民地也是法兰西帝国力量的重要组成部分。

直到现在,欧洲人仍把非洲看作是自己的势力范围。他们把非洲看作是欧洲原油、铁、金等矿产品和咖啡、茶叶、谷物等农产品的来源地(如图 3-1 所示)。

从同宗主国关系来看,在英、法的殖民地中,与非洲关系更为密切,容易掌控。一方面,从地缘关系上看,北非隔地中海和直布罗陀海峡与欧洲相望,非洲作为最为便利地获取自然资源和战略物资之地,自然成为英、法外交的重心之一。另一方面,从体制关系上看,英国与

---

① Alan Ruscio, *La decolonisation tragique: une histoire de la decolonisation francaise 1945 - 1962*, Paris: Messidor, 1987, p. 15.

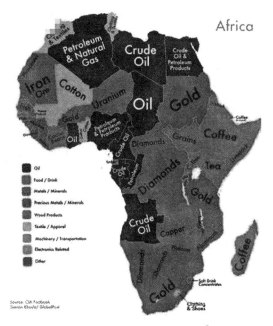

图 3-1　欧洲人眼中的非洲①

法国几乎垄断对非洲的殖民控制,除将非洲纳入本国经济体系外,英、法也将本国的政治、司法等体制管理的方法用于统治这些地方,同时还把英、法的宗教、文化、语言、教育等带进去。殖民地区的知识分子通过接受欧式教育,模仿英、法人民的生活习惯,实现对宗主国文化的认同。上述宗主国与殖民地关系的建立,使非洲国家越来越融入英、法,并逐步成为英、法帝国力量的一部分。殖民地脱离英、法而独立无疑会给英、法这两个昔日的帝国造成巨大的打击,而维系非洲与英、法的传统关系则有利于英、法保持大国地位。

三、国际原因

其中最重要的是英、法在二战后与美国结盟形成的英、法阵营的需要。维护英、法对非洲的传统关系有利于以美国为首的英、法对以

---

① 非洲上演 21 世纪谍战大戏多国情报势力介入,环球网,http://chuansong.me/n/682996052666.

苏联为首的东方集团进行抗衡的全球战略。冷战缘起于社会制度和意识形态的对立。1946 年 3 月 5 日,英、法阵营发表了冷战史上著名的"铁幕演说",标志着冷战的全面开始。

作为英、法阵营的重要成员,英、法合力支持美国的对苏冷战,并结合美国全球战略,把非洲国家纳入到英、法阵营与东方阵营争夺的轨道,因此,在去殖民化阶段中,向非洲国家移植英、法政治经济制度,是把非洲纳入到英、法阵营的最便利有效的方式。

3.2 非洲对英、法政治体制的模仿

独立后,非洲大多数国家纷纷模仿其宗主国的政治体制进行政权建设。具体而言,非洲国家在政治体制上承袭了西式政治体制的分权制衡,政治体制上因袭了西式政党制度的多党制。

3.2.1 宗主国的遗产

殖民遗产是前宗主国无法带走的或是设法留下的制度、文化等集合,它们在非洲的存在与非洲国家的意愿无关。无论殖民遗产的好坏,非洲国家都没有选择权,只能全盘接纳。从政治上看,殖民统治制度的建立和独立前夕宗主国对非洲殖民地政治制度的塑造,使近代非洲的政治社会结构发生巨大变化。传统土著国家政权被殖民政权取代,传统部落酋长制瓦解。从经济上看,非洲的社会经济结构发生了巨大变化,殖民土地制度取代传统土地制度,单一经济制度取代多种产业共同发展,同时兴起了现代化的采矿业、交通运输业,并建立起现代城市。具体而言可以通过正面和负面两方面理解宗主国的遗产。

一、正面遗产

殖民主义的影响既有积极的,也有消极的。但是,应该强调的是,大多数积极影响基本上是指促进殖民者利益的活动或措施的偶然副

产品。[①]

1. 殖民统治结束了非洲的王朝战争。19 世纪的"姆菲卡尼"时期（Mfecane，又称弃土时期）[②]，南部非洲土著民族之间的战争频发。由于国王怀疑在图盖拉河（Tugela River）和蓬戈拉河（Pongola River）之间的领土上建立了军国主义的祖鲁王国，国王的部队掀起了战争浪潮，并对其他民族进行了扫荡。大规模的人员流动使许多部落试图控制扩大原有部落的规模，并由此引发更为广泛的战争。此外，还有 19 世纪的西非豪萨城邦富拉尼人建立的伊斯兰教国家与图库洛尔帝国（Toucouleur Empire）的崛起，和奥约帝国（Oyo Empire）与阿山地帝国（Ashanti Empire）的解体，所有这些都成为导致非洲大陆不稳定与不安全的因素。1880 年至 1910 年，殖民入侵加剧了这种不稳定和混乱的状态，造成了大规模的破坏和人口损失。但是，在殖民占领和建立各种行政机构之后，特别是第一次世界大战结束后，非洲大部分地区在殖民统治下迎来了大面积的持续和平与安全。

2. 殖民者的压迫促成非洲民族主义和泛非主义的形成。民族主义发展到 1939 年，几乎每一个非洲国家都有非洲民族主义团体。第二次世界大战爆发后，非洲直接卷入战争、主要的殖民列强衰落、非洲反对殖民浪潮高涨等一系列因素都激励着非洲的民族主义者。另外，在 1900 年至 1945 年间形成的早期泛非主义，在理论上批驳种族主义，致力于推翻对黑人种族的污蔑和歧视。从这两大主义的产生方式和理论来源来看，他们都是殖民统治的副产品，而不是殖民者蓄意创造的。并没有哪个殖民统治者曾经着手创造和培育非洲民族主义和泛非主义。

---

① https://assoped.blogspot.com/2011/04/colonial-heritage-in-africa.html.
② Mfecane 指的是 19 世纪 20 年代和 30 年代发生在南部非洲的一段政治动荡和人口迁移时期。

3. 产生了现代意义的国家。宗主国到来之前,非洲地区没有任何划分的城邦、王国和帝国的明确边界。但殖民统治建立后,非洲大陆上建立了 50 个新的国家,它们边界在大多数情况下是固定的;而且相当重要的是,殖民时代制定的国家边界自独立以来几乎没有发生任何变化。

4. 向非洲引入工业革命的技术。欧洲代表了先进生产力的发展方向。自大航海时代以来,欧洲携压倒性的军事技术征服广大领土;工业革命之后,欧洲的技术进步令人眼花缭乱。对比被认为"陷于停滞"的非洲世界,欧洲殖民者通过向非洲输出工业革命的技术,客观上提升了非洲殖民地的科学技术水平,为殖民地长期发展积蓄潜力。

5. 促进了非洲理性化官僚体制的形成。构建理性化官僚体制被韦伯等著名学者认为是欧洲近代的一大突破。作为一种管理方式,官僚制为现代社会组织管理提供了有效的工具。马克斯·韦伯在对西方文明和东方文明进行广泛的历史研究和比较的基础上指出,任何有组织的团体,唯通过实行"强制性的协调"才能成为一个整体。基于此,他将官僚集权的行政组织体系看成是最为理想的组织形态,并预言人类在以后的发展中将普遍采用这种组织结构。[1] 在长期处于部落社会的非洲地区,殖民者引入的国家机构、培训的中层官僚,构成了独立后国家进行政体构建的核心力量。此外,殖民制度还向非洲大部分地区引进了两个新的机构,司法机构和官僚机构(或称公务员制度)。

6. 提升劳动力受教育水平。殖民教育客观上提升了非洲地区人力资本的知识水平。教育对经济发展起着促进作用,为人力资本的优化、催生科学技术和直接创造财富产生积极作用。教育作为改善劳动力素质的活动,以一种复杂的方式提高劳动者的精神素质、文化素质、

---

[1] 王梓懿:"理性官僚制的现实意义",载《合作经济与科技》,2008 年第 24 期,第 117 页。

专业技能素质及健康素质,使劳动者的德、智、体发展水平及其创造力得到全面的提升。宗主国的教育投资帮助非洲培养更多的合格工人,营造有利于发挥经济效益的环境,激发非洲的经济活力,客观上促进了非洲劳动力教育水平的提高。

7. 基础设施成为显性遗产。殖民地时期非洲的铁路基建对当今非洲的经济活动集聚分布有重要影响。[①] 宗主国遗留下了大量基础设施,包括公路、铁路、电报、电话,甚至还有机场。这些基础设施于 20 世纪 30 年代建成,它不仅促进了商品、新经济作物和军队的流动,也促进了人员的流动。

8. 现代化的城市规划与管理制度。殖民者对非洲当代城市规划产生巨大影响。殖民时期宗主国管理非洲城市的理论、方法、法律以及机构被非洲国家继承下来。非洲城市承袭了前宗主国管理城市的新自由主义政策,引入公民参与地方复兴的政策。非洲城市规划,包括文化遗产保护、城市土地管理、城市环境治理、住房供应方式以及大学校园规划等在内的细节规划都是仿照殖民时期的城市管理制度制定的。[②] 例如,1946 年,尼日利亚《城乡规划法》颁布,为尼日利亚的城市规划管理提供了基本框架和法律依据。该法案以 1932 年英国的《城乡规划法》为蓝本,是调控区划、土地分配、土地所有权和使用权、建设控制、土地公私合营和中长期开发控制的主要法律依据。[③]

---

① Jedwab, Remi, Edward Kerby, and Alexander Moradi, "History, Path Dependence and Development: Evidence from Colonial Railroads, Settlers and Cities in Kenya." *The Economic Journal*, 127.603(2017): 1467-1494.

② Silva, Carlos Nunes, and Madalena Cunha Matos. "'Colonial and postcolonial urban planning in Africa', International Planning History Society and Institute of Geography and Spatial Planning, University of Lisbon, Portugal, 5-6 September 2013." *Planning Perspectives* 29.3 (2014): 399-401.

③ 王建竹:"非洲英属殖民地的城市规划实践:1851—1960 年的港口之城拉各斯",载《国际城市规划》,2018 年第 3 期,第 131 页。

二、消极遗产

相对于积极遗产,遗产的消极部分对非洲带来更大的影响。

1. 积极持续的民族主义难以持续。民族主义在全球化背景下可以服务于多民族国家的发展,同样,它对非洲国家的作用也非常重要。非洲国家的民族主义是由殖民统治者采取的一些压迫、歧视和剥削措施所引起的愤怒、沮丧和屈辱感激发而成的。随着殖民主义的被推翻,殖民者的压迫和剥削措施也随之消失,非洲民族主义的原初动力必然会减弱,非洲独立国家的统治者需要用一种更为积极和持久的民族主义的动力来取代原来的民族主义。

2. 人为划分的新国界引发新问题阻碍国家建设。地缘关系是一种资产,但它造成的问题远远超过它可以解决的问题。在非洲大陆上新出现的国界,人为创造了许多由具有不同文化、传统、起源和语言等混合而成的新民族。事实证明,由这样一群混杂的民族构成的国家在建设过程中会遇到许多问题,而且这些问题常常不容易解决。另一方面,受到人为划分国界的影响,自然资源分配和经济潜力分配不均衡,常会导致不同国家发展速度悬殊。

3. 削弱了土著政府制度。前宗主国虽然在非洲国家进行了半个多世纪的殖民管理,但非洲人却无法从中学会如何对自己的国家展开有效治理。对于非洲传统领袖来说,殖民时期他们只是殖民者的代理统治者,只对殖民统治者负责,他们也不需要为国家的可持续发展操心,不必对民众负责。[①] 这使得非洲国家独立后,土著政府缺少优秀的土著领袖和有效的政府管理制度。此外,基督教的传播也破坏了土著政府权威的精神基础。

4. 长期的殖民使非洲国家丧失了直接与外部世界打交道的能

---

① 卢凌宇:"西方学者对非洲国家能力(1970—2012)的分析与解读",载《国际政治研究》,2016 年第 4 期,第 112 页。

力。在经济交往方面,单一的经济结构使非洲国家丧失了经济发展的主动权和自我保护能力。在政治外交方面,殖民主义的遗产,加上冷战代理人战争所造成的损害,使非洲大陆的外交充满了被征服和被边缘化的集体记忆。[①]

3.2.2　非洲模仿英、法政治体制的原因

独立初期,非洲国家普遍实行以英、法特别是其原宗主国政治体制为蓝本的民主政治,其宪法初创和宪法尝试也主要是模仿英、法特别是原宗主国宪法,试图实行英、法模式的宪政制度。其原因在于对殖民时期管理制度的沿袭、非洲政治精英对英、法政体的认同与独立初期非洲自身没有可继续使用的政体。

第一,殖民时期英、法管理制度在非洲的建立为其成功外塑奠定了基础。

非洲殖民地的形成给英国带来了管理和统治殖民地的一系列问题。英国为安抚殖民地原首领和民众的不满与平息由此引起的骚动,在政治上和行政管理上采取了有力的措施并以法律将殖民政府合法化,以强化其对殖民地的至高无上的宗主权。建立殖民区,实行间接统治制度是英国为面对非洲领土众多、国情复杂、行政开支庞大、人员紧缺等问题所采取的措施。间接统治制度是英国殖民主义活动家和理论家卢加德根据欧洲帝国对殖民地松散、间接管理的方式加以改进而创立的。间接统治的前提是非洲各殖民地都承认英国拥有高于一切的宗主权,享有对全部殖民地的最高所有权、立法权、征税权和任免权。

间接统治的实质是借助传统首领和行政机构的管理体制实行英

---

① Spies, Yolanda. African Diplomacy. 10.1002/9781118885154.dipl0005, 2018, https://www.researchgate.net/publication/323424628_African_Diplomacy.

国统治。首先,英国殖民当局承认非洲传统社会早已存在的权力机构。其次,帮助传统首领们适应殖民地统治的职能,提高他们的执行能力。英国式殖民管理体制包括四个基本要素:一是以保障英国宗主权为前提。二是保障地方政权,这是整个间接统治制度的基础,它是殖民管理的行政机构。三是实现地方税收,这是间接统治制度的经济基础。四是设立地方法院,这是间接统治制度的保障。

另外,在殖民地议事会的体制中有限度地接纳非洲人成为议员。虽然,非洲议员的人数和任命方式限制了其发挥作用的力度与范围,但在一定程度上将议会体制引入非洲。英国在非洲殖民地所实行的政治策略在很大程度上改变了英属非洲的社会结构、法律制度、行政机构、经济体制、教育体系和文化传统。在这种政治策略的指导下,为维护殖民统治的正常运作,英国政府通过兴办教育培养大批当地的行政官员、下级行政管理人员和法律工作者。同时派遣大批非洲人前往欧洲,接受欧式教育,使这些知识分子阶层在殖民地的立法机构和地方议会中拥有发言权,成为英国殖民当局的代言人和附庸者。

法国的管理制度与英国不同的是,法国在非洲的殖民体制是一个高度集权的金字塔型结构。法国彻底摧毁了非洲本土形成的政治结构模式,并以法国政体为蓝本,全新构建了有利于法国统治的非洲殖民政府。较为完善的殖民统治体制成为非洲新独立国家学习的样本。

第二,独立时非洲自身没有可继续使用的政体。

非洲的历史发展被英、法的殖民入侵所打断,再无可以沿用的非洲政体。

一方面,殖民统治打断了非洲政治发展的正常道路。殖民者的入侵和殖民制度的建立将非洲原生的政治发展轨迹彻底摧毁。受到殖民侵略的影响,部落酋长制终究面临彻底崩溃。在英、法踏入非洲前,非洲社会的政治发展南北不均。在政治自然发育的进程中,一部分地区建立起帝国或城邦,国家中出现了议会等部门,同时有权力制约部门的设立。然而,受到殖民冲击,原有的领导阶层被殖民者取代,一些地区尚未完成封建国家的构建,甚至一些地区仍停留在原始社会晚期,尚未进入封建社会。① 因此,非洲传统政治发展的进程被打断,被画上了浓重的殖民主义色彩。

另一方面,部族无法承担现代国家政治发展的重任。非洲部族的性质类似于城邦,其空间规模有限,难以适应现代国家带来的各种新的政治问题。此外,忠诚是形成现代国家的重要保证,非洲部族社会中的民众形成的是对部族的忠诚,这与忠诚于国家的思想存在矛盾冲突。在部族社会中,专业化的政治运行制度并不健全,缺乏一种相对永久的、非人格化的政治体制。因此,部族从自身而言,难以将松散的多部族国家有效结合,便难以形成民众对国家的附庸与忠诚。所以,部族无法成为担负起非洲现代国家政治发展的核心力量。

由此可知,非洲独立传统的部族主义中建立起的政治体制无法适应后现代国际环境,无法承担起建立独立后非洲国家政治体制的重任。

第三,殖民者通过英、法式教育培养了认同英、法政体的非洲政治精英。

英属非洲本地高等教育始于二战后,英国殖民部高度重视殖民地受过教育的阶层。有殖民部官员称:"我们现在最重要的殖民问题是为相对小而日益重要的受教育阶级制定发展规划。……新的文化阶层要求在自己当地的事务和塑造自己未来的事务中发挥更重要的作用。这个阶层所获得的教育使他们有很大的可能成为自己人民的领导人甚至统治者,所以需要采取和这个阶层合作的政策:同这个阶层

---

① 李忠人:"殖民主义与近代非洲政治经济的演变",载《山西大学学报(哲学社会科学版)》,1992 年第 4 期。

在社会、政治和经济规划中合作。"①非洲学生在本土接受高等教育的同时,较以往有更多的非洲精英前往英国接受高等教育。

英国政府怀着一种矛盾的心态高度重视留英的殖民地学生。一方面,英国政府将学生们看作殖民地未来的领导人,另一方面英国政府始终担心学生们成为"煽动"对殖民统治不满情绪的骨干力量。有殖民部官员称:"在英国所接受的教育有利于他们在未来成为杰出而有影响力的'统治阶级'。他们会成为英、法世界和非洲之间最重要的文化载体。这些人对于非洲的未来,对于英国殖民地政府和当地人民之间的关系有着关键作用。非洲殖民地的整个政治未来就在于这部分人能否在西非地区成为政府的继承者,或者在东非地区成为伙伴政府中主要种族的领导人。"②殖民部官员向各殖民地政府发送通告,让后者将留英学生全部吸收进现有体制,给留学生创造使用自己所获知识的良机。

因而,英国政府将对这个群体的"政治教育"放在了非常重要的位置上。为了实现英国非洲殖民地留学生和英国社会的接触和非正式地接受政治教育,殖民部做出了各种安排。在社会接触方面:第一,增加非洲留学生和有文化的英国人的接触,甚至将留学生安排到英国家庭中去生活。第二,让非洲留学生成为教会、协会、运动和社会俱乐部的永久成员,扩展他们同英国社会的交流。第三,给非洲留学生创造建立私人联系的机会,让非洲留学生参加私人聚会。总之,殖民部希望扩展非洲学生同殖民部之外的联系。在政治教育方面:主要通

---

① 英国殖民部档案:CO537/2572,no.1,[1947年7月],"在英国的非洲学生的政治意义"卡特兰(G. B. Cartland)作备忘录,鲍迪伦作关于马来亚方面的会议记录,见《工党政府和帝国终结(1945—1951)》,第4册,第349号文件。

② 英国殖民部档案:CO537/2572,no.1,[1947年7月],"在英国的非洲学生的政治意义"卡特兰(G. B. Cartland)作备忘录,鲍迪伦作关于马来亚方面的会议记录,见《工党政府和帝国终结(1945—1951)》,第4册,第349号文件。

过两项措施来实现,一是安排非洲留学生花费大量时间参观访问名胜,二是安排非洲留学生会见各知识领域专家。专家的人选包括:来自殖民地负有一定责任的政客、离任的殖民地公职人员、殖民部官员、无论有或没有殖民地事务经验但对英国的生活和思想很好掌握的非官方演讲者等。

政治教育主要有两大类目标,一是反击极端政治宣传,二是有选择地向殖民地留学生介绍英国的政治体制。英国官员认为,反击极端政治宣传要"客观而充分地"向殖民地留学生提供英国、殖民地和世界范围的信息,《殖民地公职机构杂志》可以提供给留学生阅读,同时多在殖民部举办茶会给予留学生信息,而非让他们仅仅从自己地区的出版物和通信中获取信息。在向非洲留学生介绍英国政治体制时,着力展示英国地方政府的运作。强调英国政府的管理经验和政治竞争的执政模式。此外,还向殖民地留学生强调英国和美国军队的驻扎将有助于驻扎地区更快地进入新的社会。①

在精英教育层面,英国政府积极输出自己的"文明"。然而,赴英留学生接受着自己家乡的资助、饱尝英国本土种族和文化歧视之苦,让英国的努力大打折扣,所以他们中的很多人并没有成为"合作者"。但是,无论这些留学生是否成为"合作者",英国政治体制的运转方式已在潜移默化中深入非洲精英阶层的思想。

法国通过精英教育,以同化政策实现非洲精英对法国体制的认同。法国在精英培养方面以将学生推送至在非洲殖民地建立法国大学海外分校接受教育为主。1957 年将建立于 1918 年的达喀尔医学学校建立成塔卡尔大学。1960 年,法国将马达加斯加的医学院、法学院、

---

① 英国殖民部档案:CO537/2572,no.1,[1947 年 7 月],"在英国的非洲学生的政治意义"卡特兰(G. B. Cartland)作备忘录,鲍迪伦作关于马来亚方面的会议记录,见《工党政府和帝国终结(1945—1951)》,第 4 册,第 349 号文件。

科学院和教育学院等院所合并成塔那那利佛大学。1962年,于喀麦隆,在法国圣路易斯大学的资助下,建立喀麦隆联邦大学。1964年,于象牙海岸,在巴黎大学资助的法学、科学和人文科学高等教育中心的基础上,建立了阿比让大学。1971年,于布拉柴维尔,在法国波尔多大学的资助下,建立了马里恩·恩古瓦比大学。法国在这些大学建设的过程中,始终保持着对这些国家大学的控制权与高度影响力,通过政府发布行政命令,发挥法国政府对大学日常运行的监管。[①]

3.2.3　独立初期非洲国家政治体制的建立

在各种复杂因素的综合作用下,经过非洲各族人民的长期斗争,非洲国家相继获得独立。但是殖民者并不会轻易放弃其前殖民地,并试图影响非洲宪政建设进程。英、法政体在非洲独立初期的建立主要通过以下方式:

第一,培养亲己势力和亲己领导者,并扶植他们成为非洲新独立国家的领导人,挤压排挤其他势力。表面上,法国声称将不干涉各国的决定,但私下里却向各民族主义领导者施加压力。尼日尔的原总理巴卡里坚决主张独立,在法国的策动下,亲法的一方展开了声势浩大的运动,迫使巴卡里逃亡国外。法国扶植的非洲领导人也起到了巨大作用。

第二,试图将新独立的非洲国家拉入英联邦或法兰西共同体。1958年,法国极力推销"法兰西共同体",即如果非洲领地在公民投票中投赞成票,这将意味着他们选择了要建立戴高乐所希望建立的那种共同体,戴高乐指出他认为这是对所有人都有利的[②];反之,如果投反

---

① Eric Ashby, Mary Anderson, Universities: British, Indian, African: A Study in the *Ecology of Higher Education*, Cambridge: Harvard Univeristy Press, 1966, p. 368.

② 国际关系研究所编译:《戴高乐言论集》,北京:世界知识出版社,1964年,第30页。

对票,非洲领地可以马上获得独立,但是这也将意味着它愿意孤零零地走自己的路,自己承担各种风险。[①]

第三,在非洲国家获得独立之日的同时,非洲国家同原宗主国签订的一系列协定和条约需立即生效。宗主国为了保证其在非洲的势力范围,以签署各项有利于宗主国的协定或条约为前提,让渡给殖民地区独立权。

第四,独立后的领导人只要稍有离心倾向,便被暗杀或被由英、法幕后主导的政变赶下台。1961 年帕特里斯·卢蒙巴被比利时与美国中央情报局的特工联合暗杀。与卢蒙巴的命运相似,1960 年,喀麦隆人民联盟进步领导人费利克斯-罗兰·穆米埃被法国特工暗杀。1965年,摩洛哥人民力量全国联盟领袖迈赫迪·本·巴尔卡在法国与摩洛哥特工的威胁下消失在人们的视野中。1973 年 1 月 20 日,在民族解放战争取得决定性胜利,几内亚比绍独立建国前八个月,阿米尔卡·卡布拉尔被葡萄牙特务暗杀。1983 年,桑卡拉发动得到人民广泛支持的"八·四革命"夺取政权,以消除腐败和前法兰西殖民帝国影响为目标。尽管托马斯·桑卡拉自力更生的非洲革命得到布基纳法索大部分贫困百姓的拥护,然而他触犯了人数虽少但势力强大的既得利益集团、中产阶级、传统领袖和前宗主国法国及其盟友科特迪瓦的利益。1987 年 10 月 15 日,桑卡拉在政变交火中殒命。

独立初期非洲国家政治体制基本上都贯彻了英、法的分权制衡的原则。

非洲国家普遍实行的政治体制,是以英国议会制、法国半总统制为主,以分权制衡为基本原则的西式政治体制。大多数非洲国家的政治体制都是以英、法分权制衡原则为基础。

---

① 国际关系研究所编译:《戴高乐言论集》,北京:世界知识出版社,1964 年,第 30页。

这些国家的议会主要是立法机构，有的国家则直接把议会称为立法议会。有些国家的议会既是立法机关又是最高权力机关，如安哥拉议会称人民议会，人民议会是国家最高权力机关和立法机关。议会的组成方式有三种：一是选举产生，二是任命组成，三是根据所任职务取得代表委任书的人组成。在刚果（布）、马达加斯加等国，议会成员全部由公民选举产生。在安哥拉、莫桑比克等国，最高代表机关由其下一级代表机关间接选举产生。坦桑尼亚议会由居民选举产生的代表占议会成员多数，坦桑尼亚联合共和国国民会议部分成员要经过间接选举并且必须经过总统任命产生。非洲国家大多是一院制议会，如加蓬、突尼斯、博茨瓦纳、马里、喀麦隆和冈比亚等。包括实行复合制在内的国家也采用一院制，如坦桑尼亚联合共和国实行一院制。有的国家独立之初采用两院制，后来改为一院制，如肯尼亚 1966 年宪法将原来按英、法模式建立的上、下两议院改为一院制；津巴布韦 1990 年的宪法修正案也将两院制改为一院制。非洲国家的中央政府大多称为部长会议或内阁。各国宪法规定，部长会议是国家最高行政机关。部长会议作为政府机构的管理部门对领导经济、教育、文化、科学事业的管理具有重要意义。在许多国家，设有计划部、土地改革部、国民经济建设工程部等。非洲国家在独立后，司法体系呈现出双重体制的特色。非洲国家在继承原宗主国的欧洲式司法制度的同时，保留了本土的司法机构，如博茨瓦纳设立高等法院、上诉法院和传统法院。冈比亚设最高法院和地方法院，适用英国法、伊斯兰教法和习惯法。

非洲国家实行西式政体的原因在于殖民时期总督制下宗主国对非洲政治体制的塑造，独立前夕以宗主国政治体制为雏形，独立后对英、法政治体制的继承。英、法现代政治体制在非洲得以存活，与殖民统治时期宗主国的殖民统治及其主导下的宪政移植密不可分。

3.3　移植与模仿的效应

非洲对西式政治体制的移植并非仅仅停留于政治体制的结构层次，更对其做出了详尽的制度保障，使西式政治体制的内核西式民主与西式人权观念在非洲深入人心，为非洲民众所深刻理解并拥护。

3.3.1　英、法价值观载入非洲国家的宪法

民主并没有绝对的形式和定义，因而很多广泛流传的原则、制度和价值观都被视为民主的基本要素。其中最核心的要素主要有平等、个人权利、定期选举、政治分权管理、多元主义等。

英、法法律文化经过继承和发展，逐渐扎根于非洲传统法律文化的土壤之中。民主的核心要素，平等、个人权利、定期选举、政治分权管理、多元主义等同样被继承下来，并在非洲各国的宪法中以制度形式予以保障。

第一，对平等的保障。非洲国家宪法中大都对公民的平等权利从法律上予以了保障。在埃塞俄比亚宪法中，第一部分第 18 条禁止非人待遇，其中规定：(1)每个人都有权保护自己免受残酷的、非人的、有辱人格的待遇和惩罚；(2)没有人可以被奴役或当作奴隶对待，无论基于何种目的，人口买卖均被禁止；(3)没有人可以被强迫劳动或被要求承担义务性的劳动。[1]　就此而言，法律应保证所有人受到平等和有效的保护，不因其种族、民族、国籍、社会出身、肤色、性别、语言、宗教信仰、政治或其他观点、财产、出生或其他状况而受到歧视。[2]　在贝宁

---

[1]《世界各国宪法》编辑委员会：《世界各国宪法(非洲卷)》，北京：中国检察出版社，2012 年版，第 17 页。

[2]《世界各国宪法》编辑委员会：《世界各国宪法(非洲卷)》，北京：中国检察出版社，2012 年版，第 18 页。

共和国宪法中,第二章第 26 条规定,国家确保所有人在法律面前一律平等,而不论出身、种族、性别、宗教、政治观点或社会地位。[①] 在布隆迪宪法中,第二章第 22 条规定,法律面前人人平等,法律平等地保护所有人。[②] 多哥宪法第二章第一节第 11 条规定,人人在尊严和法律上平等。男性与女性在法律面前一律平等。任何人不得因其家庭、种族、地区出身,经济或社会状况,政治、宗教、哲学或其他方面的信仰享有特权或处于劣势。[③]

第二,对个人权利的保障。非洲国家宪法都对公民的个人权利从文本上予以了保障。厄立特里亚宪法第三章第 15 条,对生命和自由权利的保障,未经法律正当程序,任何人不得被剥夺生命和自由。第 16 条,对人类尊严权利的保障,所有人的尊严不受侵犯;任何人不得受到酷刑,或受到残忍、不人道,或有辱人格的待遇或处罚;未经法律授权,任何人不得被奴役,遭受苦役或者被要求被迫从事劳动。第 18 条,对隐私权的保障,每个人都有隐私权;任何人不受非法搜查,包括其住宅或其他财产,不得非法进入其处所,不得非法扣押没收个人财产,也不应侵犯其信件、通信或其他财产隐私。此外,第 19 条规定了对宗教信仰、观点表达、迁移、集会和组织权利的保护;第 20 条规定了对投票和成为竞选公职人员的权利;第 21 条规定了对经济、社会和文化方面权利的保护;第 22 条规定了对家庭的保护;第 23 条规定了对财产权的保护。[④] 佛得角对于个人权利的保障涵盖了个人发展权和自

---

① 《世界各国宪法》编辑委员会:《世界各国宪法(非洲卷)》,北京:中国检察出版社,2012 年版,第 57 页。

② 《世界各国宪法》编辑委员会:《世界各国宪法(非洲卷)》,北京:中国检察出版社,2012 年版,第 103 页。

③ 《世界各国宪法》编辑委员会:《世界各国宪法(非洲卷)》,北京:中国检察出版社,2012 年版,第 125 页。

④ 《世界各国宪法》编辑委员会:《世界各国宪法(非洲卷)》,北京:中国检察出版社,2012 年版,第 136—137 页。

由权、政治参与权、经济社会和文化权三个大部分。以 55 条的篇幅详细叙述了本国公民享有的个人权利及对其权利的保障。① 此外,还对公民权利行使的形式作出了详细且明确的论述。

第三,对定期选举的保障。非洲国家宪法都对定期选举从文本上予以了保障。大多数非洲国家大都将总统的任期与定期换届规定列入宪章。例如,安哥拉共和国宪法第 109 条规定,国家单一政党或政党联盟推选名单上的候选人在大选中获得多数票的当选为共和国总统和最高行政长官。② 第 113 条规定共和国总统任期为 5 年,可连任一届。③ 贝宁共和国宪法第 42 条规定共和国总统通过普遍、直接选举产生、任期 5 年,可以连选连任但以 1 次为限。任何人在任何情况下均不得担任总统超过两个任期。④ 布基纳法索宪法第 37 条规定总统任期 5 年,由全体公民通过直接、普遍、平等、秘密投票的方式选举产生,连选连任一次。第 39 条规定,总统应由选举中获得绝对多数票者担任。⑤ 刚果(布)宪法第 57 条规定,共和国总统通过普遍直接选举产生,任期 7 年,连选得连任一次。第 92 条规定,国民议员任期 5 年。可连选连任。参议员任期 6 年。参议会每 3 年通过抽签改选半数。⑥ 刚果(金)宪法第 70 条规定,共和国总统由直接的和普遍的选举产生,

---

① 《世界各国宪法》编辑委员会:《世界各国宪法(非洲卷)》,北京:中国检察出版社,2012 年版,第 145—152.

② 《世界各国宪法》编辑委员会:《世界各国宪法(非洲卷)》,北京:中国检察出版社,2012 年版,第 39 页。

③ 《世界各国宪法》编辑委员会:《世界各国宪法(非洲卷)》,北京:中国检察出版社,2012 年版,第 39 页。

④ 《世界各国宪法》编辑委员会:《世界各国宪法(非洲卷)》,北京:中国检察出版社,2012 年版,第 57 页。

⑤ 《世界各国宪法》编辑委员会:《世界各国宪法(非洲卷)》,北京:中国检察出版社,2012 年版,第 105 页。

⑥ 《世界各国宪法》编辑委员会:《世界各国宪法(非洲卷)》,北京:中国检察出版社,2012 年版,第 208 页。

任期5年,可连任一次。① 第103条规定,国家众议员选举产生,任期5年,可以连任。② 第105条规定,参议员由选举产生,任期5年,可以连任。③

第四,政治分权管理。非洲国家宪法中都对政治的分权管理从法律上予以了保障。非洲国家普遍将政治权力划分为行政、立法和司法三大部分,其权力分别由不同的部门掌握:行政权由总统予以保证,国民议会掌握立法权,司法权独立于立法权和行政权,司法权由最高法院、审计法院和其他法院及法庭行使。加纳宪法第八章第58条规定,加纳的行政权属于总统,尤其依照加纳宪法的规定行使。④ 第十章第93条规定,加纳的立法权授予国会。⑤ 第十一章第125条第3款规定,加纳的司法权授予司法机关,总统、国会或者总统和国会的任何机构和部门都不得享有或者被授予终局的司法权。⑥ 加蓬宪法第二章第一节第8条第4款规定,共和国总统是行政权的最高持有者,他与总理共享行政权。⑦ 第三章第35条第1款规定,立法权由国民议会和参议院两院组成的国会行使。⑧ 第五章第一节第67条规定司法权以加

---

① 《世界各国宪法》编辑委员会:《世界各国宪法(非洲卷)》,北京:中国检察出版社,2012年版,第221页。

② 《世界各国宪法》编辑委员会:《世界各国宪法(非洲卷)》,北京:中国检察出版社,2012年版,第223页。

③ 《世界各国宪法》编辑委员会:《世界各国宪法(非洲卷)》,北京:中国检察出版社,2012年版,第223页。

④ 《世界各国宪法》编辑委员会:《世界各国宪法(非洲卷)》,北京:中国检察出版社,2012年版,第274页。

⑤ 《世界各国宪法》编辑委员会:《世界各国宪法(非洲卷)》,北京:中国检察出版社,2012年版,第280页。

⑥ 《世界各国宪法》编辑委员会:《世界各国宪法(非洲卷)》,北京:中国检察出版社,2012年版,第284页。

⑦ 《世界各国宪法》编辑委员会:《世界各国宪法(非洲卷)》,北京:中国检察出版社,2012年版,第321页。

⑧ 《世界各国宪法》编辑委员会:《世界各国宪法(非洲卷)》,北京:中国检察出版社,2012年版,第315页。

蓬人民之名由宪法法院、最高司法法院、最高行政法院、审计法院、上诉法院、法庭、特别高等法院和其他特别司法机关行使。[①] 第 68 条规定,司法权独立于立法和行政权。法官在行使职权的过程中只服从法律的权威。[②]

第五,多元主义。非洲大多数国家的宪法中对多元主义从文本上予以了保障。肯尼亚宪法在第七章第三节第 91 条和第 92 条,对政党的基本规范与法律都作出了明细规定。围绕多党制的政党制度,对政党的公平与合理竞争作出了一系列规范。其中规定,在平时或者选举期间,为保证公平,国有或者其他广播媒体对政党广播时间进行合理分配;为了公平竞选而对广播自由进行规范;规定政党活动的规范;规定政党的作用与职能;规定政党的登记与监督;规定政党基金的设立与管理;规定政党的账目与审计;提供使用公共资源来促进政党利益。[③] 利比里亚宪法第八章第 77 条规定,因民主的本质在于政党、政治团体以及个人表达思想,党派可以自由地成立,以表达人民的政治意见。[④] 卢旺达宪法第三编第 52 条,确认卢旺达多党制。凡具备法律条件的政治组织可组成并自由地从事活动,只要遵守宪法和法律,以及民主原则,且不损害国家统一、领土完整和国家安全。[⑤]

3.3.2　非洲对英、法政治价值观念的认同

在英、法移植政治体制的过程中,政治体制所含的政治价值观念

---

① 《世界各国宪法》编辑委员会:《世界各国宪法(非洲卷)》,北京:中国检察出版社,2012 年版,第 317 页。

② 《世界各国宪法》编辑委员会:《世界各国宪法(非洲卷)》,北京:中国检察出版社,2012 年版,第 317 页。

③ 《世界各国宪法》编辑委员会:《世界各国宪法(非洲卷)》,北京:中国检察出版社,2012 年版,第 415 页。

④ 《世界各国宪法》编辑委员会:《世界各国宪法(非洲卷)》,北京:中国检察出版社,2012 年版,第 494 页。

⑤ 《世界各国宪法》编辑委员会:《世界各国宪法(非洲卷)》,北京:中国检察出版社,2012 年版,第 503 页。

随之传入非洲。民主、人权观念是英、法政治价值观念的核心，然而，英、法所扩散的民主与人权观念，其基本内容仅仅是一种最低限度的保障，对于处于殖民统治时期的非洲社会而言，这显然是远远不够的。非洲民众在运作政治体制和学习英、法政治观念的基础上，将英、法政治价值观念内化并加以运用，扩充了英、法原有的政治价值观念。由此，非洲地区在对英、法政治思想进行融合、创新、扩展和深化的基础上，发展出民族自决权和发展权。

非洲在模仿中的创新首先体现在从天赋人权到争取民族自决权的斗争中。天赋人权深入人心。"天赋人权"赋予个人的是个人至上的权利，关注的重点是个人。二是天赋指的是自然而然和与生俱来的，即这种自然权利是绝对且永恒的，任何第二者都无法也不能施加干预、制约与剥夺。

对英、法传统的人权观念基本内涵加以概括，无非是"脱离了人的本质和共同体的利己主义的人的权利"。[①] 仅关注个人的公民权和政治权利，而忽视经济、社会和文化权利。继而，民族独立时期民族自决权成为非洲人权理念的核心。

二战结束后，人权问题逐步成为国际社会日益关注的焦点问题。促进对全体人类人权与基本自由的保障是联合国基本宗旨之一。非洲人民在 20 世纪 40 年代至 50 年代的民族解放运动期间，对于集体人权概念的确认与发展做出了突出贡献，强调集体人权观念。[②] 非洲集体人权观在《非洲人权和民族权宪章》中得以充分展现，这一人权宪章不仅赋予个人人权，还将集体人权赋予非洲人民。

《联合国宪章》等一系列有关人权的国际文书中都会包含民族自

---

① 《马克思恩格斯全集》(第 1 卷)，北京：人民出版社，1956 年版，第 437 页。

② Christof Heyns, *Human Rights Law in Africa*, New York：Kluwer Law International, 1996, p. 2.

决权这一重要原则,民族自决权是国际人权法意义上的基本人权。民族自决权理念的理论来源是英、法传统人权观中的天赋人权学说与人民主权学说。列宁在十月革命的过程中,提出了以反对殖民统治与民族压迫为核心的民族自决学说,同时将其与殖民地和附属国人民群众争取民族独立相联系。

民族自决权主要包括三种群体:一是处于殖民统治中,正在同宗主国抗争,争取民族解放和独立的民族;二是处于外国军队的军事侵略与占领中的民族;三是在主权国家内的全体人民。相对于单一民族的国家而言,单一民族是民族自决权利的主体;相对于多民族的国家而言,领土范围内的所有民族构成民族自决权的主体。作为个人和多民族国家中的少数民族,都不能随意伸张民族自决权。

民族自决权伸张的内容包括两方面:一是对受殖民统治或受外国军事占领与侵略的民族而言,民族自决权是摆脱宗主国的殖民统治、恢复独立或是建立独立主权国家的有力武器。1960 年,《关于给与殖民地国家和人民独立的宣言》中规定,所有的人民均享有自决权,任何企图部分或全面分裂一国的团结与领土完整的图谋均同联合国宪章的基本原则相违背。所以,民族自决权同尊重国家主权独立与领土完整是完全一致的。二是民族自决权指国家有不受外来干涉,自行决定其自身发展的社会、政治体制和法律制度的权利,有自由追求其经济、文化和社会发展的权利,有自由处置本国自然财富和资源的权利等。

从二战结束到 20 世纪 50 年代末的 15 年时间里,非洲民族独立运动取得了巨大的胜利。先后有 6 个国家取得了独立,加上过去已经取得独立的国家,共有 9 个非洲国家获得了民族独立。它们是加纳、几内亚、埃及、利比亚、摩洛哥、突尼斯、苏丹、埃塞俄比亚、利比里亚。这些国家为了加强团结,支持非洲大陆尚未获得独立国家人民的斗争,在加纳领导人恩克鲁玛的推动下,召开了非洲独立国家会议。

第一届会议于 1958 年 4 月 15 日至 22 日在加纳首都阿克拉举行。参加的有加纳、埃及、利比亚、突尼斯、摩洛哥、苏丹、埃塞俄比亚和利比里亚 8 个非洲独立国家的代表,以及阿尔及利亚、喀麦隆、多哥等当时尚未获得独立的国家的民族解放运动的领袖。会议就有关非洲各国的外交政策、非洲独立国家的前途、阿尔及利亚问题、种族问题、保卫非洲国家独立的措施、经济合作和文化交流等方面交换意见,并通过了有关保障非洲国家独立、领土完整和援助非洲未独立地区人民实现自决和独立等多项决议,并申明恪守万隆会议十项原则,主张各国和平共处。

会议呼吁支持阿尔及利亚的人民争取独立的斗争,要求法国从阿尔及利亚撤兵和阿尔及利亚民族解放阵线谈判,并要求法国的盟国不要直接或间接帮助法国在阿尔及利亚的军事行动。会议还谴责法国殖民者对喀麦隆人民的武装镇压,要求法国让多哥和喀麦隆实现民族自决。

恩克鲁玛在会议上响应非洲人民的要求,发出了"不许干涉非洲,非洲必须自由"的呼声。第一届非洲独立国家会议的召开,引起了全世界的注目。人民或民族自决的国际政治原则与国际法准则取代了意识形态,为非洲民族与地方独立诉求提供了理念上的支持。民族自决权在一定程度上促进了非洲的民族统一与国家独立,维护非洲国家主权与领土完整,捍卫民族国家的利益。而后,20 世纪 60 年代为争取建立国际经济新秩序发展权成为非洲人权观念的核心。

第4章 独立后英、法政治体制的外塑与非洲的内化

从非洲国家获得独立开始直至21世纪,非洲国家经历了从民主政体到集权政体,而后回归民主政体,并维持民主政体相对稳定的历史转变。英、法在非洲政治变迁中根据国际情境的变化,通过国家、多边和区域国际组织三个层次,以经济援助、附加政治条件对非洲进行人权导向和政治导向的手段,对非洲的政治体制进行外塑。从非洲角度而言,非洲传统的政治运行方式同英、法的分权制衡与多党制之间具有一定程度的契合性,这为非洲内化英、法政治体制提供了基础。经过英、法政治体制在非洲的外塑与内化,非洲人普遍形成了对英、法人权、民主、良治观念的认同。然而,英、法政治体制在非洲的植入长期面临着困境。这是因为该制度内生于英、法社会,同非洲的政治经济发展不相适应,难以促进英、法政治体制在非洲的进一步发展。

4.1 英、法政体在非洲实践的矛盾与变迁

英、法政体在非洲的变迁经历了"民主——集权——回归民主——民主基本稳定"的转变。英、法的民主政体在非洲经历了国际的外塑与非洲的内化,最后形成了非洲民众对英、法政治理念的认同

与实践。

4.1.1 英、法式民主政体向集权政体演变（20 世纪 60 年代初—80 年代末）

独立初期的非洲国家不同于亚洲和拉美等大多数二战后挣脱殖民统治取得独立的国家，近百年的殖民统治完全中断和破坏了英、法殖民主义入侵前非洲的政治、经济、社会和文化的自然演进历程，却并未建立起更先进的政治经济和社会形态。新生非洲国家继承的是建立在部族甚至是部落基础上的民族国家、不发达和单一畸形的殖民地经济结构和以传统村社为基础的二元社会结构，因而独立初期非洲国家的民主政府如白驹过隙。从 20 世纪 60 年代中后期至 1989 年初，51 个独立的非洲国家中，有 39 个国家执行的是一党制或军人统治模式的集权体制。[①]

集权体制的建立大致采取了两种途径：

一是贯彻了建国初期的一党制。此类国家可以分为两类。一类独裁时就是一党制的国家。如几内亚，独立后一直采取一党制的几内亚。在政治体制上，塞古·杜尔认为英、法的多党制不适用于几内亚，因而极力主张实行一党制，民主党成为几内亚的执政党和唯一合法政党，其他任何政党均被禁止。1972 年 4 月，在几内亚民主党第九次全国代表大会上，杜尔宣布要在几内亚建立党和国家的一体化的制度。1978 年 11 月，杜尔在民主党第十一次代表大会上宣布几内亚已进入"政党和国家合并成为一个有机的实体"阶段，即党—国阶段。为此更

---

① 1989 年初非洲一党制国家有：安哥拉、贝宁、布隆迪、佛得角、刚果、吉布提、赤道几内亚、埃塞俄比亚、加蓬、几内亚比绍、科特迪瓦、肯尼亚、马拉维、马里、莫桑比克、卢旺达、圣多美和普林西比、塞舌尔、塞拉利昂、索马里、坦桑尼亚、多哥、赞比亚、扎伊尔、阿尔及利亚、苏丹。实行军人统治或禁党制的国家有：布基纳法索、中非、乍得、加纳、几内亚、利比亚、毛里塔尼亚、尼日尔、尼日利亚、乌干达、利比亚、斯威士兰。肯尼亚《每周评论》1990 年 5 月 28 日。

改了国名和党名,把"几内亚共和国"改为"几内亚人民革命共和国",把几内亚民主党改为几内亚国家党。1982 年 5 月,几内亚通过第二部宪法即《几内亚人民革命共和国宪法》,以法律的形式把党国合一的体制加以肯定并予以法律化。从此,塞古·杜尔一人兼任党的总书记、共和国总统、"革命最高负责人"和武装部队总司令等职务,集党、政、军大权于一身,成为几内亚全国至高无上的主宰者。①

另一类是独立后名义上采用英、法议会民主体制,实际上实行一党制的国家,如利比里亚、象牙海岸(今科特迪瓦)、马拉维、中非和布隆迪等国。利比里亚在 1847 年独立后,即仿照美国宪法模式制定了本国的宪法。虽然开始时曾两党轮流执政,但从 1869 年到 1980 年发生军事政变的逾百年里,该国一直由利比里亚真正独立党单独执政。党的领袖也是国家的总统,任期 8 年,可连选连任。1966 年 7 月 6 日,马拉维成立共和国,班达任总统,并推行亲英、法的外交政策。然而,独立后不久,班达内阁的有些成员即因抗议他的独断专行和与南非及葡属殖民地的和解而辞职。1965 年爆发了由两名前副部长领导的叛乱。1966 年马拉维成为班达总统严厉独裁统治下的一党专政共和国。他紧紧地控制着政府的各个方面,将反对者投入监狱或予以处决。班达集中一切力量建设国家的基础设施和增加农业生产。

二是以军事政变为途径,组建军人政府,通过法律形式将军政府合法化。经过"大选"的洗白,政变领导人也摇身一变成为党的领袖和国家元首,国家从多党制变为一党制,如刚果等。② 1960 年 6 月 30 日,刚果获得独立。1965 年,莫伊兹·冲伯总理发动军事政变,并自任

---

① 《世界政治家大辞典》编委会:《世界政治家大辞典》(上册),北京:人民日报出版社,1992 年版,第 882 页—885 页。

② 贺文萍:《非洲国家民主化进程研究》,北京:时事出版社,2005 年版,第 69—72 页。

总统。他致力于复兴刚果的经济,包括将加丹加的铜矿收为国有以及鼓励外国投资,但振兴农业的工作落后,使得粮食进口增加。他任命文职人员担任政府的重要职务,以冲淡政府的军人色彩。

在非洲国家,英、法式民主政体向集权政体演变有其深刻原因:

第一,从非洲传统政治运作模式来看。英、法民主政体不适合非洲各国的国情和民情,而集权政体则适应了非洲的需要。非洲国家独立后,原始和封建的经济形态仍然存在,对人们生活的各个方面产生深刻影响。非洲国家领导人认识到本国阶级的区分并不清晰。桑戈尔指出,撒哈拉以南的非洲社会不存在阶级区分,社会基础是公社。[①]所以,塞内加尔需要"求助于一种黑非洲的方式来实现非洲社会主义的目标"[②],即实行一党制的非洲"民主社会主义",只有这样才能充分发挥国家优势,实现国家稳定发展。另外,撒哈拉以南非洲社会中原生的一致性是一党制得以生存的文化土壤。肯尼亚非洲民族联盟相信一党制是对本国传统文化一体性的继承。[③]

第二,从非洲国家独立初期的国家建设与发展来看,集权有利于国家统一、民族融合与经济建设的需要。非洲国家自身实力弱小,难以抵挡独立后强大国家的压力,容易丧失主权。在那些照搬英、法政治体制的国家中,各种矛盾凸显、冲突频发,这些国内的不稳定对非洲经济社会的持续稳定发展产生阻碍作用。[④] 经济上,独立后非洲国家面临着经济发展的艰巨任务。权力集中有利于营造社会形成和平稳定的大环境,在此背景下更便于有效地组织各种物资与劳动力,从而

---

① Senghor, Léopold Sédar. *Lavae du socialisme. Grande impr. africaine*, 1961, p. 1245.

② Senghor, Léopold Sédar. *Lavae du socialisme. Grande impr. africaine*, 1961, p. 1245.

③ 贺文萍:《非洲国家民主化进程研究》,北京:时事出版社,第79页。

④ 刘鸿武:"非洲治理与发展难题之破解:中国的视角",载《非洲研究》,2016年第1期,第5页。

集中力量推动国家各项活动的开展,有利于社会经济的发展。

第三,从国际因素来看,前苏联在非洲鼓吹的"非资本主义道路"是集权政体产生的外部推动力。受到几个世纪罪恶殖民统治的压迫,非洲人民对英、法所实行的资本主义恨之入骨。在同一时期,在苏联的社会主义模式指导下的其他国家呈现一派社会安定、经济繁荣、人民安康的局面。因而,在前苏联鼓吹的"非资本主义道路"理论影响下,将近有一半非洲国家选择了这条道路。[①]

4.1.2　集权政体向民主政体的回归(20 世纪 80 年代末—90 年代末)

从 20 世纪 80 年代末至 90 年代初,集体政权逐步向民主政体回归。

一、由集权政体向民主政体回归

历史的发展是螺旋式的上升运动,非洲在这一阶段回归民主,经历了初始、高潮和逢选必乱三个阶段。

第一小段,从 1989 年至 1990 年,是非洲民主化的初始阶段。这一阶段中,非洲国家受到全球第三次民主化浪潮的推动掀起了民主化浪潮。不少国家从一党制转向或决定转向多党制,如贝宁;也有一部分国家积极维护和坚持一党制,如肯尼亚;还有一些国家举棋不定、持观望态度。对多党民主政体的两难态度在 1990 年 7 月召开的第 26 届非统国家首脑会议上集中体现出来。反对实行多党制的人强调,多党制容易引起部落冲突,不利于国家的政治稳定和经济建设。[②] 会议上的宣言明确表示出,非洲的发展"处在十字路口",非洲各国应该根据本国的实际情况决定是否选择民主制度。

---

① 谈世中:"误区之一:'非资本主义道路'——非洲国家独立后经济发展理论和思想的总结",载《西亚非洲》,1995 年第 1 期,第 47—52 页。

② 高晋元:"非洲的多党制潮流初析",载《西亚非洲》,1990 年第 5 期,第 11 页。

民主化首先在西非小国贝宁发轫，贝宁"民主化"引发了西非国家相继选择迈入民主化进程。科特迪瓦、卢旺达等国家以贝宁的政治体制转型为范本，召开了民主会议、对宪法提出修正议案、制定多党选举的政党制度等。仅在 1990 年的一年时间里，约有 18 个国家迈入了民主化或已经确定将要迈入民主化国家。

第二小段，从 1991 年至 1994 年，进入民主化高潮。经历了头两年的政治辩论，从 1991 年开始非洲各国领导人开始深入了解多党制，并考虑如何利用多党制。多党制在非洲已经成为主流观念。直至 1994 年年末，除个别非洲国家，多党制几乎覆盖了整个非洲大陆。据资料统计，在这一阶段约有 30 个国家将多党制纳入宪法，并组建了多党议会。

第三小段是 20 世纪 90 年代的逢选必乱。英、法式民主在非洲的回归呈现了两个主要特征：一是，以新自由主义为导向，开启了非洲的结构调整与新一轮的改革，自由主义民主模式以结构调整计划构成内容。二是，民主化浪潮发展阶段，部分非洲国家爆发了剧烈的政治动乱。

二、非洲国家民主政体回归的选举情况

在评价非洲巩固民主的情况时，选举制度的性质和选举进程的管理显得特别重要。

（一）非洲民主国家的选举结构

在所有政治制度中，现行的选举制度类型对代表权和政治有深刻的影响。人们早就认识到，选举制度是政党制度形成的决定因素之一。这里的关键问题是将选票转换为席位的机制，即通常所说的选举模式，地区的大小，即从每个选区选出的代表人数，以及选票的结构，即选民改变选票的可能性。其中，选举模式是最重要的。地区规模是另外一个特征，它决定了选举结果的比例，而选票结构只影响被提名

者中谁将真正当选。[①]

非洲国家的选举模式大致可分为四类：前英属殖民地的单一成员多元化制度，亦称简单多数制；前法国殖民地，多数为单一成员多数制；前葡萄牙殖民地以及其他一些国家的各种比例选举制度；合并若干选举模式的选举制度。值得注意的是，当一个政体采用前殖民国的选举制度时，并不是简单地照搬前殖民国的模式，对其选择需要经历一个深思熟虑的过程，它需要符合该制度中最重要的行动者的偏好。

大多数前英国殖民地使用的是简单多数派方法。16 个前英国殖民地国家中有 14 个，即 87.5% 的国家选取了该模式。这个模式表示，在指定地区内，得票最多的候选人当选。这一制度并不要求候选人赢得半数以上的选票，只要求获得多数。在绝对多数选举制度中，一名候选人在第一次选举中获得半数以上的选票才能有效，否则必须进行第二次选举。简单多数制度的一个影响是，它们往往夸大了最大政党的议会代表。这类制度因其无法表现政党选举的真正实力而受到批评，因为它扭曲了选民的"真实"偏好。然而，对于使用这种模式的非洲国家而言，这种简单多数有两个方面的优点。首先，从长远来看，这个体系将是公平的，因为只有每一个选举都不公平，最终结果才是"不公平的"。其次，尽管选举结果导致了过度代表，但这是可以辩解的，因为它为执政党提供了多数席位，使其更容易有效治理。根据莫扎法尔的研究，前英属殖民地的独裁统治者和反对派团体都有保留简单多数的选举模式。[②] 对于执政党来说，可以通过这种选举方式实现对权

---

① Lise Rakner and Lars Svåsand, Multiparty elections in Africa's new democracies, https://www. cmi. no/publications/822-multiparty-elections-in-africas-new-democracies.

② Mozaffar, Shaheen: "Electoral systems and conflict management inAfrica: A twenty-eight-state comparison", in Timothy D. Sisk andAndrew Reynolds (eds.): *Elections and conflict management in Africa*, Washington, D. C., United States Institute for Peace Press, 1998, pp. 86 – 87.

力根深蒂固的控制，而对于有地区支持的反对派团体来说，简单多数派方法保证了他们在各自地区仍然可以实现持续的主导。

在前法国殖民地向多党民主过渡的过程中使用了全国会议。17个前法国殖民地国家中有9个，即53%的国家采用了这一选举制度。由于现政权受到来自国内外的压力，需要呼吁社会各不同群体的代表都能够解决治理问题。这些团体中的每一个，包括现任政权，都利用全国会议来安排选举进程。几个最大政党的存在成功地确保了法国的选举安排——如果没有候选人在第一轮选举中获得至少50%的选票，就进行两轮选举——但接受了地方议会的比例选举制。

（二）对选举的管理

选举并不是简单的投票，需要经历复杂的流程。根据埃尔克里特的研究，非洲国家选举需要经过12个步骤[①]：(1)建立具有法律框架的选举流程；(2)选举委员会的组建；(3)划分选区和投票地区；(4)选民教育和选民信息获取；(5)选民登记；(6)政党和候选人的提名与登记；(7)监管选举活动；(8)投票；(9)制票和计票；(10)解决纠纷和投诉；(11)选举结果公布；(12)选举后对选举材料的处理。选举的民主性从第一步便实现了，它受到规则及实施过程的制约。然而，即便这些规则从文本分析上而言是公平的，但在实践中是否得到遵守则是另一回事。

在选举的整个过程中，选举委员会的性质、选民登记与竞选活动的开展是威胁民主实现的关键环节。

1. 选举委员会的组建是影响选举合法性实现选举民主的关键机构。这些委员会的目的是执行选举进程，但其成功与否取决于几个关键因素：组织结构、相对于政治力量的独立性、成立动机、员工动机、

---

① Elklit，Jørgen："Electoral institutional change and democratization：You can lead a horse to water but you can't make it drink"，*Democratization*，Vol. 6，No. 4，1999，pp. 28 - 51.

透明性。埃尔克里特和雷诺兹将上述流程对应于加纳(1992、1996)、博茨瓦纳(1965、1999)、坦桑尼亚(1995、1999)、赞比亚(1991、1996)、南非(1994、1999)、莫桑比克(1994、1999)、塞拉利昂(1996)和布基纳法索(1998)的选举研究。他们指出,在人们认为选举进程合法性较低的五个案例(加纳1992年、赞比亚1996年、塞拉利昂1996年、布基纳法索1998年、莫桑比克1999年)中,有人认为在这几次的选举中选举管理机构或具有明显的党派之分,或只有虚名,或两者皆有。[1] 对比加纳1992年和1996年的两次选举可以清晰看出选举委员会对于提高选举民主性与合法性的重要作用。1992年加纳的选举被争议和暴力笼罩,导致反对派抵制选举。1996年选举前发生了重大变化,特别重要的是成立了党派间咨询委员会。国际政治行动委员会为竞选候选人的政党提供了一个论坛,他们可以在这个论坛上就选举进程的执行情况表达他们的不满。尽管国际政治行动委员会没有任何正式的决策职能,但其审议工作影响了选举委员会的运作方式,它在使选举进程合法化方面发挥了重要作用。[2] 同样,关于法语非洲国家民主巩固的研究也强调,在民主进程已得到规范的国家,自治选举委员会作出了重要贡献。[3]

2. 选举管理的质量和效力也通过选民登记程序大大影响选民投票率和投票结果的民主性。为了使选举进程按照期望进行,它要求:(1)所有符合选民资格要求的公民都应有权投票;(2)任何不符合条件

---

① Elklit, Jørgen and Andrew Reynolds: "The impact of electionadministration on the legitimacy of emerging democracies: A new researchagenda", *Working paper* #281, Kellogg Institute for Internationalstudies, University of Notre Dame, In, 2000.

② Gyimah-Boadi, E. Ghana: "The challenges of consolidatingdemocracy", in R. Joseph (ed.). *State, conflict and democracy in Africa.*, London, Rienner: 1999, pp. 409 - 428.

③ Fomunyoh, C.: "Francophone Africa in flux: Democratization in fitsand starts", *Journal of Democracy*, 2001, pp. 37 - 50.

的人都不得投票。大多数非洲民主国家没有固定的、不断更新的选民名册,所以必须在每次选举之前重新建立这种名册。正常情况下,一个永久和自动更新的选民登记册需要一个全国公民登记册,该登记册需要考虑到人口组成的变化,如人们去世、新有资格投票的人、其他在政治制度中重新定居和移民获得公民地位的人。[①] 从技术上来看,这种持续性实时更新选民登记册只能在技术上和经济上最先进的国家实现,无法在所有国家实现。由于无法实现这理想状态的登记制度,就需要寻找一些其他的方法实现对有资格的选民和没有资格的选民加以区分。但这种区分的方法并没有一定之规,也不存在一定的标准,它都带有强烈的主观色彩,以至于无法得到理想状态的结果。在极端情况下,这一环节的薄弱可能会破坏整个选举进程的合法性。选民登记不足,会导致选民人数与满足选举进程登记要求的公民人数之间存在差距。乌干达 2000 年的全民投票就是一个例子,选举委员会报告有 92% 的选民登记在册。然而,在公投前一项调查中发现,83% 的受访者是 18 到 25 岁之间的有注册的选民,但其中只有 74% 的选民进行了登记,其他没有登记的选民中许多人都表达了注册选民的意愿,但因为各种各样的原因错过了。[②]

建立一个单独的选民登记册的困难之处在于,选民本身必须作出多种决定,这一点在赞比亚后来的选举中有所体现。多次投票和随时脱离选举的行动都会降低登记选民的全面性,从而降低投票率。在这种情况下举行的选举就有可能无法选出符合民意的政党或候选人,特别是如果投票率普遍较低,而且选票在几个政党或候选人中平均分配

① Nugent, Paul: "Winners, losers and also rans. Money, moral authority, and voting patterns in the Ghana 2000 elections, *African Affairs*, Vol. 100, 2001.

② Bratton, Michael and Gina Lambright: Uganda's referendum 2000: The silent boycott", *African Affairs*, Vol. 100, 2001, p. 439.

的话。最终的结果可能是,获胜的候选人实际上仅获得了有资格的选民人口中少数人的支持。

然而,在行政能力有限和基础设施薄弱的国家举行高质量的选举意味着要付出巨大的代价。开发计划署的一项研究比较了发达国家和发展中国家之间的选举费用:在列出的人均选举开支超过 8 美元的 9 个国家中,有 4 个在撒哈拉以南非洲。[1] 研究中发现,世界上一些最贫穷的国家举行了最昂贵的选举。譬如,1996 年加纳大选成功举行,但很大程度上依赖国外资金:美国援助 650 万美元,丹麦援助 300 万美元,英国援助 80 万美元。[2]

可以看到,非洲选举呈现一种趋势,即选民登记的程序越来越复杂。从南非和赞比亚等不同国家对登记程序的争议[3],可以看出选民登记程序本身对选举程序的合法性至关重要。

3. 竞选活动的性质和竞争党派之间竞争的公平程度是另一个可能影响选举本身合法性的主要争议来源。民主国家和伪民主国家之间的区别之一在于前者的选举环境并不偏向于现任政党。这意味着,组建政党和提名候选人竞选公职的自由没有受到限制,一旦竞选活动开始,所有政党和候选人都被赋予自由竞选的权利。不幸的是,正是在这个选举阶段,许多国家的民主发生动摇。

在大多数非洲国家,最重要的通讯手段是无线电。大多数家庭都

---

① Lopez-Pinto, R: Electoral Commissions as Institutions of Governance. *Study prepared for the Management Development and GovernanceDivision*, UNDP. New York,1998.

② Gyimah-Boadi, E. "Civil society in Africa"; in Larry Diamond et. al. (eds.): *Consolidating the Third Wave Democracies*. Themes andPerspectives, Baltimore, Md., Johns Hopkins University Press, 1997.

③ Gloppen, Siri and Lise Rakner: "Political institutions in Africa. Thequest for democratic accountability. Zambia and South Africa". *Paperprepared for the ECPR Conference*, Kent, September 6 - 10,2001.

能收听广播,而只有少数人,主要在城市地区,能收看电视或新闻。在大多数国家,政府控制着主要的电视和广播频道,但近年来出现了一些私营运营商。成功的选举,即那些被认为是自由和公平的选举,例如加纳 2000 年的选举,媒体对政党和候选人进行了"公正"的报道。[①]相比之下,媒体对冈比亚 1996 年竞选活动的报道显然有利于现任总统,他在广播和电视上的竞选时间占总竞选时间的 88.3%。[②] 1995 年津巴布韦大选中,媒体对执政党关注也发生了类似的过度情况,而邻国博茨瓦纳的"媒体竞技场"则相对公平。[③] 虽然,博茨瓦纳执政党在媒体报道中所占比例也过高,但没有津巴布韦那么高。这种对比归因于两国政治领导人对反对派的态度。在津巴布韦,领导人奉行努力消除反对派的政策,而在博茨瓦纳,态度则是容纳反对派在国家政治制度中发挥作用。除了对竞选活动有偏见的报道外,还有许多政府干预独立印刷媒体的例子,津巴布韦正是如此。

非洲选举运动中经常出现的一个问题似乎是现任政党与国家机构之间缺乏清晰的界线。当职者在任何选举竞争中都具有明显的实际优势,在新民主化的非洲国家,当职者的政党并没有放弃利用国家手段为自己谋取利益。现任政府的优势有助于保持当前执政党继续执政,就像在肯尼亚和坦桑尼亚一样。执政党利用国家资源开展自己的竞选活动,例如使用政府车辆,或混用国家资金与政党资金。津巴布韦国家资助了执政党,实际上便是排除了反对党获得胜利的可能性。

---

① Gyimah-Boadi, E. : A Peaceful Turnover in Ghana. *Journal of Democracy*, Vol. 12, No. 2, 2001, pp. 104 - 115.

② Adejumobi, Said: "Elections in Africa: A fading show of democracy?", *International Political Science Review*, Vol. 21, No. 1, 2000, pp. 68.

③ Darnolf, Staffan: "Democratic electioneering in Southern Africa. Thecontrasting cases of Botswana and Zimbabwe", Gothenburg, *Gothenburg studies in politics* No. 45, 1997.

（三）非洲选举模式带来的影响

20 世纪 80 年代末至 90 年代初非洲出现民主化浪潮。在此期间，大多数非洲国家都举行了多党选举。从 1989 年至 1994 年间，非洲地区国家举行了近 100 次选举。[①] 在非洲民主国家选举有三大功能：(1)公民选择代表权，可以在选择他们的立法代表或行政代表时发挥效用；(2)选举是选择政府的一种方式；(3)公民通过选举赋予民主政府政治制度合法性。[②] 非洲人民普遍期望，多党选举模式可以为他们带来一个政治复兴、民主良治的时代。

虽然多党制和选举正迅速成为非洲的常态，但是细观这一时期的非洲选举，它只是一种形式，只能称得上是"视觉民主"。部分国家政党为了得到国际支持，举办了形式上的普选，有时甚至会采取不合法的手段，包括：(1)使用政治手段打击竞选对手，如 1996 年，赞比亚历史上第一位民选总统为实现连任，针对开国总统卡翁达修改宪法，将参选资格改为"非原住居民"的赞比亚人不能参加总统选举。此外，还出台针对卡翁达的选举事项白皮书，指出任何已两次当选的人都不应有资格再次参选。(2)军方领导人通过以平民身份进行全国选举获得权力，执政后不兑现向文官统治过渡的承诺。这些军方领导人大都鄙视和嘲笑人权民主理念。如，加纳的杰瑞·约翰·罗林斯、冈比亚的叶海亚·贾梅和尼日尔的易卜拉欣·马尔纳萨拉。在加纳，每当有人向杰瑞·约翰·罗林斯和他在的临时国防委员会提出向文官统治过渡的问题时，他们的反应通常是："把权力交给谁?"非洲国家这些政党

[①] Deegan, Heather. Elections in Africa - The Past Ten Years. An Assessment, Briefing Paper No. 2. *The Royal Institute of International Affairs*, April 2003.

[②] Reilly, Benjamin. International Electoral Assistance: A Review of DonorActivities and Lessons Learned. Working Paper 17, Working Paper Series. NetherlandsInstituteofInternationalRelations, 'Clingendael' ConflictResearchUnit. June 2003, p. 12.

上台后,国家又重新陷入专制统治。仅实现了"有限的"民主。其特点是民众在日常生活中的政治参与度低、公民自由在很多方面受到限制,政治权力集中在少数精英手中。

举行选举对非洲国家而言是民主化进程中的一个里程碑,但它不是非洲民主合法性的关键。非洲国家许多选举未能达到国际公认的自由和公正选举标准。尽管非洲在自由和公正选举方面的记录好坏参半,但目前大多数非洲人都认为选举是决定他们未来道路的不可或缺的机制。[①]

三、非洲集权政体向民主政体回归的原因

第一,国内经济发展状况堪忧,经济危机不断加剧,人民生活水平持续下降。20 世纪 70 年代末 80 年代初,受到世界经济危机的打击,非洲地区国民经济增长率由 6% 降至 2.5%。80 年代情况更糟,从 1980 年至 1987 年,增长幅度连续 8 年维持在 0.2% 的水平,甚至部分国家的国民生产总值为连续负增长。将人口增长因素纳入国民生产总值的数据中后,整个黑非洲更是呈现出 -2.9% 的负增长状态。20 世纪 80 年代,是非洲失去发展的十年,最不发达国家增加了 12 个。

第二,在集权时期,非洲国家采取了国家过度干预经济的政策,使国家经济在原有集权政体体制下更加难以复苏。从 1960 到 1976 年,发展中国家以政府名义将 1447 家外企国有化,其中非洲对 628 家外企实现了国有化,占 43.4%。从 1974 到 1977 年,非洲国家在国有企业的投资比重占全国经济投资比重的 32.4%,而同期所有发展中国家的平均比例仅占 27%。世界银行 1986 年的一份报告也说,黑非洲国

---

① Teshome, W.. Democracy and Elections in Africa: Critical Analysis. *Journal of Human Sciences*, 5(2), 2008. Retrieved from https://j-humansciences.com/ojs/index.php/IJHS/article/view/470.

家的国营企业比重在发展中国家是最高的,公营经济部门雇佣的职工占所有现代化部门职工的一半。[1] 国有化导致经济的集权化、垄断化与官僚化,造成非洲经济发展失去了活力。

第三,国内独裁政治引发政治腐败,民众尤为不满。集权政体的政治结构中缺乏对现任政权的监督与制约,长期的放任滋生了政权的独裁与腐败。于是在集权统治下的非洲出现裙带关系、专制独裁、官僚政治、管理混乱等一系列政治丑态。扎伊尔前总统蒙博托被称为非洲的首富,拥有 70 亿美元左右的私人存款。他在法国、瑞士、比利时、西班牙等国购置了豪华居所,供其及家属每年出国度假。总部设在柏林的全球监察组织——"透明国际"发布的《2004 年度全球腐败报告》将蒙博托列为过去 20 年内下台的各国领导人腐败榜中第三名,贪污50 亿美元。[2] 非洲集权政体的领导人大多难以抵挡权力的腐蚀。特拉奥雷在国内有 10 多亿美元的存款。上行下效,马里政府几乎是无官不贪。人们说,在马里当了官,不贪污才是疯子。[3]

毫无疑问,政治腐败在当时已经成为非洲国家的毒瘤。统治集团的贪污腐化激起了穷苦困顿的普通民众的强烈不满与反抗。愤怒的人们将持续的经济衰退同政治腐败与极权统治联系在一起,强烈要求参与国家管理、进行政治变革。

非洲国家从集权政体向民主政体回归也有其国际原因:

第一,国际政治格局变化带来的巨大冲击。苏东剧变带来了信仰危机加速了集权政体的衰败。冷战时期,苏联基于与美国争夺世界霸权的需要,不仅在非洲大力宣扬和鼓励以社会主义为发展方向的"非

---

① 唐大盾等主编:《非洲社会主义新论》,北京:教育科学出版社,1994 年版,第419 页。

② 美联社伦敦 2004 年 3 月 26 日电。

③ 李继东:《现代化的延误——对独立后"非洲病"的初步分析》,北京:中国经济出版社,1997 年版,第 261—265 页。

资本主义道路",而且向宣称以形形色色的社会主义为意识形态指导的非洲国家提供了大量经济、技术和军事方面的援助。因此,长期以来"苏联援助"加上"社会主义的意识形态"成为了非洲社会主义国家维持一党制的现实需求和法理依据。20世纪80年代末90年代初东欧剧变和苏联解体犹如一场政治大地震,对这些奉行社会主义的非洲国家以及其他实行一党制的非洲国家带来了巨大的冲击。

第二,英、法的强大压力加速了非洲政治变革的进程。二战后长达半个世纪对苏冷战的胜利使英、法世界雀跃不已,也给其向非洲等发展中国家推销宣传英、法民主观和价值观,并进而推动建立多党民主体制提供了一个绝好的机会。法国在非洲多党民主风潮中扮演了十分特殊的角色。作为在非洲有着特殊利益的前殖民宗主国,法国积极引导非洲向多党方向发展。当1989年底贝宁的政治改革还在酝酿时,法国驻贝宁大使即向贝宁政府提出了召开全国会议、修改宪法、实行政党分开等八点建议,法国政府还专门提供了约170万法郎,用来资助贝宁召开"国际会议"。[①]

第三,英、法等国蓄意利用非洲低速发展的经济,对非洲国家进行政策压迫,迫使非洲国家领导人将非洲国家经济发展出现困难的原因归结为政策失误。由此,推进非洲国家以新自由主义为理论基础开展经济结构调整的相关工作。[②] 加之从1982年开始的三年特大干旱,加深了非洲对英、法等国的依赖。英、法等国趁火打劫,将新自由主义的理念作为附加条件强加给撒哈拉以南的非洲国家。[③] 直至20

[①] [法]斯特凡·史密斯:"贝宁:巴黎在科托努高改革",载法国《解放报》1990年3月17—18日合刊。

[②] *Accelerated Development in Sub—Saharan Africa：An Agenda for Action*，Washington，D. C.：World Bank，1981，p. 125.

[③] 萨奇、陈沫:"紧缩型非洲经济结构调整方案及其滞胀效应",载《西亚非洲》,1989年第5期。

世纪 90 年代初,按照英、法要求,以新自由主义理念对本国进行经济结构调整的撒哈拉以南非洲国家升至三十国,占非洲国家数量的 75％。自由主义民主模式以经济结构调整计划为前提条件,在非洲集权的统治者的认可和协助下,通过国内力量进行民主化改革从而实现了仿照英、法结构的改革目标。迅速绑架或提前清理掉了一切反对力量。

4.1.3　非洲政治体制的稳定运作(21 世纪以来)

21 世纪以来,非洲国家呈现政权和平过渡,动荡较少的局面。

通过第三次民主化浪潮诞生的民主国家进入 21 世纪后已举行多次民主大选。在非洲地区,进行多党竞争式的民主选举每年多达十几个国家。以 2004 年为例,该年有 9 个撒哈拉以南的非洲国家举办了第三轮多党选举。在大多数撒哈拉以南的非洲国家中,多党民主选举均实现稳定交接,多党下的宪政政权得到平稳延续。对于在选举中落选的政党及其领导人,很少掀起政治动乱或政变,政治权力的平稳交接成为常态。

英、法式民主政体在非洲趋于稳定的原因在于:

第一,非洲国家对选举制度掌握能力的提高。根据非洲国家的民主宪法,进入 21 世纪后的许多国家相继举办了第三或第四次多党民主大选,民主大选延续至第三或第四次,证明了非洲国家在一定程度上实现了对选举制度的掌控。在这诸多选举中最引世人关注的是南非、津巴布韦、利比里亚三国。2004 年 4 月,南非举行了全国范围的第三次全国多党民主大选。2009 年,进行了第四次多党民主大选。在第四次大选中,国大党一改历次大选中的绝对优势,以微弱优势赢得大选。新任南非总统在就职演说中释放了延续往届政府的发展政策的信号,并表示针对绝对优势失去的问题,要做出具有针对性的政府改革,以国民的需求为标准,建立廉政政府。

第二,立法体系逐步完善。在 20 世纪 90 年代初期的宪政改革之后,非洲各国相继迈入法制轨道,以立法的方式实现对宪政政权的保证与维持。1996 年 10 月,南非公布《选举委员会法》[①],此后通过了宪法草案。1998 年,针对新宪法出台了对选举进行严格规范性质的《1998 年选举法》。1998 年,尼日利亚为保证选举的顺利与公正颁布了相关法律。1999 年,为保证对选举结果的后续实施与监督,议会颁布了《反腐败法》。1999 年 5 月,尼日利亚新宪法生效。2002 年,以新宪法为准则,出台了相应的选举规则。

第三,监督制度发挥作用。为保证宪政改革的顺利实施及其在日后平稳延续,除完善立法机制外,完善的监督体系也是必要的。非洲各国为完善监督体制,一方面建立了健全司法审查制度,另一方面依照新宪法成立独立的选举委员会。南非的独立选举委员会由国民议会推选产生,该委员会仅受宪法与法律的约束,其工作不受任何具有政治派别的政党左右,其职能与地位由宪法赋予。

第四,"非洲互查机制"的实施。对于非洲国家而言,为了保证民主制度的落实,不仅贯彻落实了国内的监督机制,同时开创性地建立了互查机制。加入该机制的非洲国家需要将本国的政府治理状况及人权保障方面的工作透明化、公开化。一旦互查机制进入,查出有不符合审查标准的指标出现时,该国需进行限时整改。如若违反规定不接受审查,或改革后仍不达标,那么该国将无法从非洲新伙伴计划中获得优惠利益。

第五,民众参与积极性提高。第三次民主化浪潮覆盖了整个非洲大陆,动员了非洲大陆上的所有民众。受到第三次民主化浪潮的洗礼,民主领导阶层,如市民阶层与知识分子,在民主斗争的过程中,锻

---

① No 51 of 1996: *Electoral Commission Amendment Act*, 1996.

炼了自身的领导能力。同时，他们通过组织与领导群众运动，实现了民主观念在非洲大陆上的广泛传播。[①] 随着各种政治活动的开展，权力制衡、议会民主等现代宪政理念愈发深入人心，民众在新时期开始对新政权提出进一步完善民主制度的要求。

4.2　英、法对非洲政体变迁中的外塑

英、法在非洲获得了独立之后，持续不断地通过国家、欧共体、欧盟的对非洲政策对非洲国家施加影响力。

4.2.1　国家：英、法的对非政策

一、英国的对非政策

冷战时期，受到国际局势的影响，英国对非洲的政策先抑后扬。冷战初期，英国将北大西洋作为外交重点，虽然继续维持同非洲关系，但并未将非洲作为重点关注区域。20 世纪 70 年代后，受到经济发展的刺激性作用，英国同非洲的关系持续回暖。

英非关系的疏远期。受到国内政策的影响，1956 年至 1972 年期间，英、非关系趋于降温。尤其是 1970 年保守党政府上台确定的外交重点是成为"先进工业国家"，英国对非洲关注极少，英非经贸关系趋于冷淡。[②] 但受到非洲国家的政策向苏联倾斜的影响，英国与非洲国家的关系开始回暖。

英非关系的缓和期。冷战后期，英国通过观察世界局势的发展变化，认识到非洲的重要性，从此开始调整对非政策，逐步推进双方关系

---

① 陈尧："非洲民主化进程中的公民社会"，载《西亚非洲》，2009 年第 7 期，第 34 页。

② Colin Legum, ed., *Africa Contemporary Record 1972 – 1973*, London: Rex Collings, 1974, p. A116.

的回暖。英国为保证双方关系的重建，一方面，英国通过对非洲国家进行投资，实现资本入驻非洲。另一方面，加强并落实对非洲地区的援助，为英、非关系的升温再添动力。从 1979 年到 1989 年的十年间，英国保守党再次执政，虽然实现"先进工业国家"的政策仍在继续，但改变了此前对非洲冷淡的政策，加大了对非洲国家的援助力度。[①]

冷战结束初期英、法实行以援助为主的对非关系战略。冷战结束后，英国对非洲的基本策略，一是维系英联邦纽带，保持传统上对非洲的影响。二是在经济合作和经济援助的同时，加大同非洲国家政治上的联系。三是重视同非洲国家的关系，将其列为英国对外关系的重点领域。

21 世纪以来英非合作关系深入发展。进入 21 世纪后，非洲政治局势日渐平稳、经济发展日益迅速、投资环境日趋安全，加之其广阔的市场、充沛的劳动力和广阔的资源，非洲成为吸引投资与贸易合作的焦点地区。为加深英、非关系，英国在经济援助的基础上，新增安全援助与人道援助。2003 年，英国担负了联合国针对非洲维和与人道救援费用 7.4％的资金。同时，在疾病治疗方面，英国也逐年增长援助预算。为帮助非洲国家脱贫并实现发展，2005 年，英国颁布"非洲马歇尔计划"，为非洲减免债务额度、提高援助额度。

预计英国脱欧后，将会更加强调同非洲的关系。英国政府认识到现在非洲 70％的人口未满 25 岁，人口增长速度超过其他任何一个地方，这些人代表着未来。预计到 2050 年，世界人口的 1/4 将是非洲人，非洲中产阶级的规模将同欧洲总人口的规模相当。这一批即将进入消费主力军的非洲人将成为消费大军，他们的消费动向将会决定某一个经济体会得到更快发展。同时，非洲拥有丰富的矿产资源和多样

---

① 田德文："国家利益至上——解析英国政府对外援助政策"，载《国际商务》，2001年第 1 期。

的生物种类,这些都促使英国提高了对非洲国家的重视程度。凭借强大的历史关联和英联邦的多边机制关系,英国人认为他们有能力支持非洲良治的改革与法治的实施。同时,由于家庭、语言和文化等方面的联系,许多非洲人也对英国产生了强烈的亲近感。

英国在非洲建立了广泛的外交网络,其中包括 36 个大使馆和高级委员会,19 个英国文化委员会和 16 个英国国际发展部驻非洲办事处。这些外交网络的建立推动了英国同非洲合作关系的发展。如2015 年至 2016 年英国对外官方援助分配数据(如图 4-1)所示,对外援助中,非洲——特别是撒哈拉以南的非洲是英国援助量最多的区域,总量为 3,619,000,000 美元,占总援助的 30.8%。

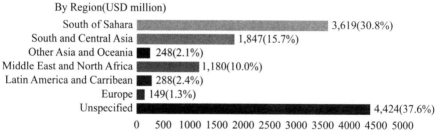

图 4-1　2015—2016 年英国政府开发援助分配图①

英国将同非洲的关系发展重点放在三个主要领域,繁荣、安全和移民。其中,在繁荣领域,英国强调非洲政府应该加大力度改善政府透明度,并重视对良好治理的落实,同时还应加强对政府人员实行问责制。英国政府投资近 4 亿英镑来支持非洲解决腐败问题,促进良治和加强非洲国家政府体制管理。另外,在安全领域,英国通过鼓励民主化实现非洲国家的长期和平与稳定。英国认为通过促进非洲国家

---

① OECD, Interactive summary charts for total DAC, DAC and non-DAC members, https://public. tableau. com/views/AidAtAGlance/DACmembers?：embed ＝y&：display_count＝no? &：showVizHome＝no#1.

实现民主权力移交,可以解决非洲的恐怖主义、暴力极端主义和严重的有组织的犯罪。[①]

二、法国的对非政策

法国在非洲有着特殊而重要的国家利益,发展对非经贸关系是维护法国国家利益的重要手段。冷战期间,法国在非洲的殖民体系崩溃,而后通过与原殖民地国家建立新形式的"合作"确保非洲成为其战略物资和原材料的主要来源地;冷战结束后,将非洲置于外交战略的重点区域,将法非关系定位为"新型合作伙伴关系"。1998 年,法国更新同非洲关系,同时关注对非援助与对非投资。进入 21 世纪后,为防止其他大国向非洲持续渗透,法国再一次加大对非援助。

冷战时期发展法非"合作"关系。法国在冷战期间在东西两大阵营激烈对峙的态势下,加强同前法属非洲地区国家的战略协作,为此法、非进入战略合作期。[②] 这一时期,法国同非洲的合作涉及多领域。对法国而言,实现法国同非洲的合作,一方面,可以维护法国在非洲的既得利益,另一方面,可以维护法国在世界体系中的大国地位,增加法国在国际事务中的话语权与议事筹码。去殖民化运动结束后,法国与 31 个非洲国家分别签署有关法国在非洲军事存在的协定或条约。法国通过这些协定实现对非洲地区政治、经济及军事方面的控制。

冷战结束后法国的"新非洲政策"。1990 年 6 月,法国时任总统密特朗提出对非洲国家进行民主化改革的要求,并将民主化改革作为向非洲国家提供经济援助的政治附加条件。受此政策影响,许多非洲国

---

① Foreign & Commonwealth Office and The Rt Hon Tobias Ellwood MP, UK Foreign Policy After Brexit: Engaging Africa, https://www.gov.uk/government/speeches/uk-foreign-policy-after-brexit-engaging-africa.

② 顾学明:《大国对非洲经贸战略研究》,北京:中国商务出版社,2011 年版,第 90 页。

家由此被迫走向多党民主的道路。然而,多党民主的实施不但未造就非洲的繁荣发展,还致使非洲国家部族主义与极端势力快速发展,这一现实使法国不得不重新制定对非政策。1995 年希拉克总统上台后,对以往对非政策作出一系列总结,而后法国开始寻求同非洲协作发展的新道路。他指出,非洲对法国而言是非常重要的,在新时期应该打破旧有关系,建立新型法非伙伴关系。在新关系的框架下,希拉克将对非援助与对非投资相结合,以此带动非洲国家政治民主化与经济发展快速化。

新世纪以来的对非洲新政策。受到国内外舆论的压力,面对前期投资与援助并未促成非洲繁荣发展的困境,法国开始重新规划其对非的援助政策,开展多样化的合作模式,同时加强对监督机制的管理。[①] 2012 年,奥朗德指出非洲是法国对外政策的重点区域,因为法国财政支出的一半以上在非洲地区。奥朗德向非洲政府提出民主、人权和良政的要求。将法国的普世价值观强加在法国对非援助的条件中。

在文化方面,法语国家协会已成为法非关系的焦点。法语非洲国家的政治是通过政治、商业、经济和货币联系交织在一起的世袭性蛛网。[②] 非洲国家复杂的政治状况在很大程度上影响到法、非国家间关系的发展。

4.2.2　多边机制：英联邦与法非首脑会议

非洲国家独立后,为了维系自身在非洲殖民时期的利益,以英、法为代表的西欧国家同非洲国家建立起各种双边联系机制。其中具有代表性的两种机制分别是英国同其前殖民地国家建立起的英联邦和法国同其前殖民地国家建立起的法非首脑会议。

---

① 李安山："浅析法国对非洲援助的历史与现状",载《西亚非洲》,2009 年第 11 期。

② Clapham C. *Africa and the International System*. Cambridge：Cambridge University Press, 1996.

一、英联邦对非洲的塑造

英联邦对非洲的态度整体上同英国对非洲政策是相辅相成的。直至1973 年,英国加入欧共体,英联邦对于塑造英非关系的作用愈发不明显。

非洲民众提出了对民族利益和主权的要求,成为推动英联邦形成的基础。二战后,英国希望通过加强对殖民地,特别是英属非洲殖民地的经济开发,增加自己的经济收入,弥补国际收支的亏损。因此,从1945 年起英国政府多次制定法案,增拨援助款额,扩大对外援助的规模,成立专门机构负责英属殖民地和战后独立的英联邦国家的经济开发援助。1948 年 10 月,英国外交大臣贝文指出,只要英国推进对非洲的开发,就能掌控全球经济的发展方向。[①] 冷战初期,随着 20 世纪 50年代末和 60 年代初去殖民化高潮的到来,除津巴布韦与塞舌尔,其他英属殖民地均完成去殖民化的任务,实现国家独立。虽然越来越多的殖民地附属国取得了或即将取得政治上的独立,但它们经济上依然十分落后,需要前宗主国继续予以援助和支持,独立后的非洲国家大部分加入了英国主持的英联邦。

援助金额和优惠。英国对非洲的直接援助数量受到其对多边方案(包括欧盟方案)的大量捐助的限制。但在上世纪 70 年代末和 80年代初,多边因素在英国贸易总额中所占的比例大幅上升。当然,对非洲的援助也受到英国总体援助计划的影响。在 20 世纪 60 年代中期,援助总额大约为英国国民生产总值的 0.55%。[②] 然后急剧下降,直至 20 世纪 70 年代中期开始有所上升,但此后又出现下降趋势。直至 20 世纪 80 年代以后至 90 年代,英国对非洲的援助呈现明显的急剧上升趋势。

---

① 王振华:《英联邦兴衰》,北京:中国社会科学出版社,1991 年版,第 135 页。
② 1960 年—2017 年官方发展援助净额占国民总收入的百分比,经济合作与发展组织数据网站,http://data.oecd.org/oda/net-oda.htm.

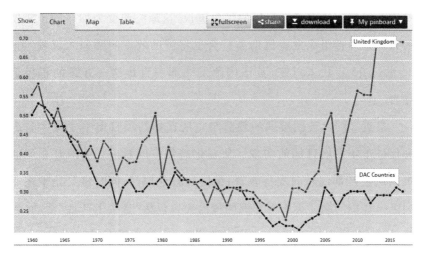

图 4 - 2　1960—2017 年官方发展援助净额占国民总收入的百分比

英国对非洲的援助一向是高度优惠的。在过去的 20 年里,几乎所有对非洲国家的援助都是以赠款的形式提供的,而不是贷款。早在 20 世纪 70 年代中期,就有英国对最不发达国家的援助记录,赠款占比 99％。英国还实施了一项积极的双边债务减免方案,实际上是将过去的贷款转化为赠款,并支持国际重债穷国减免计划,非洲国家一直是该计划的最大受益者之一。

英国援助非洲方式和最终用途。在英国援助的前几年,财政援助的主要形式是资助个别的发展项目,这些项目通常与提供技术援助联系在一起。项目援助非洲的方式在 80 年代前成为主导。80 年代后主导地位开始下降,出现了各种形式的援助方案,一般是通过资助货币基金组织和世界银行(国际金融机构)实现援助。结构调整议程在 80 年代得到加强,并一直持续到 90 年代。在 90 年代后期,英国对非洲的捐助增加了对非洲基础进行结构调整的条件。

经合组织发展援助委员会在 1996 年的一份报告中,将非洲国家进行结构调整作为援助的条件。除此之外,该报告大大加强了对减少贫困和维持生物多样性目标的优先重视,这最终演变为如今的千年发展目标。经合组织发展援助委员会也将援助效率问题列入议程。自20世纪90年代末以来,英国国际发展部一直是这一方案的积极倡导者。

最近20年,英国援助的趋势与它所选择的项目集中于减少贫穷和促进千年发展目标的实现。从变化趋势可以看出。英国对非洲的援助从生产部门转向支持教育、保健和其他部门,同时也开始重视非洲国家环境问题。英国对非洲的援助大致包括"直接生产性"活动(包括经济、农村生计),和"社会性援助"支出(包括教育、卫生、社会、管理)。

重点政策的变革。英国援助管理的一个重要特点是,自1964年设立海外发展部以来,英国援助计划的绝大部分出自政府部门。但是,这并不意味着公正地促进社会和经济发展一直是历届行政当局的政策优先事项。当然,援助也被用来促进英国的国家利益,援助政策是以实现英国外交政策、安全、移民和商业目标为前提而规划的。

英国使用采购捆绑的做法。这意味着,由英国援助提供资金仅限于非洲国家购买源自英国的商品和服务,这是一种保护主义,大大降低了提供的"援助"的实际价值。20世纪80年代,英国对非洲国家的援助总额中,很大部分都是以这种方式进行的。这种援助的比例在90年代有所下降,到1996年仅适用于援助总额的约1/7。直到2001年这种援助被完全废除。

历史教训也促使英国援助方式发生变化。以项目为基础和以技术援助方式提供援助的情况尤其如此,目前这两种方式都不是很有效,部分原因是它们所涉及的交易费用很高。

英国对非洲的援助政策在其他方面也发生了变化。近年来最明显的变化之一是，国际发展部的议程已从以项目为主导的促进经济增长转向集中于减贫目标和实现千年发展目标。事实上，英国国际发展部的使命为，在贫穷国家消除贫困，这反映在向非洲提供的援助的最终用途从直接生产的经济部门转向社会服务和促进非洲国家实现政府结构调整。

英国作为捐助国寻求与受援国政府建立的关系的性质也发生了重大变化。这在一定程度上是非发展性外交政策和商业动机消长的结果。这也是从项目方式转向方案方式的结果。这种转变首先出现在 20 世纪 80 年代和 90 年代初的"结构调整"时期，当时国际金融机构非常积极地发放调整信贷，特别是在非洲，而且英国的援助越来越多地用于支持这些信贷。随着这种情况的发展，关系越来越多地建立在捐助者希望改善受援国内部的经济和体制政策的基础上，他们试图通过援助，在一定程度上实现对受助国产生政治影响。在 20 世纪 80 年代，英国很大程度上倾向于利用国际金融机构，特别是国际货币基金组织调整对非洲的援助。

以条件为基础的援助的扩大发生在 90 年代初，英国和其他双边捐助者对政治和治理相关条件的使用急剧增加。用当时的外交部长道格拉斯·赫德在 1990 年的话说，"应该鼓励趋向多元化、公共问责制、尊重法治、人权和市场原则的国家。那些坚持高压政策、腐败管理或挥霍无度、信誉扫地的政府，不应该指望我们用稀缺的援助资金来支持"。①

在实践中，国际金融机构的政策条件和双边会谈的政治条件都没有得到一贯的严格执行，受援国政府很快就学会了如何在不损害援助

---

① Cumming，G.. *Aid to Africa：French and British Policies from the Cold War to the New Millennium*. Aldershot：Ashgate，2001，p. 176.

继续流入的情况下玩条件游戏。① 因此,1997 年英国即宣布放弃以条件为基础的双边关系,转而支持相互接受捐助责任的更公平的"伙伴关系"。政策和政治问题仍然被认为是至关重要的,但这些问题开始以地方所有权、政策对话和各方之间的相互协议为基础。这一转变的另一个含义是,英国对其支持的非洲政府变得更加挑剔,并逐步减少对那些不符合可信度和促进减贫的最低条件的政府的援助。

在国际发展部的业务结构中出现的大量权力下放。实际上,在所有主要的非洲受援国,当地的国际发展部代表都拥有相当大的财政和政策权力。回到伦敦后,代表们仅带回工作中遇到的最重大或最敏感的问题。一个可能的不利之处是,国际发展部总部可能更难确保统一执行英国政策意图。综上所述,在过去的 40 年中,英国对非洲的援助政策有很大的波动性。几乎在每一个方面都发生了重大的变化。

英国对非洲国家政策的形成产生决定性的影响。任何机构政策的形成都是惯性力之间相互作用的结果,惯性力倾向于维持现状,而积极的变革力则是这种相互作用的结果。决策者受到历史、从现有政策中获益的特殊利益集团、对问题的既定看法、对变化中存在的危险或不确定因素的制约。

英国对非洲援助政策的主要表现如下:

在 1929 年、1940 年和 1945 年,英国分别出台了《殖民地发展法案》和两部《殖民地发展和福利法案》。② 殖民结束后,以上三份法案自动失效,英国通过世界银行等多边机构,间接实现对非洲的援助。受到英国国内力量的推动,为重新建立英国同非洲的直接联系,英国在

---

① Killick, T. *Aid and the Political Economy of Policy Change*. London: Routledge, 1998.

② White, G. & Wade, R. (Eds.), *Developmental States in East Asia*. Basingstoke : Macmillan in association with the Institute of Development Studies at the University of Sussex, 1998.

1964 年成立了海外发展部。

英国在冷战结束初期,降低了非洲在其外交战略中的重要地位。从宏观上看,英国的援助预算是其政府开支总额的小部分,当英国政府处于金融紧缩期,不太重要的部分就会被削减,对非洲的援助也被列入削减项。撒切尔夫人曾说,她认为援助是一种"施舍"。虽然援助得到许多英国公众的支持,但削减对非援助并不会影响英国政局的稳定性。

从 1990 年起,英国政府重新重视非洲,增加对非洲的援助预算。预算逐年大幅增加。从 2009 至 2010 年度国际发展部受援国双边援助和人道主义援助总额统计数据[①]可以看出,在 2010 年,英国的国际援助总额为 3 958 263 000 英镑,其中援助非洲总额为 1 647 428 000 英镑,即超过援助总额 41.6% 的资金流向非洲。接受英国援助金额总量排名前 15 位的国家中有 11 个非洲国家,分别是:加纳、马拉维、乌干达、莫桑比克、津巴布韦、肯尼亚、卢旺达、乍得、尼日尔、莱索托、赞比亚。2013 年英国援助非洲总额为 2 509 000 000 英镑[②],2014 年为 2 640 000 000 英镑[③],2015 年为 2 759 000 000 英镑[④],2016 年为 2 900 000 000 英镑[⑤],2017 年为 2 594 000 000 英镑[⑥],2018 年为

---

① https://www. gov. uk/government/statistics/dfid-statistics-on-international-development-2010-total-dfid-bilateral-aid-and-humanitarian-assistance-by-recipient-country-200910.

② https://assets. publishing. service. gov. uk/government/uploads/system/uploads/attachment_data/file/403381/SID-2014-revised-UNDP-figure-feb15. pdf.

③ STATISTICS ON INTERNATIONAL DEVELOPMENT, https://assets. publishing. service. gov. uk/government/uploads/system/uploads/attachment_data/file/482322/SID2015c. pdf.

④ https://assets. publishing. service. gov. uk/government/uploads/system/uploads/attachment_data/file/572063/statistics-on-international-development-2016a. pdf.

⑤ https://assets. publishing. service. gov. uk/government/uploads/system/uploads/attachment_data/file/660062/SID-2017b. pdf.

⑥ https://assets. publishing. service. gov. uk/government/uploads/system/uploads/attachment _ data/file/792687/Statistics-on-International-Development-Provisional-UK-Aid-Spend-2018. pdf.

2 385 000 000 英镑①。值得注意的是,近年来,英国援助非洲的金额占其总援助额已经超过 50%,2017 年更是高达 58.6%。由此可见,英国在世界范围内对非洲的关注度极高②,虽然它对非洲持续的影响力相较于殖民时期有所减弱,但终不会消失。

英国对非洲援助政策的影响因素有两个方面,它们分别是:国内因素方面和国际因素方面。

(一)英国国内因素对其援非政策的影响

1997 年工党政府上台后,支持发展中国家的发展成为英国政府的重要工作事项。特别是白皮书发布和对援助进行立法后,对外援助成为英国政府关注的主要议题。尤其是在 2002 年英国《国际发展法》出台后,更是为英国对外援助指明了方向,英国的援助只用于促进他国的可持续发展或改善受援领土居民的福利,不得用于其他目的。当时在野的保守派对这一法案的出台表示基本支持。时至今日,在援助政策上,两党大多数成员一直保持协商一致,很少出现激烈反对。

同样不能忽视那些具有一定政治地位的部长在推进对非援助的作用,他们在位期间一直致力于推进对非洲的援助工作,卸职后同样保持着同非洲国家的友好关系,其中包括:1964 年被任命为英国海外开发部部长的芭芭拉·卡斯尔、1989 年至 1997 年担任海外发展和非洲国务部长的琳达·乔克、1997 年至 2003 年担任国务卿的克莱尔·肖特。党派和关键人物对非洲援助工作的推进直接关系到非洲受援助金额的总量。非洲国家常得到英国党派和关键人物支持,其原因在于,这些非洲国家是、或曾是英联邦的重要成员。在国际舞台上,他们

---

① https://assets. publishing. service. gov. uk/government/uploads/system/uploads/attachment _ data/file/792687/Statistics-on-International-Development-Provisional-UK-Aid-Spend-2018. pdf.

② http://www. grips. ac. jp/forum/DCDA/Chapter03. pdf.

往往是支持英国方案的坚定盟友和坚强后盾。

（二）国际因素对英国援助非洲的影响

与其他发展中国家和地区相比,非洲已经成为问题最多和挑战最多的地区。非洲大部分地区的主要问题包括:增长速度缓慢、发展程度落后、贫困人口数量居高不下、地区冲突频发、难民大规模流动。正是源于此,国际援助在很大程度上集中在非洲地区,同样,英国的大部分援助资金也流向非洲。20世纪80年代以前,国际对非洲的援助集中在优惠借贷、债务减免等方面。80年代以后,非洲政府如何实现"良治"成为国际社会关注的焦点,国际社会对于如何帮助非洲实现政治体制改革产生极大兴趣,英国对非洲的援助也增加了政治条件。

其他援助机构对英国对非援助的影响。国际金融机构对英国的援非政策产生的影响最为关键。20世纪80年代,在世界银行和国际货币基金组织的推动下,大多数非洲国家以西方发展模式为蓝本进行了经济结构调整。经济合作与发展组织的发展援助委员会同样在英国对非洲援助中起到积极推动作用,其启动的千年发展目标将英国对非援助引入有效性机制。[1]

此外,英国政治制度及其观念形态对英联邦国家产生深远的影响。英联邦非洲国家的政治制度(包括行政、立法和司法制度)及其观念形态(关于议会、文职人员、司法人员即军队等方面的活动行为规范),深受英国影响。

绝大部分非洲殖民地附属国都走上了英、法议会民主制的道路。英联邦国家的议会民主传统和基本政治机构与观念的相似性,为发展英联邦各国议会间的联系、加强法律方面的合作提供了基础和可能。英联邦议会联盟在发展英联邦各国议会间的联系和合作方面发挥着

---

① http://www.grips.ac.jp/forum/DCDA/Chapter03.pdf.

作用与影响。此外,英联邦国家在法律方面的合作和其他法律机构合作方面一直比较密切。由此,英联邦内的非洲国家在政治制度方面深受英联邦的影响,形成了类似于英国的政治制度及观念形态。

二、法非首脑会议对非洲的塑造

法语非洲的独立并不意味着与法国断绝经济和文化联系。切断脐带对大多数法语国家来说是一项艰巨的任务。在大多数情况下,这些地区是法国经济和财政资助的附属国。

1973 年 11 月,为密切法非国家的联系,蓬皮杜在巴黎建立法非对话机制,即首届法非首脑会议召开。随着法非关系的发展日趋密切,这一首脑对话机制至今已涉及非洲所有国家。1974 年,德斯坦总统规定法、非对话定期举办,会议在法国和非洲国家轮流举办。

第一届法非首脑会议于 1973 年 11 月 13 日在巴黎举行,由法国国家元首乔治·蓬皮杜担任主席。会议主题是建立新型关系。参加此次会议的人员中有 7 位非洲国家元首。这次会议后来被称为"历史性"会议。它为法国和讲法语的非洲之间的对话提供了一个新的框架。这次会议是在 1973 年阿拉伯—以色列战争之后举行的,那场战争造成大约 1 万人死亡。这迫使与会者重申他们对和平的渴望,"这不仅符合两个超级大国的利益,也符合整个国际社会的利益"。第一次法非首脑会议决定,此后的法非首脑会议将成为相互协商的工具,每年举行一次。当时的法国外交部长米歇尔·约伯特在评论本次峰会取得的成果时宣称:"在当今世界,经常被拿来开玩笑的法非合作,一定会构成世界进步与稳定的要素。"①

第二届法非首脑会议于 1975 年 3 月 7 日至 8 日在班吉召开。这次参加会议的代表团比 1973 年 11 月巴黎会议的代表团多。会议主

---

① http://www1.rfi.fr/actufr/articles/038/article_20040.asp.

题是建立世界经济新秩序。参加此次会议的人员中有 9 位非洲国家元首。整场会议"在友好团圆"的氛围中进行(有共同的语言、历史与文化),法国致力于帮助解决非洲内陆国家干旱和自然灾害等问题。非洲国家对这次"家庭团聚"体现出的坦率和友好精神表示满意。会议决定,法非首脑会议每年在非洲和法国之间轮流举行。法国领导人告诉非洲伙伴,他希望看到法国增加对非洲国家的援助。他还表示会议欢迎讲葡萄牙语的国家,这样可以扩大法非首脑会议的影响力。

第三届法非首脑会议于 1976 年 5 月 10 日至 11 日在巴黎召开。这一次的参会国增至 20 个,其中有 9 位国家元首和 11 个部长级代表团参与。会议的主题是寻求非洲自身的独立发展。此次会议围绕四个中心点展开:通货膨胀、国际货币体系、南北对话和发展援助。根据法国的倡议,会议设立两个援助基金。一个是促进非洲发展的特别基金:该基金由与非洲有历史联系的工业化国家设立,用于对接发展部门,例如,为保证内陆国家能够出海,修建铁路和公路;为帮助非洲国家对抗干旱,提供基金支持;助力采矿业,以协助开采矿物资源等。另一个是非洲团结基金:由非洲国家和法国联合提供资金,这些资金用于投资最不发达非洲国家的发展项目。此外,法国决定加入非洲统一组织的非洲发展基金。

第四届法非首脑会议于 1977 年 4 月 20 日至 21 日在达喀尔举办。这次会议有 11 位非洲国家元首出席。达喀尔峰会的主要议题是讨论瓦莱里·吉斯卡尔·德斯坦所说的"解决非洲日益增加的危险"。法国总统在第四届法非首脑会议开幕式上说,所有非洲国家不论其政治观点如何,都有权在其境内享有安全。参加达喀尔首脑会议的 19 个非洲国家都坚定地表示,非洲值得进行的唯一斗争是在和平、团结与合作中争取发展。

第五届法非首脑会议于 1978 年 5 月 22 日至 23 日在巴黎召开。

在这次会议前举行了由外交部长参加的筹备会议。会议的主题是促进非洲的安全与发展。参加此次会议的非洲国家领导人升至 16 名。聚集在法国总统周围的 20 名与会者的目光集中于正在扎伊尔沙巴省发生的暴力事件。因此,安全问题成为与会者关注的焦点。在会议结束时,法国为非洲抗旱出台特别方案,捐助 6 000 万法郎。另外,法国决定增加援助与合作基金的业务经费,并改善中央经济合作基金向非洲国家提供贷款的条件。

第六届法非首脑会议于 1979 年 5 月 21 日至 22 日在卢旺达首都基加利召开。这次会议主题为讨论欧非关系。13 位非洲国家领导人参与此次会议。与会者着重讨论了非洲安全问题。会议将保障非洲安全的方式分为三个级别:一是法非团结行动;二是建立一支主要针对"南部非洲的种族主义国家"的泛非部队;三是签署区域内的互不侵犯条约。但是,经济和发展问题以及欧洲和非洲的关系仍然是这次会议的主要议题。基加利首脑会议向法国发出呼吁,要求法国忠实地向欧共体和其他工业化国家的伙伴转达非洲国家的意见和关切。最后,在基加利会议与会者的同意下,法国总统吉斯卡尔·德斯坦与非统组织代理主席加法尔·艾尔·尼米里将军举行了一轮会谈。会谈期间,德斯坦提出了召开欧洲—阿拉伯—非洲会议的想法,并得到非统组织代理主席的认同。[①]

第七届法非首脑会议于 1980 年 5 月 8 日至 9 日在尼斯举办。会议深入讨论了在第六届会议中讨论的"欧洲—阿拉伯—非洲会议"。此次会议的参会国涉及 24 个,其中有 15 位非洲国家首脑出席。第七届法非首脑会议中,与会者所面临的最关键问题是设法减少石油危机和外部赤字对非洲带来的影响。对于 12 个没有石油资源的法语非洲

---

① http://www1.rfi.fr/actufr/articles/038/article_20040.asp.

国家而言,1973 年进口石油的账单为 250 亿非洲法郎,但到了 1980 年,账单飙升至 2 430 亿非洲法郎。另一个重要问题是,许多非洲国家,特别是遭受干旱灾害的萨赫勒地区粮食供给不足,只有三个萨赫勒国家能够达到每人每日 2 200 卡路里的最低营养标准。法国为这些问题提供了解决办法,在法非合作框架内,联合法国、德国、美国、比利时、英国和加拿大,对非洲进行援助。关于会议主题的讨论,与会者指出非洲国家的经济合作正在不断扩大,需要加强欧洲、非洲和阿拉伯地区的共同合作。

　　第八届法非首脑会议于 1981 年 11 月 3 日至 4 日在巴黎举办。会议主题为团结发展。参加此次会议的国家多达 32 个,有 20 位非洲国家元首出席。这是法非会议首次聚集如此多的与会者,不仅有非洲法语国家,还有非洲英语、葡萄牙语和阿拉伯语国家代表。密特朗带来的法国政治变革促进了此次会议规模的扩大。法国对非洲政策发生改变,不仅体现在形式上,而且体现在内容上。密特朗开始了在促进法、非关系正常化方面的尝试。密特朗在会上反复强调这种改变是为了满足人民的基本需要,其实则是为了塑造法国在非洲的形象。科特迪瓦总统胡弗埃特-博伊尼以资深政治家的身份发表讲话时指出,法国新任国家元首"非常接近非洲的需求",这并不令人意外。他接着强调,法国总统"对第三世界的兴趣从未动摇"。乍得、纳米比亚和西撒哈拉问题在本届首脑会议上得到了处理。会议最后,针对乍得、纳米比亚和西撒哈拉问题:各国同意"向乍得政府提供援助,以重建该国,迅速部署一支非洲国家综合部队,重建行政机构和保证领土完整",法国建立一支驻非洲部队,负责提供物资和后勤援助;所有与会者都希望看到由南非管理的前德国殖民地纳米比亚独立;首脑会议支持非洲统一组织为西撒哈拉人民自决所作的努力。在经济方面,与会首脑向国际社会发出一项呼吁,要求稳定原料价格,并要求生产国进行工业改造。密特朗总统重申,就法国的援助而言,几年内将援助总额升至法国国民生产总值的 0.7%,其中 0.15% 将提供给最不发达国家。

第九届法非首脑会议于 1982 年 10 月 8 日至 9 日在金沙萨举办。会议主题主要讨论如何实现南北对话。参与此次会议的国家再创历史新高,37 个国家出席,其中有 19 位国家首脑出席会议。其中,泛非组织 50 个成员国中有 36 个非洲国家的代表(其中 18 位国家元首出席)聚集在金沙萨。有人提出以法非首脑会议替代泛非组织,但有人怀疑这种提议是法国新殖民主义的体现。因此,密特朗总统重申,法非首脑会议既不是一个机构,也不是一个组织。它并不打算取代任何机构,特别是非洲统一组织。法国既没有授权这种做法,也没有意图。并补充说,任何决定都是由非洲人自己做出的,是由非洲统一组织集体决定的。另外,在面对一场越来越大的世界危机时,非洲国家所受损失越来越多,法国元首再次呼吁进行真正的南北对话。此外,会议还对贸易条件的恶化、保证食品的自给自足以及洛美协定作出了进一步的探讨。密特朗总统在会议中向与会各国保证,法国将会一直留在非洲国家的身旁。[①] 并补充说,深陷危机的法国,不能单独取代那些落后、世界观局限于军事力量平衡问题的国家。这种坦率的讲话方式受到非洲伙伴的赞赏。法国决定加快向乍得支付总额为 6300 万法国法郎借贷。法国承诺帮助乍得重建,并向乍得派驻一批法国专家以其满足需要。在经济领域,与会者呼吁批准一项建立商品共同基金的协定。还建议在联合国和贸发会议的框架内,就稳定原材料价格进行全球谈判。就法国的援助而言,密特朗总统宣布,法国在 1982 年的援助已经达到国内生产总值的 0.52%,并将在 1988 年升至 0.7%。

第十届法非首脑会议于 1983 年 10 月 3 日至 4 日在维特尔召开。

---

① http://www1.rfi.fr/actufr/articles/038/article_20042.asp.

此次会议主题为保护乍得领土完整。与会国家增至 26 个,其中有 24 位国家元首亲自出席。密特朗重申,法国和非洲国家元首会议既不是一个机构,也不是一个组织。由非洲人自己决定自己的事务。乍得问题和西撒哈拉问题仍然是非统组织内部一个棘手的问题,因此,密特朗做出这种澄清则更有必要。然而,这种态度招致了一些人的私下批评,他们认为,法国在乍得问题寻求政治解决方案方面应该发挥一线作用。

维特尔首脑会议并没有取得令人瞩目的成果,但它澄清了许多要点,主要是:在法非关系上,法国确定了对发展中国家援助中非洲第一的优先次序。密特朗总统还重申了法国增加援助的承诺,包括在世界金融机构内增加援助。在处理非统组织问题上,维特尔首脑会议呼吁泛非组织"全心全意寻求乍得恢复和平的途径"。对于法国在乍得的军事存在,法国澄清前往乍得是为了响应乍得的呼吁,为和平而努力。只有为和平创造条件,在得到双方理解后,法国才出兵乍得。法国还重申,一旦所有外国军队撤离乍得,法国军队的撤退将即刻执行。在处理纳米比亚问题上,密特朗总统明确表示,法国会耐心等待,必须完全停止从安哥拉等方向针对纳米比亚实施的入侵行动和敌对活动,必须实现纳米比亚的独立。在处理西撒哈拉问题上,摩洛哥王储承诺将考虑西撒哈拉全民投票的结果。在促进南北对话上,密特朗总统谴责货币体系的崩溃,并承诺积极推进南北对话的实现。

第十一届法非首脑会议于 1984 年 12 月 11 日至 12 日在布隆迪共和国首都布琼布拉举办。会议的主题是"粮食自给,协调发展"。参与此次峰会的国家达到 37 个,其中有 17 位国家元首出席。在此次会议中,经济问题成为辩论的中心问题,其中包括:债务、稳定收入和粮食自给自足。布隆迪的让-巴蒂斯特·巴加萨提出,在非洲迄今所知最致命的战争导火索均为干旱,战争成为饥荒的时候必会作出的选择。会议不是抱怨的地方，也不是空想的地方。解决饥荒问题的迫切性和严重性表明，非洲是时候为其粮食自给自足和协调发展进行动员了。

密特朗也强调，在他看来非洲国家粮食的自给自足至关重要。应该即刻帮助非洲农民，教会他们如何养活自己，并为自己国家的粮食安全做出努力。同时，满足非洲国家的粮食需求也是法国粮食援助的新方向。这种紧急援助对解决饥荒或结构性粮食短缺是必不可少的，只有这种援助与每个国家争取自己粮食安全的努力同向而行时，粮食援助才能发挥作用。实地培训和技术转让正成为非洲各国自行获得和掌握发展手段的必要条件。密特朗还提醒与会者，法国愿意继续帮助非洲的发展，因为非洲大陆已经获得法国 2/3 以上的公众的支持，这是法国的责任，也是法国的选择。会议结束时，密特朗重申法非首脑会议不是一个决策机构。它更像是一个交流思想、集思广益、寻求一致解决方案的会议。法国国家元首作出了两项具体决定：一是为非洲设立特别基金，法国参加这个基金，第一批基金的 5 亿法郎被列入预算。二是在巴黎建立非洲之家。密特朗说，非洲之家是一个所有人都参与法非共同合作的，包括政治家、文人、商人和新闻业者等各领域的人们都可以舒适地聚集在一起的地方。

第十二届法非首脑会议于 1985 年 12 月 11 日至 13 日在巴黎召开。会议探讨的主题是如何解决不断增长的非洲债务。此次会议的参与国有 34 个，有 18 位国家元首出席会议。会议最后，一方面，法国支持非洲统一组织的立场，主张召开联合国非洲债务问题特别会议。另一方面，密特朗就新的非洲之家的落实情况向与会各国进行了汇报。

第十三届法非首脑会议于 1986 年 11 月 13 日在多哥首都洛美举办。此次会议有 39 个国家参会。会议主要议题为发展援助、解决债务问题、保障安全问题与南北关系问题。法国关注非洲经济发展问题，弗朗索瓦·密特朗支持多哥总统提交的针对非洲国家的"马歇尔计划"提案，并提出了五项具体行动方案，以确保发展中国家经济实现持续高增长，增加对这些国家的公共援助，向这些国家开放北方市场，解决债务问题并推进裁军。再次支持西撒哈拉全民投票，并谴责南非的种族隔离制度。

第十四届法非首脑会议于 1987 年 12 月 10 日在法国昂蒂贝半岛举办。此次会议有 37 个国家参会。会议主题为解决公共债务和商品价格问题。扎伊尔领导主张召开一次国际债务会议，为伙伴之间的债务谈判提供一个论坛，首脑会议通过了这项建议。法国在此期间考虑重新安排非洲债务的偿还期限，并决定向国际货币基金组织的结构调整方案提供 5 亿美元的资金支持。会议还讨论了 1992 年法郎区和单一欧洲市场的未来。此外，还讨论到乍得和利比亚冲突问题。①

第十五届法非首脑会议于 1988 年 12 月 14 日至 16 日在摩洛哥的卡萨布兰卡举办。此次会议的参加国共计 38 个。主要讨论的是非洲国家债务问题、西撒哈拉和南部非洲问题。法国重申其取消贫穷国家 1/3 债务的承诺，就债务问题向国际机构提出报告。并设立了一个监测气候变化的撒哈拉观测站和一个测定蝗虫迁徙路径的紧急小组，帮助非洲解决农业生产中遇到的蝗虫问题。

第十六届法非首脑会议于 1990 年 6 月 19 日至 21 日在法国的拉波勒召开。会议主题为塑造民主国家。参与此次会议的国家有 35 个，其中有 23 位国家元首出席。法国指出，对于非洲国家，法国将提供正常的援助，但很明显，这种援助将对勇敢地朝着民主迈出的国家更为热情。这是法国第一次明确表示，法国将向非洲政权提供的援助

---

① http://www.rfi.fr/afrique/20100528-24-sommets-france-afrique-1982-1990.

附带"民主红利"。法国在此次会议上就其对非洲的财政援助问题宣布了两项重要决定：一是法国今后对年人均国民生产总值不足 500 美元的最不发达国家只提供赠款。二是对于年人均国民生产总值超过 500 美元，但低于 6 000 美元的中等收入国家，法国公共贷款的利率将限制在 5%，而不是 10%。

第十七届法非首脑会议于 1992 年 10 月 5 日至 7 日在加蓬首都利伯维尔召开。会议主题是讨论经济紧缩政策。参与此次会议的国家有 34 个，其中有 14 位国家元首出席。这次会议由于密特朗接受手术治疗，成为首次法国总统缺席的首脑峰会。自 1980 年以来，参加峰会的国家元首从未如此少。密特朗的缺席并非唯一解释，另一个重要原因是非洲国家对法国附加的"民主红利"产生排斥。[1] 此次会议中，法国第一次完全赞同非洲国家提议，认为换取国际货币基金组织和世界银行支持的条件是强加且苛刻的。[2] 会议结束时，法国宣布建立一个将债务转换为发展的基金。该基金拥有 40 亿法郎，于 1992 年年底前开始运作。受益者是非洲法郎区的中等收入国家，包括：喀麦隆、刚果、科特迪瓦和加蓬这四个债台高筑的国家（1990 年底负债共计327.44 亿美元）。首脑会议为统一法郎区各国之间的商业和劳工权利的项目开通了绿灯。该项目目标是改善自由贸易，恢复经济经营者的信心和为经济一体化做准备。

第十八届法非首脑会议于 1994 年 11 月 7 日至 9 日在法国比亚里茨召开。会议主题为保障安全和实施军事干预。参会国家有 36 个，有 27 位国家政府首脑列席会议。密特朗在 1994 年对非洲政策再度进行了重大的调整，纠正了前几年轻视非洲的态度。当年 7 月他在西非国家访问时和在 11 月法非首脑会议上作出承诺：不再要求经济

---

[1] http://www1.rfi.fr/actufr/articles/038/article_20046.asp.

[2] http://www1.rfi.fr/actufr/articles/038/article_20046.asp.

援助非洲与"民主化"挂钩,而是强调"经济管理"、"以援助促稳定",援助将和自助相结合。他认为在非洲推行民主化不能操之过急,并根据冷战结束后的国际形势和法国的经济承受能力,推出了一套新的对非政策:(1)将坚持"援助与民主化"的原则改成"援助与促进非洲稳定"的政策,规定今后法国的援助将优先供给那些"国内和平、睦邻、达到最低限度民主"的国家;(2)改变援助方针,援助将逐步转向具体发展项目,而不仅仅是财政援助;(3)将非洲法郎贬值 50%。经过此次调整,法国转而走向了"既不介入,也不冷漠"的态度,对非洲的影响力重新上升,从而阻止了美国乘虚打入法国"势力范围"的企图,保持了法国在非洲的存在。[①]

第十九届法非首脑会议于 1996 年 12 月 4 日至 5 日在布基纳法索的首都瓦加杜古举办。会议主题为政府良治与社会发展。此次会议,除了苏丹、索马里和利比亚三国外,所有 46 个非洲国家都受到邀请并参加,其中有 14 个国家是第一次参加,包括阿尔及利亚、肯尼亚和莱索托等。有 27 位国家政府首脑列席会议。希拉克在 1996 年举行的法非首脑会议上明确表示:法国将放弃军事干预的做法,不再充当非洲宪兵的角色。为此,法国提出了一个旨在调整非洲军事部署的计划,决定将其在非洲的驻军在 6 年内削减 40%,即从 8 350 人减至5 000 人左右。

第二十届法非首脑会议于 1998 年 11 月 27 日至 28 日在巴黎举行。会议的主题为保障非洲安全。此次会议有 49 个国家参与。有 35位非洲国家元首参加会议,创历年记录之最。许多英语非洲国家的元首也参与了此次峰会,他们对法国在非洲的政策显示出极大兴趣。会议日程被安全问题填满。预先安排的议题包括:保障和平特派团和

---

① "法国对非实行'借重战略'",人民日报,2003 年 2 月 25 日。

非统组织和各区域组织的在非洲发挥作用、减少小口径武器的贩运、清除杀伤地雷、冲突后重建以及安全与发展之间的关系等问题。各国元首对西非经济共同体为预防和解决冲突所作的努力表示满意。他们还谈到为几内亚比绍建立西非维持和平部队的项目。他们对联合国在中非共和国的工作表示非常满意。讨论还涉及科摩罗的危机和非洲统一组织为设立一个岛屿间会议所作的努力,以及尼日利亚总统阿布巴卡尔为使尼日利亚走上民主道路所作的努力。

　　第二十一届法非首脑会议于 2001 年 1 月 18 日至 19 日在喀麦隆共和国的首都雅温得召开。会议主题是讨论非洲在全球化时代面临的挑战。参加此次会议的非洲国家数量再创新高,达到 52 个。有 26 位非洲国家元首参加此次峰会。议程围绕非洲和全球化这一主题展开。摩洛哥国王穆罕默德六世和加蓬总统奥马尔·邦戈讨论了非洲国家面对全球化挑战的解决方法。奥马尔·邦戈提议在非洲建立地区重建银行。塞内加尔总统阿卜杜拉耶·瓦德强调,迫切需要动员欧洲和非洲国家支持非洲地区基础设施建设。多哥国防部长在宣读总统纳辛贝·埃亚德马的文件时谈到了和平与安全问题。马里总统兼西非经共体代理主席阿尔法·科纳雷报告了西非经济共同体在安全领域取得的进展以及非洲联盟在这一领域作出的努力。肯尼亚总统阿拉普·莫伊提出了环境问题,南非副总统雅各布·祖马提出了民主、人权和良好治理的问题。阿尔及利亚总统阿卜杜勒阿齐兹·布特弗利卡就非洲和经济全球化发表了一份声明。最后,他就债务、卫生和药品以及世贸组织谈判中的南北问题提出了一系列具体建议。作为回应,希拉克指出法国已经采取针对性行动。此外,希拉克还宣布了一系列措施,以加快最贫穷、负债最多国家的债务减免进程。①

---

　　① http://www1.rfi.fr/actufr/articles/038/article_20046.asp.

第二十二届法非首脑会议于 2003 年 2 月 20 日至 21 日在巴黎举行。非洲除索马里外，共有 52 个国家出席，其中有 42 位国家元首或政府首脑参加。此外，联合国秘书长安南、非洲联盟委员会临时主席阿玛拉·埃西也应邀与会，会议规模与规格均超过以往。本届会议主题为法非共同构筑新型伙伴关系。非洲各国纷纷表示重视加强同法国的关系，对法决定增加对非援助表示欢迎，敦促法国尽早兑现援助承诺，并继续向非洲国家提供更多援助，同时希望法向其他西方国家转达非洲国家有关增加援助的要求和愿望；呼吁国际社会，特别是西方发达国家更多关注非洲，并采取切实有效措施帮助非洲国家实现和平、稳定与发展；承诺进一步促进非洲民主、人权、法治和良政。[①]

第二十三届法非首脑会议于 2005 年 12 月 3 日在马里首都巴马科开幕。法国总统希拉克在法非首脑会议上明确表示，法国支持非洲联盟（非盟）2010 年以前建立起非洲自己的维和部队。希拉克说，法国在非洲有 5 个军事基地，驻扎着 1 万多名法国军人，其中 4 000 人在科特迪瓦执行维和任务。法国政府将努力适应新的形势，支持非洲联盟建立自己的维和力量，以担负起维持非洲大陆和平与安全的使命。

第二十四届法非首脑会议于 2007 年 2 月 15 日在法国戛纳举行。在为期两天的会议中，来自 48 个非洲国家的政府首脑或其代表与法国总统希拉克讨论非洲在世界上的地位与作用、法非关系、非洲原材料问题、非洲与信息社会关系问题以及非洲部分地区冲突等问题。会议的中心主题是非洲与全球平衡发展。[②]

第二十五届非法首脑会议于 2010 年 5 月 31 日至 6 月 1 日在法国

---

① http://world.people.com.cn/GB/8212/60991/60996/4255413.html.

② http://www.jacqueschirac-asso.fr/archives-elysee.fr/elysee/elysee.fr/anglais/speeches_and_documents/2007/final_communique_for_the_24th_conference_of_heads_of_state_of_africa_and_france.72742.html.

尼斯举行。讨论的主题是非洲需要在国际治理中发挥更大的作用。会议还集中讨论了加强非洲和平与安全以及气候变化和可持续发展的挑战等问题。此次会议聚集了几乎所有53个非洲国家的国家元首或代表团，以及欧洲联盟、非洲联盟、粮食及农业组织和世界银行的代表。此外，这次活动是自1973年举办法非首脑会议以来，首次有超过二百名来自商界、文化及社会团体的代表参加的会议。[1]

第二十六届法非首脑会议于2013年12月6日至7日在巴黎举行。此次会晤涉及非洲的和平与安全，经济伙伴关系与发展以及气候变化。来自非洲国家和法国的53个代表团以及联合国，非洲联盟，欧洲联盟，国际货币基金组织，世界银行和非洲开发银行的代表参加了此次会议。[2]

第二十七届法非首脑会议于2017年1月14日至15日在马里巴马科举行。此次峰会的主题是"伙伴关系、和平与新兴"，探讨了包括和平与安全，恐怖主义，移民以及网络犯罪等在内的许多问题。在首脑会议上，非洲国家元首和政府首脑呼吁对联合国特别是安理会进行紧急改革，他们认为安理会应扩大其成员数量，并将非洲国家包括在常任理事国中，以使其更能代表当今世界。[3]

上述系列法非首脑会议表明，从蓬皮杜到马克龙，法国的非洲政策变化轨迹由以军事控制为主向以经济议题为主方向转变。

蓬皮杜于1969年接替戴高乐出任总统，他基本沿用了戴高乐的对非政策，谨慎维护与发展法非间的特殊关系，并积极处理非洲法属殖民地问题。为进一步密切法非国家元首的联系，蓬皮杜在巴黎主持召开了首届"具有历史意义"的法非首脑会议。而后，1974年上任的德

---

① https://www.africa-eu-partnership.org/fr/node/4936.

② https://uk.ambafrance.org/Elysee-Summit-for-Peace-and,23124.

③ https://www.newtimes.co.rw/section/read/207107.

斯坦把法非首脑会议作为维系法非关系的主要纽带,把法非首脑会议制度化。在德斯坦的倡议下,参加法非首脑会议的国家与首脑不断增多,而且超出了法语非洲国家的范围。德斯坦在法非会议中表示,非洲国家的安全受到损害时,法国不会袖手旁观。这实质上是构建一个法国的非洲。

密特朗延续此前法国的对非洲政策。冷战结束时期,法国出于意识形态斗争的需要,援助非洲的紧迫性不复存在,法国的对非政策出现变动。受到冷战因素的作用,苏联和美国在冷战对抗期间重组了后殖民时期世界的势力范围。尽管传统上法国对非洲影响极为广泛,但对非洲的实际影响受到冷战的挤压。为了保护法国在非洲的利益、实现对非洲地区的领导,从欧盟层面,密特朗强调,为推动非洲经济发展,欧洲有必要加大对非洲的投资,并承担起为欧洲经济创造新市场和新客户的责任。同时,他还提出旨在大幅增加对非洲经济援助的欧共体—非洲经济与安全协定,以探索在非洲和欧共体之间建立自由贸易区的可能性。从法、非层面,密特朗在 1994 年的法非首脑会议上提出建立维持非洲和平部队的设想。即在必要时,将以法国后勤的支持为后盾,在法国前殖民地部署非洲国家联合军事部队。[1]

希拉克尝试改变与非洲国家之间的家庭式父子关系。1995 年,希拉克当选法国总统,他认识到传统上的对非政策无法继续给法国带来预期的好处。需要采取新办法满足新环境的需要,以保持法国在非洲大陆的权力与影响力。因此,希拉克当选后,提出的有关非洲的第一个倡议是:非洲应该延续过去,而不是改变革新。希拉克希望借此将法国塑造成非洲利益的捍卫者。他在任期间,非洲成为其出访的重点

---

[1] Troitiño, David Ramiro, Karoline Färber, and Anni Boiro. "Mitterrand and the great European design—from the Cold War to the European Union." *Baltic Journal of European Studies* 7.2 (2017): 132 – 147.

地区。1995 年,希拉克就任总统后的首次出访便是其非洲传统盟友,包括:摩洛哥、科特迪瓦、加蓬和塞内加尔;1996 年,出访了纳米比亚、安哥拉、南非和莫桑比克;1999 年,访问了几内亚、多哥、喀麦隆和尼日利亚,同时他还支持这些国家成为联合国安理会未来的常任理事国。希拉克与非洲国家关系的牢固性更体现在,即使法国面对其他国家的外交孤立,仍在 1997 年反对扎伊尔和刚果的政变,支持蒙博托和德尼·萨苏-恩格索。

1997 年,法国发起了一项倡议,旨在分散法国在非洲军事政策的风险。其目的是使非洲人能够在维持安全方面承担更大的责任。2002 年,希拉克组织了一次由 13 位非洲国家元首参加的会议,支持发展与非洲的新伙伴关系。

2002 年,在希拉克连任后的 6 个月内,新任外交部长多米尼克·德维尔潘飞往马达加斯加,修复与新总统马克·拉瓦卢马纳纳之间的关系。不久之后,德维尔潘在巴黎为新任马达加斯加总理组织了一次商业会议,向投资者介绍情况。他还加强了与法国长期盟友和石油供应国加蓬的关系,并访问了 6 个西非国家,试图打破饱受战争蹂躏的科特迪瓦僵局。至于希拉克,他参加了南非约翰内斯堡的地球峰会,在那里他宣布支持南非未来成为联合国安理会常任理事国,并于 2003 年访问了马里和尼日尔。同年,他采取了不同寻常的步骤,邀请非洲领导人参加八国集团埃维昂峰会。受邀者中包括南非总统塔博·姆贝基和尼日利亚总统奥卢塞贡·奥巴桑乔。

全球化促使法国重新评估其在非洲利益,他们越来越多地从经济利益考虑,尤其重视在非洲获得开发机会和获得战略性资源。正因此,总统访问成为法、非首脑接触的新模式,这也表明法国正在摆脱守卫势力范围的传统方式(政治军事力量和提供大量援助为基础的守卫势力范围方式)。此后,布伊格(Bouygues)、博洛雷(Bollore)和里昂滋

(Lyonnaise de Eaux)等法国公司在赢得非洲重大发展项目合同和接管公共服务设施方面取得了非常成功。[1]

萨科齐致力于推动法非关系正常化。从萨科齐竞选法国总统开始,其竞选主题的关键词便是与过去的政治"决裂"。萨科齐在 2008 年访问开普敦时,对其非洲政策进行了较为完整的展现:与非洲国家对话,以适应此前的合作协定;创建新的透明的双边关系;利用法国在非洲的军事存在,帮助非洲人建立自己的集体安全体系;使欧洲成为非洲在和平与安全问题上的主要合作伙伴。[2] 他的主要设想是引入一个有选择性的移民体系,以适应法国市场的需求。萨科齐一直努力在对非洲的新、老方法间寻求平衡。萨科齐处理与非洲关系时,最初的重点是如何减少非法偷渡欧洲的非裔移民。同时,萨科齐为加强法国对非洲影响力,始终不放弃对非洲安全架构搭建的重要发言权。另外,法国政府在经济上不仅加强了与法语非洲国家的联系,还扩大了其影响范围,涉及南非和尼日利亚等国。[3] 2007 年 8 月,在法国总统发给外交和欧洲事务部长的任务信中作出明确指示,新援助政策制定的重要原则是将资源集中于重点区域,其中的重点区域主要指非洲。[4]

奥朗德入住爱丽舍宫后,法国更加积极主动地发展对非关系,加大了对非洲重大和热点问题的干预力度,在经贸领域更加积极主动地开拓非洲市场,同时加强了同非洲地区重要国家、域外大国和国际组

---

[1] Chafer, Tony. "Chirac and 'la Francafrique': No longer a family affair." Modern & Contemporary France 13.1 (2005): 7–23.

[2] Douglas Yates, 'France, The EU, and Africa', in Adekeye Adebajo and Kaye Whiteman (eds), *The EU and Africa: From Eurafrique to Afro-Europa*, (London: Hurst, 2012), p. 328.

[3] Melly, Paul, and Vincent Darracq. *A New Way to Engage?: French Policy in Africa from Sarkozy to Hollande.* London: Chatham House, 2013.

[4] 黄梅波、许月莲:"法国对外援助:近期状况及走向",载"国际经济合作",2011 年第 4 期,第 35 页。

织的合作。法国对非政策的发展演变体现了对非洲的重视程度显著回升和现实主义色彩逐渐加重。①

马克龙承诺建立法非关系新时代。在他当选时,马克龙发誓要使非洲大陆成为法国外交的基石。他明确表示,提升法国在世界舞台上的地位是其政府的首要任务。2017 年,马克龙首次向法国 170 名驻外大使发表年度讲话,重申了将非洲大陆作为其外交政策的核心计划,并表示,他坚信"世界的未来将在很大程度上由非洲决定"。② 他还成立了一个新的非洲总统委员会,委员会中的 11 名成员就非洲问题定期向他提供意见,并帮助他处理对非事务。2017 年 2 月,马克龙访问塞内加尔时承诺向全球教育伙伴关系提供 2 亿欧元,以资助发展中国家的学童。2017 年 11 月,法国总统高调出访西非,其目的是重新定义法国与前殖民地布基纳法索和科特迪瓦的关系。在 2018 年的欧洲顶级科技创业峰会上,马克龙宣布法国国家开发银行将设立一个 6500 万欧元的基金,用于促进非洲数字产业的初创企业起步。

总体来看,法国与西非、中非大多数国家关系尤为密切。作为前宗主国,法国在非洲新独立国家中一直占据着格外有利的地位,对这些地区的影响颇为深刻。法国在非洲舞台上的各个方面始终是重要的外部参与者。法国单独同 29 个非洲国家保持着"合作协定",协定涉及各领域援助。这些国家涵盖了非洲 20 个法语国家、5 个葡萄牙语国家、3 个英语国家和 1 个西班牙语国家。③

具体来说,法国同非洲之间的联系体现在经济与军事两个方面:

---

① 重返务实主义的法国对非政策,载《非洲发展报告 No. 16(2013—2014)》,北京:社会科学文献出版社,2014 年版。

② https://www. france24. com/en/20180703-macron-soft-power-push-africa-make-france-great-again-global-influence-diplomacy.

③ McKesson, John A. "France and Africa: Today and Tomorrow." *French Politics and Society* (1990): 34 – 47.

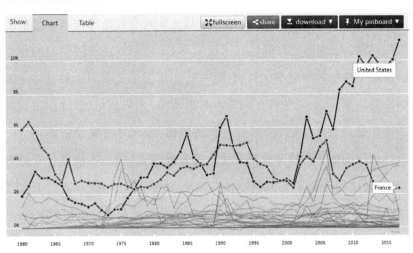

图 4 - 3　1960—2017 年官方发展援助非洲净额

一是，密切的经济联系。（1）法国经济援助非洲总额常年位居世界前列。法国一向是经济援助非洲，特别是撒哈拉以南非洲地区的最大来源地，如图 4 - 3 所示。① 从 1960 年至 2012 年的 53 年间，法国援助非洲总量一直稳居第一、二名，其中有 24 年位居第一。虽然 2013 年以后位次有所下降，但仍位居前四。（2）使用非洲法郎作为通用货币。法国建立了非洲法郎区，将法国与非洲国家的货币联系起来，为非洲法郎区国家提供了一种可以自由兑换法国法郎的稳定货币。1945 年起开始，与法国法郎保持固定平价的非洲法郎成为非洲法郎区的通用货币。非洲法郎使用初期由法国政府负责发行，1955 年发行权被移交给法属西非殖民地和法属赤道非洲殖民地地方政府。20 世纪60 年代初，法属西非殖民地和法属赤道非洲殖民地国家独立后，继续使用非洲法郎作为当地法定货币。塞内加尔经济学家东戈·桑巴（Ndongo Samba Sylla）表示，这是殖民时代的一种机制，直至目前仍

————————
① https://data. oecd. org/oda/distribution-of-net-oda. htm.

在发挥作用。因为,法国加入欧元区后,同非洲法郎区签署的合作协议中包含了四项核心原则,直接关系到法国对非洲法郎区国家经济主权的控制:①非洲法郎同欧元固定汇率;②将非洲法郎区国家的外汇储备集中在法国财政部的指定账户中;③法国保证非洲法郎可以无限制地兑换成欧元;④法郎区内资本自由转移。① 归根结底,这四项原则的最终受益者是法国、法国公司和法国精英。(3)签署经济协定。萨科齐总统的前非洲事务顾问罗曼·塞尔曼说,其中一些协议含有秘密条款,使法国垄断了有关国家的自然资源开采权。另外,纳伊曼也曾说,阿尔及利亚是唯一与法国就天然气贸易达成长期协议的国家。

二是,军事干预与建立军事基地。(1)签署军事合作协定。法国为了保证在非洲国家的军事存在,20 世纪 60 年代至 70 年代期间,同六个新独立的非洲国家签署了军事合作协定或称防御协定。这六个国家分别是塞内加尔(1960 年签署、1974 年修订)、象牙海岸(现科特迪瓦,1960 年签署)、多哥(1963 年签署)、喀麦隆(1960 年签署、1974年修订)、加蓬(1960 年签署)和中非(1960 年签署)。此后,法国又与其他非洲国家签署了国防合作条约,如在 2011 年 12 月 21 日同吉布提共和国签署了《国防合作条约》。② (2)军事干预非洲。在非洲独立后的头三十年里,法国对 16 个非洲国家进行了 36 次军事干预,包括贝宁、喀麦隆、中非共和国、乍得、科摩罗、刚果-布拉柴维尔、科特迪瓦、吉布提、加蓬、马达加斯加、毛里塔尼亚、尼日尔、卢旺达、塞内加尔、多哥和扎伊尔。在大多数情况下,法国采取行动的借口是为了保护盟国政权免受其权力受到的内部威胁。在某些情况下,法国的干预

---

① Inemarie, Dear President Macron, it's time to let go your outdated African policies!, https://svikaworks. nl/dear-president-macron-its-time-to-let-go-your-outdated-african-policies/.

② http://www. agora-mag. net/2018/07/14/le-panorama-des-forces-armeesetrangeres-presentes-en-afrique/.

是为防止共产主义颠覆或英语国家或阿拉伯国家利益侵入法国特权领域而采取的行动。① (3)法国在非洲建立军事基地。在非洲的殖民历史助力法国在非洲建立起一个庞大的军事基地网络并延续到今天。法国在非洲的军事存在于 20 世纪 90 年代也进行了全面调整。1994年,将近 9 000 名法国士兵驻扎在 7 个非洲国家,大约 800 名法国军事顾问在 20 多个国家执行任务。到 2008 年,法国已经将地面部队减少到大约 6000 人,并取消了除三个基地外的所有基地——只保留吉布提、塞内加尔和加蓬的基地。新千年的法国军队开始以短期任务进出非洲国家,而不是像 60 年代至 90 年代那样长期驻扎。② 2018 年,就法国的境外驻兵主要集中在非洲地区,其中最大的军队部署是在萨赫勒-撒哈拉地区,有 4 000 名士兵被部署在此。另外,法国有 1 400 名士兵被部署在吉布提、950 名士兵部署在科特迪瓦、350 名士兵被部署在塞内加尔、350 名士兵被部署在加蓬,另有 250 名士兵被部署在几内亚湾。此外,还有 400 名法国士兵在欧盟或北约的框架下参与非洲地区的国际行动。如图 4 - 4 所示。③ (4)部署战备后勤。法国帮助非洲国家训练部队、提供咨询援助、军事装备、维修和在发生危机时提供后勤支助。(5)军事援助。对于法国而言,它不想也不能干预非洲的每一场冲突,技术援助经常作为军事援助向当地军事和后勤提供支助。此外,法国开始选择更多地与欧盟和联合国合作,而不是像在马里那样独自行动。

① https://weaponsandwarfare. com/2015/08/03/french-military-intervention-in-african-affairs/.

② https://weaponsandwarfare. com/2015/08/03/french-military-intervention-in-african-affairs/.

③ https://www. francetvinfo. fr/france/14-juillet/infographies-operations-dans-le-monde-effectifs-chars-avions-quelle-est-la-situation-de-l armee-francaise_2281865. html.

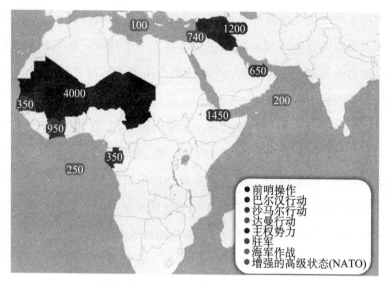

图 4-4　2018 年法国在非洲的驻兵情况

4.2.3　区域国际组织：欧共体/欧盟的援助政策

20 世纪 60 年代,非洲国家相继实现政治独立。然而,政治独立的同时,非洲国家并未获得经济独立[①],英、法维系着他们与非洲地区前殖民地的各种联系。主要通过一系列的协定进行关系的维系,包括:《罗马条约》、《雅温得协定》及前三个《洛美协定》。英、法通过这些协定,结合经济资源维持其对非洲的影响力,巩固其在非洲软权力的根基。

一、通过《罗马条约》"联系国"制度加强与非洲的联系

1957 年 3 月,欧洲共同市场六国签订了罗马条约。条约在没有告知非洲人民,也没有征得他们意见的情况下,将六国的殖民地纳入了欧洲经济集团之内。《罗马条约》将这些国家称之为"联系国"。该条约将联系的地区划分为两种,一种是殖民的"海外省",另一种是殖民地,即与共同市场成员国有着"特殊关系"的地区。属于"特殊关系"的

---

① 罗建波:《通向复兴之路——非盟与非洲一体化研究》,北京:中国社会科学文献出版社,2010 年版,第 5 页。

地区有 25 个殖民地,占共同市场成员国殖民地人口的 84％,面积占
85％。12 个法国前殖民地区,分别是马里、塞内加尔、毛里塔尼亚、象
牙海岸、上沃尔特、尼日利亚、达荷美、加蓬、刚果(布),中非、乍得、马
达加斯加。2 个法国前托管地,分别是多哥、喀麦隆。比利时前殖民地
刚果(金)。2 个比利时前托管地,分别是卢旺达、布隆迪。意大利前托
管地索马里。另有 7 个殖民地。5 个法国海外领地,分别是科摩罗群
岛、法属索马里、新喀里多尼亚、法属玻里尼西亚、圣皮埃尔—密克隆
岛。荷兰前殖民地西依里安等。

　　在非洲民族解放运动空前高涨,帝国主义不断被迫退出殖民地的
情况下,英、法对殖民地或前殖民地实行一种变相控制形式。法国首
倡"联合非洲",认识到单凭本国的力量难以维持原有的殖民统治,比
利时与德国也面临着对非洲殖民的瓦解。因此,欧洲殖民者联合起
来,共同保卫他们的殖民利益,通过建立新的联系,形成对殖民地新的
控制,从而维持和加强在非洲国家的政治经济和军事地位,以此保持
其原料供应、商品市场与投资场所的稳定。

　　从罗马条约及其附属条约中,可以看出其对非洲地区的控制。根
据《罗马条约》附属条约的第一个五年公约,首先,联系国应该把来自
共同市场国家商品的关税降低到和有关宗主国所享受的优惠税率相
同的水平;联系国输往这些国家的原料和农产品,也享受优惠的待遇。
其次,宗主国企业和垄断组织在其殖民地所享有的投资、设立子公司
以及一般利用殖民地资源和劳动力的权利,也为所有共同市场国家的
企业享有。此外,共同市场还设有一笔美其名为帮助非洲国家发展经
济的"海外领地开发资金",基金总额 581 250 000 万美元,由共同市场
成员国缴纳。[①] 联系国使用这笔援助款项时,先要提出申请,而后需要

---

① 法国、西德各 2 亿美元,比利时、荷兰各 7 000 万美元,意大利 4 000 万美元,卢森
堡 125 亿万美元。

经过这个集团的委员会审查与批准。在共同市场中,联系国并不能与英、法成员国享有同等地位,同时有关社会政策和劳动政策的条款也不适用于联系国。由此可见,共同市场对联系国的态度是将其作为英、法经济繁荣的基地。

在联系国制度中,非洲国家对英、法的依赖性逐渐增强,英、法对非洲国家的控制越来越明显。共同市场用保护关税和人为的高价办法刺激联系国单一作物的生产,使这些国家的经济结构依然维持着殖民时期的单一生产结构。共同市场成员国对联系国的投资局限在消费品工业,如纺织、食品加工业等产业。联系国的工业化计划和方案不得不服从于英、法大垄断资本的利益。联系国在使用援助基金时必须通过申请与共同体市场委员会审批的程序,本国没有决定权。因此,只有那些可以促进英、法资本利益增长的方案才能得到应允,而非洲要建立发展本国经济的工业部门时,提案往往会遭到否决。例如,截至 1961 年 8 月,共同体市场给联系国的 21 000 万美元的援助中,40%用于公路与铁路的修建,21%用于扩大热带产品的种植。而上沃尔特政府为发展本国石油与天然气,提出铺设从撒哈拉通向西非的油管与天然气管道的申请时,遭到共同市场委员会的否决。①

二、《雅温得协定》规定贸易互惠

非洲大部分国家完成独立任务后,发展成为本国的第一要务。为获得更多权益,非洲国家在国际中寻找合作对象。非洲的行动迎合了欧共体的需求,此时的欧共体也希望可以同更多的非洲国家建立密切联系。于是在 1963 年,《罗马条约》到期后,欧共体与有紧密联系的 18 个非洲国家签订了《雅温得协定》。协定对欧共体同非洲国家间的贸易权益作了有利于双方的规定;欧共体对协定内非洲国家的进口产品

---

① 陈竹珊:"欧洲共同市场与非洲'联系国'",载《世界知识》,1963 年第 12 期,第 12—14 页。

执行免税政策；协定内非洲国家取消贸易壁垒与贸易保护，开放对欧共体国家出口数量的限制，逐步取消对欧共体国家出口至本国的关税；双方在其他贸易关系中应互相给以优惠；联系国在同第三国进行贸易前，需同共同体事先协商；保证共同体成员国的投资和利润自由往来；共同体提前取消从联合国进口矿产品的关税；欧共体向协定内的非洲国家提供 7.3 亿埃居经济援助。[①]

1969 年第一个《雅温得协定》到期后，欧共体同非洲国家签署了第二个《雅温得协定》。协定的基本政策未变，出现变动的地方是援助的规模扩大了，财政援助增加 1.88 亿埃居至 9.18 亿埃居，欧洲发展银行额外向非洲国家提供了 9 000 万埃居的贷款。[②]《雅温得协定》以最惠国原则为核心，对欧非提出关税互免要求。从协定的文字表述来看，贸易关系中的互惠、互免看似公平。然而，从本质而言，这是有利于欧盟国家侵占非洲市场、掠夺非洲人力资源的协定。在市场开放、经济自由的条件下，非洲国家的工业品、农业品质量低下，同欧共体商品竞争时，处于明显劣势。正因如此，欧共体从这项协定中受益颇多。[③]

《雅温得协定》中最重要的内容就是通过给予非洲国家以贸易优惠，从而实现欧共体同非洲国家的贸易与经济合作。从形式上看，贸易优惠是欧共体的一种付出。从实质上说，符合欧共体的根本利益。协定体现出欧共体对非洲国家的控制。其一，协定规定互惠，表面看来是平等关系，事实上是难以做到的。这些非洲国家经济落后，可供出口的主要是初级产品，而欧共体出口到这些国家的则是工业制成

---

① O'Malley, Cormac K. H. Some Legal Issues Involved in the Association of the European Economic Community with the African and Malagasy States. *Journal of Legal Pluralism & Unofficial Law*, 1.1, 1969, pp. 53 – 85.

② Cosgrove, C. A, and K. J. Twitchett. The second Yaounde convention in perspective. *International Relations 1970*, pp. 679 – 689.

③ 原牧："'洛美协定'与南北关系"，载《西亚非洲》，1984 年第 2 期，第 10—18 页。

品。在国际市场上初期产品和制成品是不平等的。其二,继续从经济上维持控制。在协定中,欧共体国家在非洲办企业不受非洲国家限制,其利润可自由汇出,从而欧共体可以通过资本输出继续控制这些国家的经济。其三,允许欧共体过问这些国家对第三国的贸易政策。

三、《洛美协定》将原英联邦中的非洲国家纳入议程同时改贸易互惠为片面最惠国待遇

1975 年 2 月 28 日,欧共体 9 个国家同非洲国家在内的 46 个非加太地区国家签署了《非加太——欧洲经济共同体协定》,简称《洛美协定》。

《洛美协定》基本上是一个平等伙伴之间的契约性协议。尽管非洲、加勒比、太平洋地区发展中国家之间存在差异,但它们在欧盟—非洲、加勒比和太平洋国家联席会议上往往团结一致,因此能从欧共体获得比单独谈判优惠得多的条件。

《洛美协定》同以往欧洲共同体与一些发展中国家签订的贸易和协定相比,具有显著特点。其一,《洛美协定》改善和提高了非洲国家的国际地位。协定强调非洲国家同欧共体的经贸联系仅限于经贸合作,而不可以利用经贸合作的关系损害非洲国家的政治独立,也不能以协定为由阻碍非洲国家同第三方关系的发展。其二,确立了非互惠制原则。上世纪 70 年代以来,非洲国家一再要求欧共体执行有利于经贸共同发展的贸易政策,并敦促欧共体接受"非互惠"合作原则。在长期的斗争后,欧共体采纳了这一原则。非互惠原则不仅体现在欧共体于 1971 年率先实施的普遍优惠制方案,在《洛美协定》中得到体现。其三,提供出口收入保障。参加《洛美协定》的发展中国家大多属于单一经济国家,往往依靠有限的几种农产品的出口获取收入。这一制度的创立有利于改善这些国家的贸易条件和出口收入。

四、通过协议和援助政策施以人权导向

1989 年,第四个《洛美协定》中第一次将人权条款写入。自 70 年

代起,欧共体就对非洲地区人权问题尤为关注,如在 1977 年的伦敦外长会议中,欧共体外长提出应联合起来,对废除南非种族隔离制度采取积极有效措施。在第一和第二个《洛美协定》中,并未涉及对非洲人权问题的干预。第三个《洛美协定》中提出对个人尊严的尊重,但没有制定出任何可具有可操作性的具体条款。从 1995 年开始执行的第四个《洛美协定》将人权、民主作为向非洲国家提供优惠贸易和经济援助的先决条件。

欧盟将人权作为政治附加条件,将人权、民主同经济援助挂钩主要源于三点原因。一是对于欧盟而言,冷战中西方阵营的胜利是英、法的民主、人权等价值观念的胜利。因此,必须将这一价值观念推广到全球。借助发展援助推行这一价值观念,成为稳妥而有效的方法。二是冷战后对欧洲国家产生威胁的罪魁祸首是贫穷,因此,欧盟在制定对外政策的过程中将消除贫困,推行民主、人权和良治,作为其外交活动的主要目标。欧盟试图通过这种方式一方面消减由于其他国家的贫困给欧洲国家带来的威胁,另一方面有助于传播欧盟价值观念,提升本地区的国际影响力。三是经过前期的经济援助与优惠贸易,非洲国家发展速度并非尽如人意,政治腐败、市场混乱等现象屡禁不止,为提高欧盟在非经济援助的有效性,欧盟认为实现民主政府、保护人权等政治保障是实现非洲经济高速发展的前提。

五、借助多边机制实现对非洲的干预

虽然,法国小心翼翼地在以多边主义为挡箭牌对非洲国家进行干预,但优先帮助"团结区"的政策仍然被认为法语区是法国非洲外交政策的一个必要部分。优先帮助"团结区"似乎被视为法国在非洲政治传统堡垒中的"道德债务"。① 法国的新伙伴关系得到了两位联合国秘

---

① de Bellescize G.. Le maintien de la paix en Afrique: La France et le programme RECAMP. *AfriqueContemporaine*, 189, 1999, pp. 7 - 28.

书长的支持。[①] 1992 年,加利在《和平纲领》中提出了在联合国主持下建立非洲永久维和部队的设想,并于 1998 年重申了这一设想。此后还提出了更进一步的建议,这样一个维持和平机构必须得到联合国安全理事会的授权,同时,必须有一个区域或次区域组织的领导,这一观点符合法国对法语非洲的新政策。《阿比让原则》规定,从此以后,法国在优先"团结区"的干涉主义政策将受到多边主义的保护。在经济领域,多边主义通过布雷顿森林机构和欧洲联盟实现。军事方面的工作将在联合国、各区域组织(非洲联盟)或分区域组织的主持下进行。同样,这项政策也促成了法国独角兽行动的成立,但联合国科特迪瓦特派团淡化了这一行动。事实上,更准确地说,独角兽行动补充了西非经共体在科特迪瓦特派团的努力。法国对法语非洲的新愿景的一个主要方面是法国对非洲的维持和平的期待,即和平行动能力的恢复。这是一项三管齐下的方案,包括培训非洲军官维持和平的技术。这包括两个方面:对非洲军官进行基本的维持和平训练和对非洲多国部队进行维持和平行动的军事训练。

4.3　英、法政治体制在非洲的内化

英、法政治体制在非洲的内化是因为非洲社会内部有内化的社会基础和条件。其中最重要的是酋长制度与权力制衡和在部族认同基础上建立的多党制与英、法多党民主中存在着一定程度的相似性,这些相似性构成了非洲社会吸收英、法政体的社会基础与条件。

4.3.1　英、法政治体制在非洲内化的原因

英、法政治体制得以在非洲内化的原因在于体制中核心的运行机

---

① de Bellescize G.. Le maintien de la paix en Afrique: La France et le programme RECAMP. *AfriqueContemporaine*, 189,1999, p. 7-28.

制同非洲传统政治体制存在一定程度的契合性。

一、民主、选举与代议制

（一）非洲传统政治中民主、选举与代议

传统非洲政治决策常常通过协商一致实现。协商民主是民主的一种形式。肯尼亚前总统卡翁达曾对此作过概括："非洲传统政治中，意见的达成是通过协商一致的方式运作而成的。问题一旦被提出，它便进入了协商程序。直至问题解决，协商程序才能终止。"[①]坦桑尼亚前总统尼雷尔也曾指出："在非洲社会，对传统事务的处理方法是自由讨论。"[②]赞比亚学者布西卡对此作了更为详尽的说明："当一个理事会决定召开时，需要讨论的问题都是会涉及整个部族的问题。理事会的召开总是解决调和部分族人和整个部族的利益问题。为了解决问题，成员们必须在一起讨论，他们必须听取所有不同的观点。团结一致具有巨大的作用，所有理事会召开的目标便是达成共识。为了实现观点的一致性，他们需要一直讨论，直到达成共识。"[③]洛克对非洲协商一致的描述是："长老们坐在大树下，一直讨论，直至他们形成共识为止。"[④]

协商一致并不代表一定要达成完全一致，而是形成共识。共识通常包含了多样性的原始立场。因为问题并不总是使矛盾分歧严重，所以对话可以通过比较缓和的方式发挥作用，或者至少不会对问题的讨论产生厌烦。此外，对话可以实现意愿、中止分歧，从而形成部分共识。由此可以拟定可行的协议行动，而并非要达成一致意见，只要所

① Gideon-Cyrus M. Mutiso/ S. W. Rohio（ed.）：*Readings in African Political Thought*. London：Heinemann，1975，p.476.

② Gideon-Cyrus M. Mutiso/ S. W. Rohio（ed.）：*Readings in African Political Thought*. London：Heinemann，1975，p.478.

③ K. A. Busia，*Africa in Search of Democracy*，London：Routledge & Kegan Paul，1967.

④ Gideon-Cyrus M. Mutiso/S. W. Rohio（ed.）：*Readings in African Political Thought*. London：Heinemann，1975，p.478.

有各方都能够感觉到在任何拟议的未来行动或共同方案中已经充分考虑了他们的观点即可。

协商民主不会排斥少数派。这一点很重要，因为某些情况的确会导致彻底的分歧，例如在参战的选择上。接下来的问题是，一个没有全体一致同意的团队如何在不疏远任何人的情况下，选择一个方案，而不是另一个方案。这是对协商一致意见的最严重的挑战，只有剩下的人愿意停止对现行选择的怀疑，才能解决这个问题。这样做的可行性不仅取决于耐心和说服力，而且也取决于这样一个事实，即协商一致的非洲传统制度并不会使任何一组人始终处于少数派的地位。

传统非洲政治中首领需要通过选举产生。以阿散蒂人形成的部族群体为例，血统是阿散蒂人的基本政治单位。因为他们是一个母系群体，所以这个单位由一个拥有共同女性祖先的城镇或村庄的所有人组成，这个群体通常包含相当多的人。每个这样的单位中都有一个首领，每一个首领都自动成为该镇或村的管理机构的成员。然而，这个首领并非君权神授，需要对其年龄、智慧、责任感和逻辑说服力等各方面进行综合判定。拥有这样资格的人往往是该单位中最高层级的某一个成员，在日常生活中这些素质卓越。在这种情况下，选举几乎是例行公事。但是，如果这些特质并不在一个人身上集中体现，那么选举便需要长时间艰苦的磋商与讨论，在达成共识的基础上委任新一任首领。虽然从来没有正式投票的行为，但事实上和选举一样是一个择优的过程。

传统非洲政治中民主代表的存在保证了少数不同观点人的利益。阿散蒂人并没有通过实现少数服从多数的简单决策方式作出判断，而是通过长期协商一致达成共识形成决策。对于他们而言，抛弃这种阻力最小的路线是因为在他们看来，多数意见本身并不是决策制定的最好基础，因为它剥夺了少数人在决策中体现其意志的权利。根据代表性的概念而言，它剥夺了少数人在所涉决定中的代表权。所以，在阿散蒂,每个人在理事会中都有可以代表他或她的利益而发表意见的理事会成员。对于阿散蒂人而言,只有在不同意见的讨论后形成的共识,才是决策制定的最好基础。[①]

(二)西式民主、选举与代议制融入非洲政治生活的政治基础

西式民主、选举与代议制融入非洲民众的政治生活有其深刻的社会基础和条件。

西式民主起源于协商民主。在古希腊城邦国家,以及英、法经典的政治理论中,都能找到有关协商民主的例子或论述。如埃尔斯特所言:"协商民主或者说通过自由而平等的公民之间的协商来进行集体决策的观念,绝非是一种创新,而是一种复兴,这种理念与实践几乎和民主的概念本身一样久远,都来自公元前五世纪的雅典。"[②]古雅典的总督伯利克里在其著名的葬礼演说中提到:在我们这里,人人不仅关心个人事务,而且关心国家事务,即使那些总是忙于自己事务的人也仍然能在公共事务上作出良好的判断——这就是我们的特点。我们并不是认为对政治不感兴趣的人是一个只想着个人事务的人,我们只是认为他在这里根本没有任何事情可做。我们雅典人作出自己的决策,即使我们没有发起提案,但我们仍然有能力对提案加以评判。我们不认为讨论会妨碍行动,相反,我们认为讨论是任何明智行动不可或缺的条件,最糟糕的事情莫过于在尚未对结果进行适当的公开讨论之前就贸然采取行动。[③]亚里士多德虽然不喜欢古雅典的民主政治,但还是认为协商是有价值的,通过普通公民之间相互讨论的决策,要

---

① Kwasi Wiredu, Democracy and Consensus in African Traditional Politics, https://them. polylog. org/2/fwk-en. htm#f1.

② Jon Elster, Introduction, in Jon Elster (eds.), *Deliberative Democracy*, Cambridge:Cambridge University Press, 1998, p. 1.

③ [英]戴维·赫尔德:《民主的模式》,燕继荣等译,北京:中央编译出版社,1998年,第19页。

比政府官员或专家独立决策更为有效。① 协商民主是民主制度发展的初级阶段，是选举民主融入非洲的政治基础。选举民主，尤其是以竞争式选举为核心的自由民主在全球扩张的趋势并未削减。所以，选举民主也是非洲协商民主发展的必然趋势。

选举是从统治者候选人中选择统治者。它是一种自下而上的选择。选举是一种具有公认规则的程序形式，人们据此而从所有人或一些人中选择几个人或一个人担任一定职务。《布莱克维尔政治学百科全书》"Election"词条的作者巴特勒指出：该词源于拉丁语动词"eligere"，意为"挑选"。② 无论非洲传统政治中的"选举"还是西式选举制度中的选举，他们都不是自上而下的委任选择，通过挑选产生的人担任首领或是总统等职务。非洲传统政治中对部族首领的挑选成为西式选举制度得以在非洲植入的社会基础。

代议制是指公民通过选举代表，组成代议机关行使国家权力的制度。当这种直接民主在地域广大的国家已经无法操作的时候，必须发明出一种行使社会共同体权力的新方式，这就是代议制度。代议制度的发明在思想观念上需要解决这样几个关键性的问题：第一，代表观念的形成，即一个人、若干人或一个团体能够选举他们的代表，授权他来表达自己的意志，行使自己的权力，代表所表达的意志就被视为他们自己的意志；第二，代议机构的地位，即由选自全国各个等级和团体的代表组成的代议机构做出的决定就被视为整个共同体的决定；第三，对代议机构的议事规则的确认，其中主要是做出决定需遵循多数原则，即多数的意见就被视为整体的意见。代表的概念与"关涉大家

①马奔："协商民主与选举民主：渊源、关系与未来发展"，《中国政协理论研究》2003年第4期，第21—27页。

②何怀宏："'选举社会'的概念——秦汉至晚清社会形态命名初探"，2010年学位论文。

的事需得到大家的同意"这一原则相结合,议会因其成员代表了社会不同的群体和等级,所以被认为代表着社会共同体的政治权威。[1] 非洲传统政治中的议事会成员代表不同观点的群众参与问题讨论,成为英、法代议制与传统非洲政治中民主代表相连接的桥梁,成为英、法以代议制为核心的议会制的社会基础。

二、多党制与部族认同

(一)非洲多党制的实施

20 世纪 60 年代中期至 70 代末,非洲民族独立和解放运动进一步发展。直至 70 年代末,独立国家增至 50 个。1980 年 4 月津巴布韦共和国的成立,标志着非洲民族独立和解放运动的历史任务基本完成。同时,非洲各国独立后,社会内部矛盾大都逐步激化,政局动荡,有 20 多个国家发生军事政变并建立了军人政权。非洲政党也发生很大变化,1965—1980 年,约有 80 多个政党由于国家实行一党制或国内发生军事政变而被取缔,还有一些政党进行了合并和改组;此外,又产生了 50 多个新的政党,大多数是由军人政权建立的。

从 20 世纪 90 年代以来,在英、法施压下非洲各国纷纷开启以多党民主和民选政府为内容的宪政改革,各国普遍出现了一党或者两党主导、多党参与的局面。多党民主已经在非洲深入人心,破坏宪政的行为难以得到国内许可和国际谅解。近年来,非洲一些国家仍然时常发生破坏宪政的政权更迭和军事政变,但非民主方式上台的政权普遍受到国际社会和非洲各国的联合抵制,国内舆论也形成持续压力。[2] 为了摆脱国际社会的抵制与国内社会舆论压力,这些通过违宪途径上

---

[1] 丛日云、郑红:"论代议制民主思想的起源",载《世界历史》,2005 年第 2 期,第 78 页。

[2] 王洪一:"非洲政党政治的新特点和新趋势",载《当代世界》,2013 年第 12 期,第 60—63 页。

任的政权往往会通过恢复宪政取得政权的合法性。恢复宪政的首要途径是恢复多党选举,许多国家在经历军事政变后,军政府为实现政府合法化,举行总统大选。如,2012 年 3 月,马里发生军事政变后,军政府要求过渡总统在 40 日之内组织总统选举。2012 年 4 月,几内亚比绍发生军事政变。几内亚发生军事政变后,国际舆论纷纷谴责。直至年底,几内亚比绍完成了大选,政局恢复平稳。

由此可见,完善的民主体制更深得民心、更适应时代潮流、更是民心所向、更是非洲政治发展的方向。所以,无论是通过遵守宪法通过选举产生的执政党,还是通过军人政变上台的军政府,选择多党制成为非洲国家实现政权稳定的必要条件。

(二) 非洲政党建立在部族基础上

非洲政党是在民族解放运动中产生的,是非洲的知识分子利用各种传统组织为反对殖民主义创建的。部族政党、宗教政党成为非洲政党的基本组成形式,非洲多部族为欧洲议会和政治生活在非洲的植入提供有力条件。

部族政治推动多党民主的发展。非洲各部族内部诉求有所不同,在长期的政治生活中通过利益聚合形成不同派别,久而久之划分为不同政党。如埃塞俄比亚的奥罗莫族内部出现 6 个政党:奥罗莫解放阵线、奥罗莫民族大会党、统一奥罗莫人民解放阵线、奥罗莫人民民主组织、奥罗莫阿波解放阵线和伊斯兰解放奥罗莫阵线。[①] 在部族政党的利益聚合过程中,其自身由原始部落性向政党政治性和现代性转变。在现代多党制的推动下,部族政党不断得到完善,其政党性不断得到强化。由此,部族政党的不断成熟化与科学化,进一步推动多党民主的发展。

---

① Kidane Mengisteab. New Approaches to State Building in Africa, the Case of Ethiopia's Ethnic-based Federation. *African Studies Review*, Vol. 39,1997, p. 128.

部族政治加强了多党民主的实施。多党民主政治从三个方面得到直观体现：选举、监督和政权交替。非洲部族政治在这三个步骤中发挥重要作用。在选举过程中，部族形成的不同利益集团对其他利益集团产生竞选压力，并对选举的公正性起到一定的监督作用。成为执政党的部族政党必须制定符合民意的政策，否则将会面临在野部族政党的监督与批评。为实现执政部族政党在下一次的大选中连任，执政党受到在野部族政党的时刻压力，需要兼顾各部族的利益，进而促进整个国家的发展。

4.3.2　内化的结果

英、法政治体制的外塑深刻影响着非洲政治文化发展，非洲人权、民主、良治的政治文化在其各项措施中均有体现。人权方面，有《非洲人权和民族权宪章》《关于建立非洲人权和民族权法院的〈非洲人权和民族权宪章〉议定书》以及《关于儿童权利与福利宪章》等。关于民主，非洲国家逐步冲破"逢选必乱"的怪圈，2015 年尼日利亚大选，总统选举中出现"变天"，反对党领导人布哈里当选新总统。这是 1998 年结束军事独裁以来，尼日利亚首次发生的政权移交，其进程基本顺利。尼日利亚作为非洲有影响的大国能保持稳定，对整个非洲的稳定有十分积极的作用。关于良治，2018 年 1 月 29 日，第 30 届非盟峰会在埃塞俄比亚首都亚的斯亚贝巴闭幕，会议以"赢得反腐败斗争的胜利：一条非洲转型的可持续之路"为主题，非盟和非洲国家在峰会期间显示了反腐决心。

然而，从实践履行方面，非洲国家的人权、民主、良治的现状呈现出"冰火两重天"的特征。一方面，非洲国家不断对英、法所要求的人权、民主、良治事业做出承诺，人权、民主、良治在非洲国家的践行呈现出逐步内化的趋势。英、法的软权力在非洲逐步得到制度性保障。另一方面，非洲国家却屡屡出现对人权的侵犯、对民主的挑战与对良治的漠视。英、法借已形成的软权力实现对非洲国家的高度影响。

一、对人权、民主和良治的普遍认同与发展

非洲国家当前在人权、民主和良治状况都向着积极的方向发展。

(一)对人权理念的认同与人权状况的初步改善

非洲国家人权方面面临的挑战同 20 世纪和 21 世纪头十年有所不同,更多的关注点集中在贫穷、歧视、疾病和武装冲突方面。在这些方面,非洲国家的人权问题日趋改善。

非洲国家贫困问题的改善。非洲国家人均 GDP(如图 4 - 5 所示)从 2004 年至 2014 年的十年间经历了飞速发展,除去 2008 年至 2009 年的小幅回落,整体发展状态迅猛,十年间人均 GDP 增长了 3.5 倍。虽然,从 2014 年开始人均 GDP 出现回落现象,但 2016 年的人均 GDP 仍是 2004 年人均 GDP 的近 3 倍。

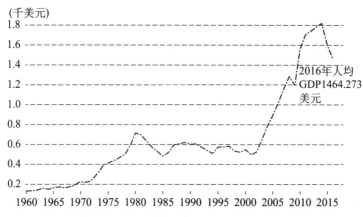

图 4 - 5　1960—2016 年撒哈拉非洲国家人均 GDP 变化情况①

非洲国家贫困人口比例(如图 4 - 6 所示)从 1993 年开始呈逐年下降趋势。从 1993 年至 2002 年间,贫困人口比例下降幅度较缓,

———————

① 世界银行,撒哈拉以南非洲地区人均 GDP(美元),https://data. worldbank. org. cn/indicator/NY. GDP. PCAP. CD? end = 2016&locations = ZG&start = 1960&view=chart&year=2016.

1993 年的贫困人口所占比为 59%,2002 年贫困人口所占比为
56.1%。近十年间降幅为 2.9%。从 2002 年至 2013 年,贫困人口减
少速度明显加快,从 2002 年的 56.1%降至 2013 年的 41%,下降幅度
为 15.1%。

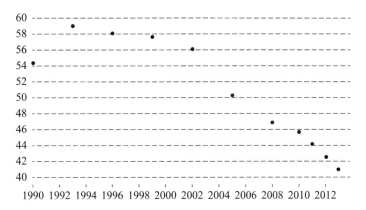

图 4 - 6　贫困人口比例,按每天 1.90 美元衡量(占人口的百分比)①

图 4 - 7　撒哈拉以南地区初等教育女生总入学率(净比例)②

① 世界银行,撒哈拉以南非洲地区人均 GDP(美元),https://data. worldbank.
org. cn/indicator/NY. GDP. PCAP. CD? end ＝ 2016&locations ＝ ZG& start ＝
1960&view＝chart&year＝2016.

② 世界银行,撒哈拉以南地区初等教育女生总入学率,https://data. worldbank.
org. cn/indicator/SE. PRM. TENR. FE? locations＝ZG&year＝2016.

歧视问题的改善。在过去的几十年里,非洲各国均极为重视教育。在撒哈拉以南地区,初等教育的总入学率(如图4-7所示)从1996年开始,进入持续高增长阶段。1996年,小学女生总入学率为49.356%,不足同龄人口的一半。到了2006年这一数据增长到68.961%。十年间,小学女生的总入学率增长了近19%。虽然从2007年,增长率有所放缓,但一直在持续攀升,到了2014年,小学女生的总入学率已经达到76.704%。

疾病医疗的改善(如图4-8所示)。从1990年至2016年,每千例活产儿中,5岁以下儿童的死亡率呈现明显的下降趋势。1990年,2000年,2010年的数据分别是180.42、154.85、100.589。从2011年起,5岁以下儿童每千例死亡数降至100以下,2016年更是降至78.344。

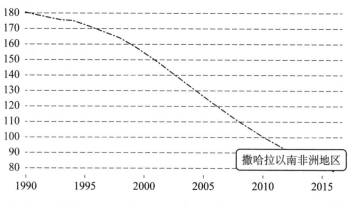

图4-8 撒哈拉以南地区5岁以下儿童死亡率(每千例活产儿)①

非洲国家15—49岁劳动力人口的艾滋病感染率(如图4-9所示)经历了从1990年至2000年的迅速增长(涨幅为3.221%)。从2000年的峰值5.876开始逐年减少,呈现可控化趋势。到了2016年,

---

① 世界银行,撒哈拉以南地区五岁以下儿童死亡率(每千例活产儿),https://data. worldbank. org. cn/indicator/SE. PRM. TENR. FE? locations=ZG&year=2016.

这一数据降至 4.246。

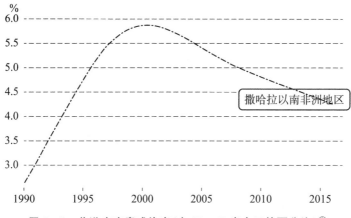

图 4 - 9　艾滋病病毒感染率(占 15—49 岁人口的百分比)①

尽管非洲经常被视为一个棘手的冲突大陆,但在过去的几十年里,战争的数量急剧下降(如图 4 - 10 所示)

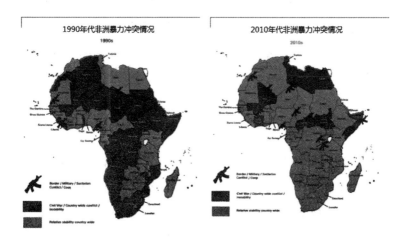

图 4 - 10　非洲地区 20 世纪 90 年代和 21 世纪 10 年代暴力冲突情况②

① 世界银行,艾滋病病毒感染率,总数(占 15—49 岁人口的百分比)https://data. worldbank. org. cn/indicator/SH. DYN. AIDS. ZS? locations=ZG&year=2016.

② Mike Bird, DEUTSCHE BANK:Africa is becoming a much safer place-and that's good news for miners, http://uk. businessinsider. com/deutsche-bank-report-on-african-opportunities-for-mining-companies-2015-10.

（二）对民主理念的认同与民主在非洲的蓬勃发展

曾几何时，贫穷的非洲被人们普遍看作"没有希望的大陆"，但以下这一事实可能会令外界惊讶，那就是民主一直在非洲发展着，即便在贫民窟，人们也意识到，民主是个好东西。加纳专栏作家科菲·阿克萨-萨邦认为，从整体上看，民主在非洲蓬勃发展，从塞拉利昂反对党人民党、加纳执政党全国民主党、坦桑尼亚执政党革命党、南非执政党非洲人国民大会的表现，都可以看出，党内民主非常健全和强大。而执政党更是时刻遭遇反对党的监督和"拷问"。[①]

多党制从理论成为现实，执政党与在野党的定期轮换在塞内加尔实现，选民用选票让瓦德总统下台。瓦德 2000 年作为民主党候选人当选总统，2007 年连选连任。已任职两届的他仍不愿退出权力舞台，企图通过修宪等多种方式把持政权。反对党认为瓦德谋求连任违反宪法有关总统任期的规定。瓦德所在的民主党内，也有很多人强烈反对他，认为他试图削弱党内民主。塞内加尔的选民也对瓦德政府谋求第三任期的想法持反对态度。在 2 月的第一轮投票中，选民迪奥普称，"我们让他掌权，我们曾对他抱有希望。但是，他试图采取强迫手段（把持政权）"。[②] 他看了看排着长队的选民说，"我们以前从来没有看到这等规模的排队投票阵势"。[③] 2012 年 3 月 25 日塞内加尔举行总统选举，在第二轮投票中，隶属"共和联盟"的麦基·萨勒击败民主党籍总统阿卜杜拉耶·瓦德，当选新一任总统。瓦德的发言人阿马杜·萨勒告诉路透社记者，赢得选举的不是萨勒，而是整个塞内加尔，

---

① 崔向升："民主的种子在非洲大陆生长"，载《青年参考》，2012 年 4 月 18 日，第 11 版。

② 崔向升："民主的种子在非洲大陆生长"，载《青年参考》，2012 年 4 月 18 日，第 11 版。

③ 崔向升："民主的种子在非洲大陆生长"，载《青年参考》，2012 年 4 月 18 日，第 11 版。

"总统阿卜杜拉耶·瓦德尊重民众的声音"。[1] 塞内加尔首都达喀尔的一家报纸 3 月 26 日说,瓦德败了,人民胜了,这也是塞内加尔民主的胜利,"瓦德生活在象牙塔中,他和现实完全脱节。而他的同胞则没有。"在达喀尔,一些民众欢呼雀跃,毕竟,他们用手中的选票,让瓦德下台。

选举过程中的技术性问题得到初步解决,选举的公正性大大提高。2011 年 4 月 16 日,尼日利亚进行总统选举投票。为应对以往总统选举中的选票舞弊,尼日利亚的总统大选采用可严格限制造假的指纹投票系统。7 350 万个投票人都被采集了指纹样本,并且全程监视投票过程以防止复制选票。为防止多次投票,大多数投票站只开放一小时。负责选举的官员在投票人面前统计票数。

多党制也并不意味着混乱。英国权威杂志《经济学家》旗下"经济学家智库"称,毛里求斯是非洲"全面"实行民主的国家。1968 年独立以来,毛里求斯继承英国的议会民主体制,多个政党激烈的竞争在合法范围内进行,政局长期保持稳定。博茨瓦纳也实行多党制,自独立以来政局长期稳定。[2]

在长期"民主"思想的影响下,非洲民众对民主的诉求逐步提升。民主的实现不仅仅在于有合乎法律框架的规则,也不在于对合法选举程序的推进,而在于公民主动参与民主进程,并对民主进程表示赞赏。从对非洲民众进行的民意调查可知,选民的态度逐步向多党民主

---

① Reuters, "Senegal wins" as Wade concedes election defeat, www. reuters. com/article/us-senegal-election-idUSBRE82P06420120326.

② Richard Armah, Botswana and Mauritius: A Comparative Analysisof an Economic and Political Success Story in theMost Unlikely Region, https://cornerstone. lib. mnsu. edu/cgi/viewcontent. cgi? article=1415&context=etds.

转变。① 并且很少有选民"怀念独裁时代",而且他们对民主的描述多用积极性词汇。在博茨瓦纳、加纳、马拉维、尼日利亚和津巴布韦五个国家中有 75% 的选民,甚至是更多的选民,拒绝如军事独裁或是一党制的非民主统治方式。

但是,将民众的民主意识同国家民主状况相比较,两者并非成正比。同样是多于 75% 的选民赞同民主统治方式,但津巴布韦民众对政府的民主表现满意度较低,只有 15%;而尼日利亚民众对政府的民主表现满意度高达 84%。他们将这种差异归因于每个国家当时政治发展的水平。当时,津巴布韦的政治和经济危机加深,而在尼日利亚,军事政权结束后,一种"民主兴奋感"占据了主导地位。非洲人对民主和相关权利的看法似乎与其他地方的人没有什么不同。然而,调查得出的结论是,"虽然对民主的支持率很高,但真正实现的民主程度并不高"。② 这是因为尽管民主的替代品(军事独裁或是一党专制)并不受欢迎,但人民对捍卫民主原则的诉求程度仍相当有限。

(三) 对良治理念的认同与良治在非洲愈加明朗

2017 年"国际透明组织"发布了全球腐败指数(如表 4 - 1 所示)。数据表明在某些方面,非洲的反腐行动愈加有希望。从卢旺达和佛得角等排名靠前国家的腐败指数可以看出,通过持续不断的努力,腐败是可以控制的。像科特迪瓦和塞内加尔这些在非洲国家中腐败问题排名中等的国家,长期反腐投资也在稳步取得成效。

---

① Bratton, Michael and Robert Mattes : "Africans' surprisinguniversalism", *Journal of Democracy*, Vol. 12, No. 1, 2001, pp. 107 - 121.

② Bratton, Michael and Robert Mattes : "Africans' surprising universalism", *Journal of Democracy*, Vol. 12, No. 1, 2001, pp. 107 - 121.

表 4－1　2012—2017 年非洲部分国家反腐败指数①

2017 年全球排名	国名	2017 年	2016 年	2015 年	2014 年	2013 年	2012 年
34	博茨瓦纳	61	60	63	63	64	65
36	塞舌尔	60	N/A	N/A	N/A	N/A	N/A
48	佛得角	55	59	55	57	58	60
48	卢旺达	55	54	54	49	53	53
53	纳米比亚	51	52	53	49	48	48
54	毛里求斯	50	54	53	54	52	57
66	塞内加尔	45	45	44	43	41	36
103	科特迪瓦	36	34	32	32	27	29

尽管非洲大陆是整个世界腐败问题最严重的地区,但是非洲在反腐斗争中表现较为突出的国家一直在推动反腐并取得显著进展。具体而言,博茨瓦纳、塞舌尔、佛得角、卢旺达和纳米比亚在指数上得分都比较高。更让人欣慰的是,2017 年博茨瓦纳和塞舌尔的指数分别为 61 和 60,这一分数超过了西班牙的 57 分。

表现突出的非洲国家在反腐工作中有一个共同的关键性举措,始终强化致力于反腐败的政治领导力量。这些国家不仅已经制定了反腐败的法律措施和监管机构,还进行了额外的步骤确保反腐工作的实施。

卢旺达总统保罗·卡加梅严格遵守国内领导准则,佛得角总统豪尔赫·丰塞卡公开宣传本国的体制透明度,博茨瓦纳总统伊恩·卡马在学习他国经验中,根据本国具体情况制定了一系列有效的反腐措施。在这一系列反腐工作积极开展后,这些国家在腐败指数中分别得

① CORRUPTION PERCEPTIONS INDEX 2017，https://www.transparency.org/news/feature/corruption_perceptions_index_2017.

到了 55、55 和 61 的较高分数。毛里求斯在反腐斗争中同样表现积极,虽然毛里求斯的腐败指数为 50,但是其总理贾格纳特开展了一项计划,希望在未来的十年内将其反腐败指数提升 16 分。

此外,在非洲国家中腐败问题排名中等的国家,反腐斗争也成为政府工作的重点领域。科特迪瓦是反腐斗争中表现突出的国家,从 2013 年至 2017 年,将其反腐指数提高了 9 个百分点,从 27 分上升至 36 分。在这个腐败问题严重的国家,政府正在为解决腐败问题进行巨大努力。在其总统阿拉萨内·德拉马内·瓦塔拉的第一个任期内,他便迅速贯彻了自己的竞选承诺,通过了关于预防和压制腐败的法律,成立了国家的反腐机构,并响应了一些国际举措,如"采掘业工业透明度倡议"。同样,塞内加尔在过去的六年中,将其反腐指数从 36 分提升至 45 分,表明其反腐工作初见成效。塞内加尔总统麦基·萨勒在 2012 年就职后不久便成立了一个良治部和国家反欺诈与反腐败工作室。他还重新设置了塞内加尔制止非法敛财的法院。自新总统上任以来,政府一直在努力确保这些机构的顺利运行。

二、英、法政治体制长期面临着同非洲国家社会无法完全相融的问题

英、法政治体制内生于英、法资本主义社会,与英、法的政治经济发展情况相适应,它可以促进欧洲政治经济的发展与社会的进步,而同非洲相对落后的经济发展结合后会出现水土不服,甚至会阻碍非洲政治经济的发展与社会的进步。

（一）经济的不发达,人权难以保障

在基本人权中,生存权是最为根本的人权,没有生命也难以谈及其他权力。危及非洲国家人民生存权的根本因素在于贫穷。

生命权可以在死亡原因上得到最直观的体现。收入较低的国家国民死亡前十位的原因为（如图 4-11 所示）：下呼吸道感染、腹泻、中风、缺血性心脏病、艾滋病毒/艾滋病死亡儿童、结核病、疟疾、早产并发症、出生窒息和产伤、道路交通伤害导致。

　　高收入国家前十位死亡原因分别为（如图 4 - 12 所示）：缺血性心脏病、中风、肺癌（连同气管和支气管癌症）、阿尔茨海默病及其他痴呆症、慢性阻塞性肺疾病、下呼吸道感染、结肠癌和直肠癌、糖尿病、高血压性心脏病、乳腺癌。

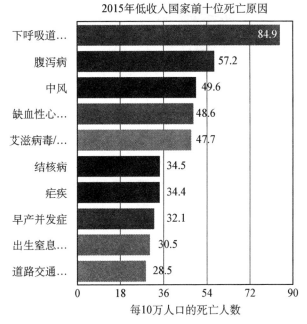

图 4 - 11　2015 年低收入国家前十位死亡原因[①]

　　此外，根据世界卫生组织的数据，2012 年，低收入国家前十位死亡原因是：下呼吸道感染、艾滋病、腹泻、中风、缺血性心脏病、疟疾、早产并发症、结核病、出生窒息和产伤、营养不良。

---

　　① 世界卫生组织，"前十位死亡原因"，http://www.who.int/mediacentre/factsheets/fs310/zh/index1.html.

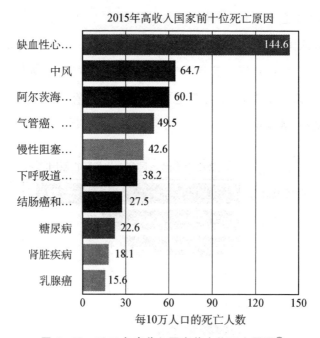

图 4-12　2015 年高收入国家前十位死亡原因①

通过对比低收入和高收入两类国家的死亡主要原因可以看出,艾滋病、腹泻、疟疾、早产并发症、结核病、出生窒息和产伤、营养不良和道路交通伤害是低收入国家更为突出的死亡原因。由此可知,这些死亡的出现同经济发展水平有密切关联。

2017 年世界人均 GDP 排行表中,排名倒数前 20 的国家中 18 个国家位于非洲地区(如表 4-2 所示)。由此可见,非洲地区是世界经济发展水平最低的地区。在非洲地区民众的生存权,即民众最基本的人权难以得到保障的原因从根本上来看源于贫穷。所以经济的不发展,非洲国家居民最基本的人权便难以得到保障。

---

① 世界卫生组织,"前十位死亡原因",http://www. who. int/mediacentre/factsheets/fs310/zh/index1. html.

表 4 - 2　2017 年人均 GDP 国内生产总值排名[①]

排名第 162	乍得	$799.355 美元	￥54 004.4238 元
排名第 163	马里	$793.836 美元	￥53 631.56016 元
排名第 164	科摩罗	$777.468 美元	￥52 525.73080 元
排名第 165	几内亚比绍	$761.348 美元	￥51 436.67088 元
排名第 166	海地	$761.191 美元	￥51 426.06396 元
排名第 167	卢旺达	$754.139 美元	￥50 949.63084 元
排名第 168	几内亚	$707.989 美元	￥47 831.73684 元
排名第 169	乌干达	$700.525 美元	￥47 327.469 元
排名第 170	布基纳法索	$696.448 美元	￥47 052.02688 元
排名第 171	多哥	$621.831 美元	￥42 010.90236 元
排名第 172	塞拉利昂	$593.903 美元	￥40 124.08668 元
排名第 173	阿富汗	$572.163 美元	￥38 655.33228 元
排名第 175	利比里亚	$474.984 美元	￥32 089.91904 元
排名第 176	尼日尔	$420.75 美元	￥28 425.87 元
排名第 177	莫桑比克	$417.927 美元	￥28 235.14812 元
排名第 178	马达加斯加	$412.168 美元	￥27 846.07008 元
排名第 179	中非	$399.787 美元	￥27 009.60972 元
排名第 180	布隆迪	$343.393 美元	￥23 199.63108 元
排名第 181	马拉维	$326.609 美元	￥22 065.70404 元

（二）民主政治的发展的问题

非洲国家的民主有所发展，但观其实质，不难发现非洲国家民主政治发展存在种种问题。

有选举之名，无选举之实。非洲多国领导人通过修改宪法等方式实现"第三任期"或取消宪法中对最高领导人任期的限制。2014 年以

---

① 世界经济信息网，2017 年人均 GDP 国内生产总值世界排名，http://www.8pu.com/gdp/per_capita_gdp_2017.html.

来,布基纳法索、刚果(金)、刚果(布)、卢旺达、布隆迪等国都以不同方式寻求超期连任,并引发政治危机。

非洲国家内部的政党矛盾突出,集中表现为输家政治。乌干达现任总统穆塞韦尼再一次成功连选连任,选举委员会宣布说,穆塞韦尼在 2016 年 2 月 18 日选举中获得了 60.75% 的支持率,而反对党阵营表示,他们无法接受既不公正也不透明的选举。肯尼亚 3 个月内举行了两次总统选举。2017 年 8 月 8 日,肯尼亚举行总统大选,计票结果显示朱比利党候选人肯雅塔获得连任。但肯雅塔的主要竞争者"国家超级联盟"候选人奥廷加拒绝接受选举结果,并向最高法院提起诉讼,要求重新举行大选。9 月 1 日,肯尼亚最高法院裁定 8 月大选结果无效。在 10 月举行的总统重新选举中,肯雅塔再次获胜,然而,这一结果再次受到挑战,最高法院裁定总统重选结果有效。

执政党通过手中的权力打压反对派。2008 年 6 月,津巴布韦第二轮选举日期日益临近,执政党与反对派之间的明争暗斗也日益激烈,以执政之权对反对派高官进行拘捕与起诉。反对派民主变革运动领导人茨万吉拉伊一周内经历两次短暂拘捕。第一次被拘捕 2 个小时,第二次他一直被看管到午夜才被释放。该组织二号人物比提从南非回国后就被警方逮捕,警方称以叛国罪对他进行起诉。此外,2015 年期间,毛里求斯执政党以各种罪名加大对反对党打压,甚至为反对派领袖"量身定做"制裁措施。刚果(金)、几内亚、马达加斯加等国朝野无序博弈甚至引发全国性骚乱。

第5章 英、法对非洲软权力构建的结果及思考

英、法在非洲软权力构建的过程中，无论是权力资源的运用，还是软权力构建方式的调整，或者是对软权力实施对象的选择，都表现出其自身的特征。实践证明，这些特征都有助于软权力的形成和发展。对英、法在非洲软权力构建的历史考察和现实分析，引发了笔者如下理论思考。

5.1 英、法对非洲软权力构建的结果

英、法对非洲软权力的构建体现在非洲政治制度和宗教文化中。大多数曾受西欧国家殖民的非洲社会在其社会文化、政治和教育领域不可避免地继续承受着欧洲殖民主义遗产的影响。新殖民主义与其过去殖民者的关系继续影响着每一个新独立国家的历史和物质条件，影响到土著和外国文化系统之间的协同作用，以及后殖民社会如何塑造其新的世界。

5.1.1 英、法政治体制在非洲的施行

就政治体制而言，从非洲国家独立至20世纪90年代，有45个非洲国家基本沿袭了英、法宗主国主要实施的多党制与议会制体制。为实现对非洲地区的政治影响力，英、法相继推出各种政策，英国建立

"英联邦",法国建立"法非首脑会议"机制。而后,受到国际外部势力的影响,非洲国家权力向集中化方向发展,几十年里非洲地区爆发一轮又一轮的政治、经济和社会危机。

冷战结束后,英、法通过软塑造开始向非洲国家的政治体系植入其政体形式。1990年初,英、法操纵贝宁的反政府派别,并以召开全国多党会议为借口,极力怂恿贝宁人民上街对贝宁政府进行示威游行,从而掀起"文人政变"。英、法乘胜追击,借此机会向非洲国家民众大规模灌输"民主化"思想。1990年6月,为推行政治体制,法国领导人在法非首脑会议上向非洲国家提出民主化改革是获得经济援助的前提条件。仅仅在此后的数月内,非洲大陆有20多个国家的集权政体退出政坛,多党民主化成为非洲政治发展的潮流。在贝宁,上百个政党仅在一夜间诞生。

欧盟对非政策投入已经涉及到以下几个方面,欧盟的这种政治导向的援助政策附加条件对于非洲的政治民主、人权、良治产生了非常大的影响。

一是民主机制平稳运作。非洲国家的选举制度逐步成型,主要体现在:第一,选举得到执政党和在野党的认可。从1992年开始,加纳开始从军政府向宪政政府的过渡,此后的四次大选[1],加纳实现了政权的平稳过渡。值得关注的是在2008年的第四次大选,在野党以超出半数0.23%的微弱优势胜出后,执政党欣然退出,承认本党在选举中失利。[2]第二,人民对于选举产生了更强的认同感。非洲民众的投票率逐年大幅提高。加纳1992年、1996年和2004年的三次大选投票率

---

[1] 1996、2000、2004和2008年的四次大选。

[2] 张怀印、胥胜超:"从2008年大选透视加纳宪政民主的发展",载《.西亚非洲》,2011年第4期。

分别为 48.3％、77.9％和 83.2％。[1] 这一变化趋势是民众对于选举认可度的体现,它不仅出现在加纳,在非洲的其他地区同样出现了这一变化趋势。第三,选举过程愈加透明与公正。在选举中的民主监督逐步完善,促使大选期间及其后的社会与政治运行呈现稳定特征。欧盟在监督非洲大选的监督机制中起到重要作用,组建了专门的监督总统选举、议会选举和全民公决的监督组,从 1993 年便开始了各种监督工作。自 1993 年该行动开始直至 2017 年,在非洲地区执行了 86 次选举监督行动。[2]

二是人权改善。欧盟与非洲国家签署的协定中的人权条款,为保证非洲国家人权政策的实施,欧盟通过提供经济贸易优惠条件、提供资金与技术援助等帮助性工具;以及撤销援助及优惠、实施禁运及经济制裁等惩罚性工具,实现对非洲国家人权工作的推动。通过奖励遵从人权条款和惩罚反对人权条款的手段,强化保护人权的工作效果。[3]同时,人权条款的实施引起全球对非洲地区人权发展状态的关心,从一定程度上促进了非洲国家人权问题的解决与民主化的推进。

三是良治实施。首先,良治引起非洲国家领导人的关注。从 1995 年前后开始,非洲各国领导人逐步接触并逐渐接纳良治理念。许多非洲国家如布隆迪、坦桑尼亚等国还在政府中专门设有良治部。此外,非盟也成为推动非洲国家良治的重要组织,其互查机制对各国良治的推动起到积极性作用。[4] 其次,积极解决腐败问题。自 2001 年非盟在

---

① 高晋元:"加纳向'宪法统治'过渡的特点",载《西亚非洲》,1994 年第 1 期。

② Election observation missions team, List of EU EOM and EEM missions 1993 - 2018, https://eeas. europa. eu/headquarters/headquarters-homepage/16679/list-eu-eom-and-eem-missions-1993-2017_en.

③ Van Reisen M. *The North-south Policy of theEuropean Union*, Utreht. Netherlands: International Books, 1999, pp. 31 - 35.

④ 2002 年 11 月,在阿布贾举行的"非洲发展新伙伴计划"首脑会议决定建立"非洲互查机制"(The African Peer Review Mechanism);2003 年 3 月,"非洲发展新(转下页)

《非洲新伙伴计划中》首次提及互查机制以来,打击腐败工作得到了经合组织和联合国经社理事会的支持。2003 年 3 月,非盟大会通过了对非洲互查机制的指导性文件。机制启动以来,非洲各国相继启动了各项治理政治腐败的行动。南非仅在夸祖鲁—纳塔尔省,到 2005 年 7 月至少有 3 000 多名公务员因涉嫌大规模社会欺诈罪被逮捕。再次,完善良治府职能与制度建设。过去二十多年来,尤其是非盟 2002 年成立以来,非洲在加强民主治理方面取得了重大进展。非洲区域和次区域组织,特别是非盟,包括新伙伴关系和非洲同侪审议机制方案以及各区域经济共同体,通过并开始执行关于民主、良治、人权和法治的各种规范性体制框架。此外,区域经济共体也通过并开始实施针对具体区域的政策,旨在促进会员国实现民主治理。① 最后,积极建设公民社会。非洲公民社会将民间社会打造为监督者。2013 年,肯尼亚公民为了增加自己的工资和津贴,他们在议会大楼门前举起了十几只血腥的猪举行游行。他们强调议员对金钱的无原则需求,"我们已经把血洒在猪身上,以表明国会议员是贪婪的。"②来自非政府组织等国际性组织的支持起到了有效的声援作用,并为公民社会人才的培养做出了积极贡献。非洲的许多公民社会组织在发展问题上加强了同政府的合作。例如,2015 年 3 月,包括非洲各国政府和民间组织在内的 60 多名代表聚焦良治,在亚的斯亚贝巴举行会议,同意共同打击非洲大陆

(接上页)伙伴计划"首脑执行委员会会议通过了实行"非洲互查机制"的一系列文件;2004 年 2 月,非洲国家领导人在基加利举行的首届"非洲互查机制"论坛上宣布正式启动该机制;截至 2005 年底,已有 24 个国家加入该机制。

① 潘基文:《非洲境内冲突起因和促进持久和平与可持续发展》,第 12 页,http,//www. refworld. org/cgi-bin/texis/vtx/rwmain/opendocpdf. pdf? reldoc = y&docid = 55f29ac04.

② Ryan Musser, The Two Main Challenges Facing African Civil Society Organizations, http,//www. cipe. org/blog/2014/08/15/the-two-main-challenges-facing-african-civil-society-organizations/#. Wi_HE1NJKUV.

的腐败。[①]

从以上三个方面可以看出,英、法对非洲具有政治导向的政策在一定程度上促进了非洲地区政治生活稳定发展,经济水平稳步提高,人民生活状态逐步改善。然而,还存在一些问题:

一是对改善逢选必乱起到一定的作用,但这种认识并不完全准确。非洲国家政治运行仍存在三方面的混乱。其一,党派之间的恶斗引发暴力冲突,产生严重的治安问题,导致社会秩序方面的乱。2015年1月,刚果(金)在准备大选前,首都金沙萨发生了大规模的游行示威活动。1月20日,金沙萨市学校停课,商店歇业,公共交通中断,网络、手机短信均被屏蔽。当天清晨,金沙萨大学周边传出枪声。当天中午,示威民众点燃了恩加利埃马地区的两辆公交车,至少5名当地人在当天的骚乱中丧生。不法分子和暴徒趁火打劫,实施打砸抢。在尼日利亚,随着2015年2月总统、议会、州长和地方议会"四合一"选举日益临近,各政治和宗教势力角逐进入白热化。恐怖分子也借机挑起教派冲突,并从中渔利。"博科圣地"制造了多起暴力袭击和人质绑架事件,并攻占了尼日利亚北部大片土地,造成大量人员伤亡和财产损失,事态还同时殃及喀麦隆、乍得和尼日尔。其二,候选人之间打口水战,不择手段攻讦对方,引发舆论炒作方面的乱象。大选期间,竞选各方为吸引选民,相互攻击,往往会炒作各种各样不利于对手的话题。在经济全球化的背景下,任何国家的发展都与国际环境息息相关,对外关系也成为了总统候选人之间攻防的重要环节。2011年,坦桑尼亚迎来了第一位来自"反对党"的新总统。该总统在选举期间曾多次严厉批评中国人不守法、抢走了本地人的饭碗、"掠夺"所在国铜矿资源,

---

[①] Kingsley Ighobor, Unleashing the power of Africa's civil society, http://www. un. org/africarenewal/magazine/august-2016/unleashing-power-africa% E2% 80% 99s-civil-society.

并表示一旦当选将驱逐中国商人,将矿山国有化。该总统上任后马上改口称自己是中国人民的老朋友,并欢迎中国企业前来投资,其后的对华政策也坚持友好。其三,候选人为筹措资金,会对所有企业和个人提出赞助要求,出现捐赠摊派方面的混乱。非洲各国的法律都对候选人接受政治捐款有明确的规定,往往都有金额上限,也对接受外国企业或个人的捐款有明确的限制措施。但规定是一回事,实际操作又是另外一回事。政客们在大选之年,各种各样的筹款宴会上私下里要求赞助和支持的也不少,有的不择手段强行摊派,甚至狮子大开口。

二是对某些国家的人权改善有一定的作用,但由于经济社会发展不充分,非洲无法从根本上解决人权问题。在联合国 2015 年正式通过的 17 个可持续发展目标中,第一个和第二个可持续发展目标是“消除贫困、消除饥饿”[①],这两个目标是对生存权的保障,这一保障对非洲人民而言最为重要,它是保障非洲国家经济得以发展的前提,是非洲国家政治得以稳定的保证。这一点既提出了人权的首要目标,又表明经济发展水平同人权改善的先后关系。只有消除非洲国家的贫困,才能向此后的 15 个可持续发展目标迈进,才能逐步完善对人权的保障。

三是对腐败的遏制有一定的作用,但良好治理涉及内容广泛,难以一朝一夕见效。欧盟对良治政府需要实现的目标很广泛,许多领域都被纳入其中:公民社会、民主、人权、法治、公共部门的管理、财政税收、腐败问题、社会发展与安全和经费预算等。良治追求的目标是政府通过同社会各界的共同努力实现对社会中一些顽疾的解决。然而非洲绝大多数国家,受到民族国家建设和经济发展的制约,对国家良

---

① 张伟、张爱桐:“人权与发展的关系——浅析中国学者的视角与中国政府的实践”,载《人权》,2017 年第 1 期,第 28—39 页。

治仍局限在良政范畴。现阶段的非洲仍在良政的道路上艰难前行，没有稳定的政治环境与丰厚的物质资源，非洲的良治更是遥遥无期，难以一夜建成。

5.1.2　青年与精英对西欧文化的认同

一、殖民教育塑造了非洲民众的价值观

殖民主义时期对西方教育体系的过度依赖造成了一种扭曲的价值体系。[①] 殖民时期的教育是通过使用英语来获得更广泛的社会支持。英语流利与否被误认为是智力高低的判断标准。是否受过教育的评判标准为是否具有用殖民统治者的语言写作和说话的能力。所有这些都是为了用西方文明洗脑非洲人的思想。正规教育成为获得声望的通行证，因此对高等教育名额的竞争转化为对声望的竞争。当地语言变得过时并逐步被取代。[②]

殖民时期的宗主国的语言比非洲语言更受重视。因此，殖民语文的教育资格比非洲语文的教育资格更具有价值。非洲的发展只有用殖民国家的语言才能获得，而只有用殖民统治者的语言才能获得对"国家发展"有价值的才能。此外，原宗主国的文化与语言还影响到非洲人的穿衣方式。如今，在非洲，大多数妇女半裸着穿衣服，而她们的男性同伴则扎着辫子，戴着耳环和鼻环，穿着仿旧的衣服，这一切都是以欧洲时尚的名义进行的，尤其是在年轻人当中。[③]

受殖民遗产的影响与同西方频繁的文化互动的影响，非洲文化正

---

① Kwame，Y. *The impact of globalization of African culture*. Oxford：Clavedon Press，2007. p. 24.

② Kwame，Y. *The impact of globalization of African culture*. Oxford：Clavedon Press，2007. p. 28.

③ Kwame，Y. *The impact of globalization of African culture*. Oxford：Clavedon Press，2007. p. 18.

迅速走向灭绝。奴隶贸易的商人和传教士被当作西方文明和文化的代理人,并通过向非洲人传播上帝的话语而得以延续。[1]

必须强调的是,非洲西化的历史背景是通过大西洋奴隶贸易、传教士的连接,使得非洲同帝国主义与欧洲有了第一次接触。到 18 世纪中叶,针对新世界黑人的西方文化强迫教育已经全面展开,这是非洲人第一次持续不断地吸收西方文化。[2] 非常重要的是,散居在世界的非洲人的西方化主要是通过他们在传教士的基督教福音传播和教育实现的。西方文明是对新自由主义的承诺,对自由民主的承诺,对消费主义的承诺,对基督教世界观的承诺,是西方文明的起源。殖民主义和自由民主将置于政治效果之下,新自由主义将置于经济效果之下,传教士将置于社会效果之下。[3]

西方语言只是沟通的工具或对象。给非洲带来的文化变革运动归因于宗主国用语言统一了大多数非洲国家使用的语言,并将其作为行政和司法的语言。在新兴的非洲国家中,统治精英们在他们生活的社会圈和政治圈中,更喜欢用法语、葡萄牙语或英语等西方语言,并对他们的孩子可以在不懂传统非洲方言的环境中长大表示认同。[4] 殖民主义者把英语和法语作为交流手段强加给非洲国家。在用英语或法语交流之前,必须先用母语思考。这通常影响非洲人的思维过程,因

---

[1] Kwame, Y. *The impact of globalization of African culture*. Oxford: Clavedon Press, 2007. p. 19.

[2] Standage, T. *A history of the world in six classes*. London: Routledge, 2005. p. 23.

[3] Standage, T. *A history of the world in six classes*. London: Routledge, 2005, p. 23.

[4] Gordon, L. R. 2011. Fanon and development: A philosophical look (Online). Available at: www. coderia. org/IMG/article PDF al297. pdf, Accessed on: 22 August 2014, p. 70.

为有许多母语影响掌握两种外语的能力。①

非洲教育,特别是高等教育,仍然主要是欧洲模式,有欧洲教科书和用欧洲语言教学的教师。比语言和教育更普遍的文化影响是殖民宗教。基督教的传播远远超出了殖民城市的范围,影响了仍然保留着自己的语言和习俗的农村人民的生活。当白人政治专员撤出非洲时,许多白人传教士留下来,并得到越来越多的黑人基督徒的支持。②

很明显,殖民主义强加的教育制度扭曲了非洲的传统和文化。这种教育的结果是,以西方文化标准审视自己时,非洲人更多的是自卑。许多非洲国家在殖民教育政策遗产的影响下,已经抹去了非洲历史的传统和文化对思想、消费和教育政策的影响,几乎都认为欧洲历史的传统和文化认为是评判思想和政策对错的标准。③

二、青年人和精英对西欧生活方式的认同

在基督教文化和政治价值观念的影响下,非洲青年人和精英产生了对英、法从政治活动到生活方式的认同。非洲国家独立后,领导者多为殖民时期培养的精英,他们认同原宗主国的观念直接形成了对原宗主国的迎合政策,这种政策对非洲国家后殖民时期的教育改革影响深远。后殖民时期的教育改革导致非洲国家的教育改革没有从根本上构建新的国家认同的可能,国民仍对原宗主国文化趋之若鹜,以原宗主国文化为发展方向和目标。独立后的教育改革大都是建立在对殖民时期教育体系基础上的修改,这便决定了教育体系的"质"仍具有

---

① Prah,K.K. 2011. Culture:The missing link in development planning in Africa (Online). Available at:www. coderia. org/IMG/article PDF al297. pdf,p. 165.

② Gordon,L. R. 2011. Fanon and development:A philosophical look (Online). Available at:www. coderia. org/IMG/article PDF al297. pdf,Accessed on:22 August 2014,p. 71.

③ Prah,K. K. 2011. Culture:The missing link in development planning in Africa (Online). Available at:www. coderia. org/IMG/article PDF al297. pdf,p. 162.

强烈的英、法观念；改革的最明显特征是将殖民时期的精英教育普及化、大众化，这便决定了教育体系的"量"，改革的结果便是将英、法观念在年轻人中普及。

殖民时代虽然结束，但殖民遗产对非洲的影响依旧深远。这是因为殖民主义的思想已经深入非洲人民的观念之中，成为非洲民众心理的一部分，并对非洲民众的行为产生作用。这种殖民主义思想是由文化殖民导致，它是一种最无形，最具有长期性力量的殖民手段。正是文化殖民，使得许多非洲人失去了对非洲传统观念的认同，产生了对英、法观念的认同，只能成为"遗憾的变异体"。

今天的非洲发生了很多变化，现在的非洲城市很少能见到非洲风格，许多非洲人根本不像非洲人，只有黑色的皮肤还能勾起人们对过去非洲人的回忆。仿佛一个曾经伟大的族群，留下的遗产只有肤色。

另外，非洲民众对移民地的选择反映出他们对欧洲的认同度。因为移民需要考虑包括政治制度、价值观和文化认同等多方面因素。根据非洲晴雨表 2016—2018 年的数据统计（如图 5-1 所示），非洲大陆以外的目的地中，欧洲成为移民首选。

由以上可以看出，文化殖民使青年人和精英产生了对英、法观念的全方位的认同。然而，非洲正狂热地追求英、法有缺陷的教育模式，以至于非洲人对世界其他地方的认识多于对非洲自身的了解，以至于使非洲人失去自我。

婚姻对曾经的非洲人来说，意味着两个家庭的结合。这实际上是一种使社群成员间联系更为紧密的神圣制度，是人性的表达和社群团结与发展的基础。相对于传统婚礼，今天的非洲人更崇尚"白人式"婚礼，交换戒指成了许诺终身的标志。如果一个人买不起婚戒，他将受人鄙视甚至无法得到爱情。另外，现在非洲人的离婚率几乎与英、法一样高，而过去非洲基本上不存在离婚现象，因为结婚意味着与你配

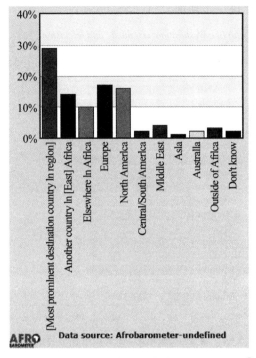

图 5 - 1　2016—2018 年非洲人最想移民的地区①

偶全家人的结合。

　　非洲原始宗教与天主教在精神实质上并无本质差异。在非洲原始宗教中,也信仰上帝,也有一批将非洲人与上帝相连的圣人。但当殖民者到来的时候,他们宣称非洲的信仰是野蛮的异教,大多数非洲人相信了他们。从此,非洲的文化发生了剧变。

　　媒体对价值观念起到导向作用。非洲人很大一部分人群选择英、法媒体作为获取信息的方式。(如 5 - 2 图所示)在 19 个样本非洲国家中,有 17 个国家的民众超过或几乎达到一半以上更加偏向于选择英、法作为媒介渠道。由此可见,在语言优势的基础上,非洲民众对于

―――――――――

　　① Afrobarometer,Most likely country for emigration,http://www. afrobarometer. org/online-data-analysis/analyse-online.

英、法的认同度进一步加深。

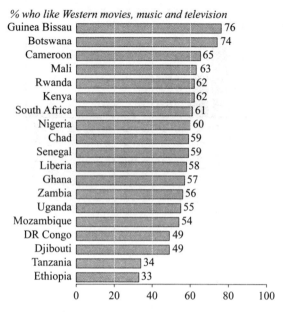

图 5 - 2　喜爱英、法电影、音乐和电视节目的非洲人
百分比（样本来自 19 个非洲国家）

三、精英对西欧理念的认同

大多数非洲人会认为他们的发展在很大程度上受到外国文化的影响，特别是西方文化的影响。实然，这种想法的思维定式便是认为西方是优越的，而发展中国家，或是说其母国则是较差的。因为，只要非洲国家的理论家、学者和政策制定者继续接受西方的发展理论，并把自己对发展的追求固定在西方的发展理论之上，他们实际上就承认了西方的优势和本国理论的劣势。因此，他们对发展动力的认识，成为他们对本国自卑信念的一种表现，并通过以西方理论制定发展战略的方式强化了这种信念。这将转化为仰视西方的状态，因为西方占据着优越而令人羡慕的良好状态。非洲人的发展往往有依赖西方的倾向，这就是为什么西方对非洲文化的剥削和统治越来越多。

今天非洲的发展在很大程度上受到外来文化的影响，尤其是西方文化,因为西方消费主义的生活方式和精英公民的模式在非洲传播。这就是为什么非洲人为了权宜之计会牺牲自己的文化,因为他们认为自己的文化无法抵制来自西方文化的诱惑。当然,非洲的文化正在受到全球媒体的削弱,不仅是卫星电视,还有报纸、杂志、书籍、电影和互联网等社交媒体的影响。

大多数非洲国家的人们,尤其是接触过西方文化的人们,他们的生活方式和消费模式都会受到西方文化的深刻影响,如,他们会渴望大型跑车、摩天大楼、移动电话、朋克发型、奢侈豪华的房子、进口家具,穿由国际设计师设计的衣服和鞋子、使用国际品牌的手表和香水等。这些生活方式与消费模式受到跨文化的西方国家的影响。归根结底,非洲人在消费主义的生活方式和模式方面很大程度上照搬了西方文化,并在照搬文化的同时逐步形成更类似于西方的思维模式。[1]

5.2 对英、法在非洲软权力构建的思考

新生代的非洲青年和精英对英、法具有很高的认同度,非洲的英、法前殖民地国家会沿袭原宗主国的政治、经济、法律和教育制度,非洲国家在很大程度上易于接受英、法所推行的人权、民主、良治等价值观念,究其原因,这些现实同以英、法为代表的前殖民宗主国几个世纪以来对非洲的软权力不遗余力的构建密切相关。

5.2.1 软权力构建具有历史的长期性

英、法在非洲软权力的构建历时久远。从英、法在非洲构建软权力的历程来看,其在非洲的软权力主要来自两个方面:文化、政治价

---

[1] Jimmy Chulu, Africa is largely influenced by foreign culture especially western culture. Has Africa now sacrificed her own culture on the altar of expediency? https://papers. ssrn. com/sol3/papers. cfm? abstract_id=2671784.

值观。[①]

何为文化？根据中外学者的统计，对文化一词的界定不下 164 种，将其概括后，文化的概念便呈现为：由人类创造的一切物质文明与精神文明的总和。但终究，文化的外延巨大，难以对其作出精准界定。然而，将文化放在英、法在非洲软权力构建中，它便被具体化了。英、法的文化软权力集中体现在其基督教文化中，其构建从英、法探索非洲开始至今，历经 400 多年。从英、法产生探索非洲的动机开始，基督教文化便成为存在于英、法和非洲之间，推动英、法在非洲构建软权力的文化主体。具体而言，英、法殖民非洲的最初动机几乎纯粹是精神层面的。[②] 殖民征服的过程中，广泛引起争议的是基督教传教士，因为他们往往具有多重身份。他们为上帝服务，也为殖民主义事业服务。皈依了基督教的南非土著居民告诉这些传教士："当初你们到来的时候，你们有圣经，我们有土地；现在我们手中有了圣经，你们有了土地。"这一历史事实足以表明基督教文化在殖民入侵过程中起到关键作用。殖民统治时期的基督教通过教育和医疗传教，一方面教授非洲人掌握英、法语言，另一方面"帮助"非洲人将《圣经》内化于心。语言和宗教的习得与内化在非洲国家独立后，为非洲同英、法关系的建立与维系起到基础性作用。

英、法政治价值观集中体现在其政治体制的移植与被非洲内化的过程中。政治价值观的移植以文化的移植为基础，所以政治价值观的移植总历程是长期的。

在具体分析中，英、法将政治体制在非洲的移植作为本国政策和

---

① 英、法在非洲的政治价值观软权力，一方面，通过非洲对英、法政治制度的接纳得到移植而实现；另一方面，通过同英、法的外交关系实现规范性力量的塑造而实现。

② 孙红旗：《殖民主义与非洲专论》，徐州：中国矿业大学出版社，2008 年版，第 30 页。

目标的始端为去殖民化时期。去殖民化时期是英、法政治体制的移植与初步内化阶段。英、法操纵制宪会议进行宪政改革,构筑了非洲国家独立初期的宪政民主体制。宪政体制在非洲的建立,一方面,意味着英、法政治制度在非洲的植入得到非洲的宪法保障,另一方面,意味着英、法政治制度中选举制度、权力制衡、代议制民主等原则被非洲政治体制所接纳。政治价值观[①]作为政治文化的内核,是政治体制的主观精神体现,政治体制是政治文化的外在表现形式。英、法政治制度的移植塑造了非洲人西式政治价值观念的形成。

5.2.2　软权力构建进程具有复杂性

软权力构建的进程的复杂性体现在四个方面:施力者与受力者互动的复杂性、受力者的复杂性、软权力实施情境的复杂性和软权力构建进程的曲折性。

首先,软权力的构建需要考虑施力者与受力者的互动,只有受力者接纳,才意味着完成了软权力的构建。软权力的构建能否成功,更多地取决于权力实施对象对软权力资源能否认同。无论是关于英、法政治制度的外塑与非洲的内化,还是关于基督教文化和价值观在非洲的传播与内化,或者是关于英、法在非洲外交政策的合法性及道德权威性的被认同,软权力的构建都应既关注权力实施者英、法,又关注权力实施对象非洲,并且更偏重于后者。

其次,英、法在非洲软权力实施对象,不仅只有非洲各国权力结构的上层人物,也包括非洲各国的基层民众,甚至更加重视对后者的基督教文化和民主、人权等英、法价值观念的灌输。殖民统治时期,英、法通过在非洲各地办教会学校,培养非洲牧师,并借助他们在非洲广

---

① ［美］约瑟夫·奈著,马娟娟译:《软实力》,北京:中信出版社,2013 年版,序,第 12 页、第 16 页。

泛传播基督教文化。这种方式,既使这些受过教会或英、法教育的非洲人以代理人的身份为英、法的商务和殖民统治服务,又使非洲基层民众容易接纳英、法的宗教文化和观念。后殖民时期,英、法通过受过教育的社会精英和英、法控制的大众传媒对非洲国家的民众输出民主、自由、人权等所谓"人类普世价值"效果显著。特别是在软权力的构建中,英、法大力支持英语和法语的推广、发挥本国媒体的舆论作用、重视基督教共同理念的形成和参与的非洲教育事业的引导。这对英、法软权力构建的作用难以估量。

再次,英、法在非洲构建软权力的方式,随着情境的变化而不断调整。16 世纪开始至 1960 年是英、法在非洲殖民扩张和殖民统治时期。这一时期英、法主要运用武力征服手段,推动其宗教、文化、管理制度等在非洲的传播和施行,即以军事手段或以武力为后盾推动软权力的构建。1960 年至 1991 年冷战结束是非洲独立初期。这一时期英、法主要运用经济援助的手段,推动其文化、政治理念和政策在非洲的扩展,即以经济手段推动软权力的构建。1991 年冷战结束以后,英、法主要以规范性力量,即以人权、民主、良治等规范性理念巩固和发展其在非洲的软权力。在上述三个历史时期,英、法在非洲构建软权力的方式都在根据内部和外部情势的变化进行适时的调整。在上述三个不同时期中,权力的实施者(英、法)和实施对象(非洲)都是相同的,但在不同时期英、法在非洲构建软权力的方式是有差别的,英、法能够审时度势根据情境的变化而不断调整其在非洲软权力构建的方式,从而保证了软权力构建的实效。

最后,英、法在非洲构建软权力的过程中,要实现非洲人对英、法民主、人权等价值观念的自愿接纳,需要解决两大障碍,即非洲传统文化和非洲民族主义对英、法宗教文化和制度的抵制和反抗。两大阻力始终影响着英、法在非洲软权力构建的进程,由此引发了软权力构建的矛盾和冲突及复杂性。这一曲折复杂性表现为多个方面：一是，软权力构建的路径是曲折的。例如，基督教在非洲传播伊始，就遭到非洲国家酋长们的抵制，因为酋长们原是信奉部落宗教的，一般不愿改奉基督教。因而英、法传教士便努力争取他们的合法继承人，逐步使后来的部落上层人物接纳基督教。二是，软权力构建的方式是复杂的。如前所述，英、法在殖民统治时期主要以军事强制方式推动软权力建设，后殖民初期主要以经济援助方式推动软权力建设，冷战结束之后主要以推介规范性力量的方式巩固其在非洲的软权力。实际上，在任何一个时期都是以综合运用多种方式构建软权力的。软权力建设方式不是单一的，而是复杂的。三是，外部影响因素加剧了软权力构建的复杂性。从目前影响欧盟在非洲软权力的外部因素来看，能够对非洲产生吸引力的，还有中国、美国等其他国际政治行为主体。这些行为主体对非洲的吸引力，加剧了英、法对非洲软权力构建的复杂性。

结　论

本书研究的主要目的是从英、法对其在非洲殖民地国家的影响力探讨软权力建设。非洲受英、法列强殖民统治时期,英、法殖民总面积占非洲大陆总面积的 4/5,通过分析英、法在非洲软权力构建进程,可以对软权力建设路径形成更为全面和深刻的认识。

本书从两个维度探讨了英、法对非洲软权力的构建:纵向维度,以历史为脉络,沿着殖民时期、去殖民化时期和独立后时期等三个阶段进行梳理;横向维度,从构建软权力的基督教文化和政治体制两方面展开,形成既有历史纵深,也有现实宽度的探究路径和基本观点。以英、法在非洲软权力的构建为案例,通过对纵、横两个维度的剖析,形成软权力构建的立体结构,呈现清晰的英、法在非洲软权力构建路径。同时在分析的过程中不仅着眼于软权力实施者,而且关注软权力实施对象,注重探讨实施者与实施对象的互动过程。特别探讨了实施者和实施对象之间的互动关系对软权力构建的作用。这是因为软权力的构建能否成功,更多地取决于权力实施对象对软权力资源能否认同。

首先,本书分析了暴力强权背后宗教的硬植入。殖民扩张时期的英、法殖民者以武力手段占据殖民地,建立了对非洲地区大多数国家的殖民统治。这一时期的殖民统治充满暴力与强权,完全不存在人性与文明。紧随英、法入侵殖民者之后的是传教士的进入。传教士美化殖民侵略者的残暴行径,将侵略者的暴行由侵略者形象转变为帮扶弱者角色。传教过程中,传教士进行了英语、法语的传播。基督教文化通过设立教堂、办教会学校和开设医院进行医疗等方式传播。传教士以这些方式笼络当地民心,从而维护殖民者在当地的殖民统治。此外,在传教的过程中基督教传播了平等、民主、自由的思想,这些政治思想在接触到基督教的非洲人心中开始萌芽。

其次,在整个民族解放运动的过程中,英、法感觉到自己统治力量的衰弱,因此,采取了相应管理制度的调整。具体措施为召开制宪会议,帮助要求独立的非洲国家制定宪法。独立初期,非洲国家的宪法都是在其前宗主国的指导下创制的。制宪会议则是在殖民者和被殖民国家之间通过和平谈判的方式实现的。在这个过程中英、法将自己的政治体制移植到这些新独立的非洲国家内。新创立的宪法直接承载了英、法民主、自由等价值观念。去殖民化过程中,英、法采取的手段,使其传播的思想得到了制度上的支撑。独立后,宪法保证了非洲民众的民主权利和选举权等政治自由。

再次,英、法移植政治制度同非洲本土情况不相适应,继而在非洲各国国内产生了巨大矛盾,由此出现了集权政体。集权政体表现为,半总统制演变为总统集权,君主制演变为君主集权。通过 20 世纪 80 年代末的民主运动,非洲国家回归到西方式的民主政治体制模式。非洲人通过采取自己的方式,不断对英、法政治制度进行调整,使之更加适应本国国情。

最后,宗教文化、学校教育制度、语言是软权力的根基所在。非洲国家独立后,殖民文化遗产依旧深深影响着非洲的文化,现行非洲教育制度是英、法教育制度的翻版;越来越多的非洲民众选择信仰基督教,成为全世界基督教信众最多的大陆;除了北非个别阿拉伯语国家之外,英语或法语已经成为非洲大部分国家和地区的通用语言。

　　由此可见,制度和宗教需要通过几百年的培育才能深入人心。英、法在非洲影响力的建立是一个长期的历史过程,而且这种影响力已经达到了一种根深蒂固的状态。非洲民众更多的是接受英、法民主制度和宗教文化而非其他形式的民主制度和宗教文化。总之,软权力的建设是一个长期而复杂的过程。从其长期性来看,对民心的影响并非通过一两代人形成,而是通过几十代人的影响;从其复杂性来看,英、法同非洲之间的互动、国际情景的变化等都对软权力的构建产生重要影响。

参考文献

（一）中文专著：

1. 艾周昌等：《早期殖民主义侵略史》，北京：人民出版社，1982 年版。
2. 李安山：《殖民主义统治与农村社会反抗》，长沙：湖南教育出版社，1999 年版。
3. 李建忠：《战后非洲教育研究》，南京：江苏教育出版社，1996 年版。
4. 梁守德：《民族解放运动史（1775—1945）》，北京：北京大学出版社，1985 年版。
5. 门洪华：《中国：软实力方略》，杭州：浙江人民出版社，2007 年版。
6. 宁骚主编：《非洲黑人文化》，杭州：浙江人民出版社，1993 年版。
7. 孙丽华、穆育枫：《非洲部族文化纵览》，北京：知识出版社，2016 年版。
8. 王助民：《近现代西方殖民主义史》，北京：中国档案出版社，1995 年版。
9. 薛化元：《近代化与殖民》，台北：台大出版中心，2012 年版。
10. 严中平：《老殖民主义史话选》，北京：北京出版社，1984 年版。
11. 杨光：《中东非洲发展报告》，北京：社会科学文献出版社，2001/2002/2003/2004/2005/2006/2007/2008/2009/2010/2011 年版。
12. 姚定尘：《英国与其殖民地》，南京：正中书局，1934 年版。
13. 中国非洲史研究会编：《非洲史论文集》，北京：三联书店，1982 年版。
14. 中国非洲研究会编：《非洲史论文集》，北京：三联书店，1982 年版。
15. 周海金：《苦难及其神学问题研究》，杭州：浙江人民出版社，2014 年版。

（二）中文译著：

1. ［法］苏迪尔·哈札里辛格著，陈岳辰译：《法国人如何思考？》，台北：商周出版社，2017 年版。
2. ［美］爱德华·希尔斯著，傅铿、吕乐译：《论传统》，上海：上海人民出版社，1991 年版。
3. ［美］弗兰斯·兰廷著，杜雪译：《非洲的眼睛》，北京：中信出版社，2018 年版。
4. ［美］杰拉尔德·E.凯登著，王云燕译：《腐败：权力与制约》，北京：人民日报出版社,2017 年版。

5. 〔美〕玛丽·路易斯·普拉特著,方杰、方宸译:《帝国之眼:旅行书写与文化互化》,2017 年版。

6. 〔美〕约翰·科马洛夫、〔英〕西蒙·罗伯茨著,沈伟,费梦恬译:《规则与程序:非洲语境中争议的文化逻辑,上海:上海交通大学出版社,2016 年版。

7. 〔美〕约瑟夫·奈著,马娟娟译,《软实力:权力,从硬实力到软实力》,北京:中信出版社,2013 年版。

8. 〔美〕约瑟夫·奈著,邵杜罔译,《美国世纪结束了吗?》,北京:北京联合出版公司,2016 年版。

9. 〔美〕约瑟夫·奈著,王吉美译:《论权力(第 2 版)》,北京:中信出版社,2015年版。

10. 〔美〕约瑟夫·奈著,吴晓辉、钱程译:《软力量:世界政坛成功之道》,北京:东方出版社,2005 年版。

11. 〔日〕大盐龟雄著,刘涅夫译:《法国殖民史》,澳门:星光书店,1931 年版。

12. 〔瑞典〕斯特凡·I. 林德伯格著,程迈译:《非洲的民主与选举》,南京:译林出版社,2017 年版。

13. 〔匈〕西克安德烈著,西蒙·山多尔英译,《黑非洲史》,上海:上海人民出版社,1974 年版。

14. 〔英〕E. 霍布斯鲍姆、T. 格兰,顾杭、庞冠群译:《传统的发明》,上海:译林出版社,2004 年版。

15. 〔英〕E. 杰弗里著,张治强译:《非洲传统宗教》,北京:商务印书馆,1992 年版。

16. 〔英〕戴维·罗伯兹著,卢光恒译:《英国史:1688 年至今》,广州:中山大学出版社,1990 年版。

17. 〔英〕雷蒙德·弗思著,费孝通译:《人文类型》,北京:商务印书馆,1991 年版。

18. 〔英〕理查德·雷德著,王毅、王梦译:《现代非洲史》,上海:上海人民出版社,2014 年版。

19. 〔英〕M. 福蒂斯著、〔英〕E. E. 埃文思-普里查德编,刘真译:《非洲的政治制度》,北京:商务印书馆,2016 年版。

20. 〔英〕摩根著,钟美荪注释:《牛津英国史》,北京:外语教学与研究出版社,2007年版。

21. 〔英〕屈勒味林著,崔伟林译:《英国史》,北京:东方出版社,2012 年版。

22. 〔英〕塞利格曼著,费孝通译:《非洲的种族》,北京:商务印书馆,1982 年版。

（三）中文论文:

1. 安春英:"非洲国际关系研究综述",载《西亚非洲》,2011 年第 5 期。

2. 陈琴啸:"论软实力与中国外交",载《江南社会学院学报》,2005 年第 2 期。

3. 陈玉聃:"论文化软权力的边界",载《现代国际关系》,2006 年第 1 期。

4. 陈玉刚:"试论全球化背景下中国软实力的构建",载《复旦国际关系评论》,2008 年第 2 期。

5. 董立人、寇晓宇、陈荣德："关于中国的'软实力'及其提升的思考",载《探索》,2005 年第 1 期。

6. 杜小林："良治还是良政？——非洲国家如何治国理政",载《当代世界》,2004 年第 9 期。

7. 段静："口述、表演与叙事——非洲书面文学中的口头叙事研究",载《国外文学》,2017 年第 1 期。

8. 方长平："中美软实力比较及其对中国的启示",载《世界经济与政治》,2007 年第 7 期。

9. 赵秉志、王水明："非洲联盟预防和惩治腐败公约",载《中国刑事法杂志》,2007 年第 4 期。

10. 高晋元："19 世纪末英国对非洲的殖民扩张",载《西亚非洲》,1983 年第 3 期。

11. 高晋元："论英国在非洲的'间接统治'",载《西亚非洲》,1989 年第 3 期。

12. 郭佳："非洲基督教会政治立场转变原因分析",载《西亚非洲》,2012 年第 5 期。

13. 郭佳："基督教会在非洲民主化进程中的角色探析",载《西亚非洲》,2010 年第 3 期。

14. 郭佳："基督教会在巩固非洲政治民主化成果中的作用",载《世界宗教文化》,2013 年第 3 期。

15. 郭佳："撒哈拉以南非洲基督教的历史与现实",载《世界宗教文化》,2016 年第 3 期。

16. 郭学堂："中国软实力建设中的理论和对策新思考",载《社会科学》,2009 年第 2 期。

17. 韩娜："非洲新媒体产业发展特征",载《青年记者》2016 年第 4 期。

18. 贺文萍："非洲政治研究综述",载《西亚非洲》,2011 年第 5 期。

19. 贺文萍："论非洲民主化",载《西亚非洲》,2002 年第 6 期。

20. 贺文萍："全球化与非洲政治发展",载杨光主编：《2005—2006 年中东非洲发展报告》,北京：社会科学文献出版社,2007 年版。

21. 洪永红、郭炯："非洲法律研究综述",载《西亚非洲》,2011 年第 5 期。

22. 洪永红、贺鉴："非洲人权法院对欧美人权法院的借鉴——个体和非政府组织参与人权诉讼",载《法学杂志》,2002 年第 6 期。

23. 胡耀辉："约瑟夫·奈的'软权力'论及其评价",载《牡丹江大学学报》,2010 年第 4 期。

24. 胡志方："非洲非政府组织研究综述",载《西亚非洲》,2006 年第 1 期。

25. 黄硕风："综合国力分析",载《中国军事科学》,1989 年第 3 期。

26. 科斯特·R.马海路,黄列："人权和发展：一种非洲观点",载《环球法律评论》,1992 年第 3 期。

27. 雷雨田："论基督教的非洲化",载《西亚非洲》,1990 年第 2 期。

28. 李安山："20 世纪中国的非洲研究",载《国际政治研究》,2006 年第 4 期。

29. 李安山："非洲民主化进程研究概述",载《国际政治研究》,2000 年第 3 期。

30. 李文俊:"区域性球权与国家主权的交融与碰撞——非洲一体化进程中的国家主权问题",载《学术探索》,2009 年第 4 期。

31. 李云智:"软实力视角的俄罗斯复兴",载《传承》,2013 年第 2 期。

32. 李智:"试论美国的文化外交:软权力的运用",载《太平洋学报》,2004 年第 2 期。

33. 李智彪:"非洲经济研究综述",载《西亚非洲》,2011 年第 5 期。

34. 梁益坚:"非盟地区治理:非洲相互审查机制探微",载《西亚非洲》,2017 年第 6 期。

35. 刘鸿武:"非洲文化研究综述",载《西亚非洲》,2011 年第 5 期。

36. 刘卫东:"越来越硬的软实力",载《新广角》,2004 年第 9 期。

37. 刘晓平:"欧盟对外援助之'人权导向'对非洲的影响",载《世界经济与政治论坛》,2009 年第 3 期。

38. 刘志强、刘迎:"对软权力概念的探讨",载《科技咨询导报》,2007 年第 28 期。

39. 陆鸿基:"宗教本土化",载《神思》,2001 年第 11 期。

40. 卢凌宇、刘鸿武:"非洲的可持续发展:挑战与应对",载《国际问题研究》,2016 年第 4 期。

41. 陆庭恩:"经济全球化与非洲联盟",载《国际政治研究》,2003 年第 2 期。

42. 陆庭恩:"非洲国家政党制度多样性浅析",载《西亚非洲》,1995 年第 1 期。

43. 罗建波:"软实力与中国文化战略的发展走向",载《新远见》,2006 年第 9 期。

44. 沐涛:"非洲历史研究综述",载《西亚非洲》,2011 年第 5 期。

45. 牛长松:"非洲教育研究综述",载《西亚非洲》,2011 年第 5 期。

46. 诺桑达左·特拉玛:"以'和平'作为推动非洲人权发展的价值基础",载《人权》,2015 年第 5 期。

47. 彭坤元:"略论非洲的酋长制度",载《西亚非洲》,1997 年第 1 期。

48. 沈婷、邓明言:"两次世界大战期间英属热带非洲殖民地适应性教育政策",载《教育史研究》,2007 年第 3 期。

49. 舒运国:"非洲一体化研究综述",载《西亚非洲》,2011 年第 5 期。

50. 孙晓萌:"权力视角下英国在北尼日利亚殖民地的本土语言政策",载《西亚非洲》,2014 年第 1 期。

51. 汤姆·菲利普、傅海燕:"基督教视野中的和平与和解",载《首届尼山世界文明论坛》,2010 年。

52. 唐大盾:"泛非主义的兴起、发展及其历史作用",载《西亚非洲》,1981 年第 6 期。

53. 陶俊浪、万秀兰:"非洲高等教育一体化进程研究",载《比较教育研究》,2016 年第 4 期。

54. 涂怡超:"当代基督宗教传教运动与认同政治",载《世界经济与政治》,2011 年第 9 期。

55. 王芳:"欧洲大国难断'非洲情结'",北京:《环球时报》,2013 年 12 月 11 日。

56. 王洪一:"非洲政党政治的新特点和新趋势",载《当代世界》,2013 年第 12 期。

57. 王沪宁:"文化扩张与文化主权:对主权观念的挑战",载《复旦学报社会科学版》,1994 年第 3 期。

58. 王学军:"欧盟对非洲政策新动向及其启示",载《现代国际关系》,2010 年第 7 期。

59. 王义桅:"如何克服中国公共外交悖论",载《东北亚论坛》,2014 年第 3 期。

60. 王莺莺:"对非洲民主化的再思考",载《国际问题研究》,2002 年第 6 期。

61. 王永辉:"非洲经济一体化与东亚货币地区主义的比较分析",载《社会主义研究》,2009 年第 4 期。

62. 魏翠萍:"传统文化与非洲妇女人权",载《西亚非洲》,1995 年第 5 期。

63. 夏吉生:"非洲人权事业的新进展",载《西亚非洲》,2005 年第 5 期。

64. 夏吉生:"南非制宪谈判剖析",载《国际问题研究》,1993 年第 3 期。

65. 夏吉生:"良政与非洲民主和发展",载《亚非纵横》,2005 年第 4 期。

66. 项久雨:"论日本软实力的向度",载《江淮论坛》,2012 年第 5 期。

67. 肖海英、夏新华:"非洲传统宗教与习惯法的发展",载《河南财经政法大学学报》,2011 年第 2 期。

68. 谢勇:"部族政治与非洲多党民主化",载《唐山师范学院学报》,2012 年第 6 期。

69. 徐辉、万秀兰:"全球化背景中的非洲高等教育本土化",载《比较教育研究》,2007 年第 12 期。

70. 许华:"俄罗斯的软实力外交与国际形象",载《国外社会科学》,2009 年第 5 期。

71. 许知远:"中国的软权力",载《商务周刊》,2004 年第 12 期。

72. 严钰钰:"西方殖民主义者侵略和瓜分非洲的三个阶段",载《广西民族大学学报哲学社会科学版》,1983 年第 4 期。

73. 杨豪杰:"独立后非洲各国教育改革历程及其存在的问题",载《教育改革》,2007 年第 3 期。

74. 杨麟:"简析非洲'大树下民主'民主制度",载《华章》,2011 年第 22 期。

75. 余玉花:"论文化软实力观",载《思想理论教育导刊》,2009 年第 3 期。

76. 张殿军:"硬实力、软实力与中国话语权的构建",载《中共福建省委党校学报》,2011 年第 7 期,第 60 页。

77. 张宏明:"部族主义因素对黑非洲国家政体模式取向的影响",载《西亚非洲》,1998 年第 5 期。

78. 张宏明:"中国对非洲战略运筹研究",载《西亚非洲》,2017 年第 5 期。

79. 张宏明:"传统宗教在非洲信仰体系中的地位",载《西亚非洲》,2009 年第 3 期。

80. 张宏明:"法国开拓非洲市场的成效、动因和前景",载《国际经济合作》,2017 年第 6 期。

81. 张宏明:"解读非洲不足主义对政治的影响",国际网,http://memo.cfisnet.com/2013/0122/1294295.html,发表时间:2013 年 1 月 22 日,上网时间:

2017 年 5 月 10 日。

82. 张骥、桑红："文化：国际政治中的'软权力'"，载《社会主义研究》，1999 年第 3 期。

83. 张艳秋、雷蕾："非洲出版业的历史、现状与挑战"，在《现代出版社》，2016 年第 6 期。

84. 张忠民："泛非主义的产生及其对非洲的影响"，载《徐州师范大学学报》，1992 年第 3 期。

85. 赵长茂："中国需要软实力"，载《瞭望新闻周刊》，2004 年第 23 期。

86. 甄峰、尹俊："非洲地理研究综述"，载《西亚非洲》，20011 年第 5 期。

87. 周海金："关于非洲传统宗教的若干问题研究"，载《世界宗教文化》，2017 年第 3 期。

88. 曾强："非洲发展报告：1997"，载《国际研究参考》，1997 年第 10 期。

89. 钟新："新公共外交——软实力视野下的全民外交"，载《现代传媒》，2011 年第 8 期。

90. 周琪、李枏："约瑟夫·奈的软权力理论及其启示"，载《世界经济与政治》，2010 年第 4 期。

（四）外文专著：

1. Clauce Ake, *Democracy and Development in Africa*, Washington, D. C.: The Brookings Institution, 1996.

2. D. Lamb, *The Africans*, New York: Vintage Books, 1984.

3. Daniel N. Posner, *Institutions and ethnic politics in Africa*, Cambridge: Cambridge University Press, 2005.

4. Donald George Morrison, Robert Cameron Mitchell and John Naber Paden, *Black Africa*, New York: Irvington Publisher, Second Edition, 1989.

5. Edward Geoffrey Parrinder, *African traditional religion*, California: Greenwood Press, 1970.

6. Firoze Manji and Stephen Marks, eds., *African perspectives on China in Africa*, Oxford: Fahamu, 2007.

7. Herman Wasserman, *Popular Media, Democracy and Development in Africa*, Abingdon on Thames: Routledge, 2010.

8. Issa G. Shivji, *The Concept of Human Rights in Africa*, Dakar: CODESRIA, 1989.

9. J. W. Harbeson and Donald Rothchild, ed., *Africa in World Politics*, Colorado: Westview Press, 1995.

10. Jacob K. Olupona, *Major Issues in the Study of African Traditional Religion*, New York: Paragon House, 1991.

11. James W. Tollefson, Amy B. M. Tsui, *Medium of Instruction Policies: Which Agenda? Whose Agenda?* London: Routledge, 2003.

12. Jean-Francois Medard, *Les Eglises Protestantes au Cameroun*, *Entre Tradition Autoritaire et Ethnicite*, Paris: Edition Karthala, 1997.

13. Jeffrey Haynes, *Democracy in the Developing World: Africa, Asia, Latin America and the Middle East*, New Jersey: John Wiley & Sons, 2013.

14. John E. Flint, *The Cambridge History of Africa*, Cambridge: Cambridge University Press, Vol. I, 1982.

15. John E. Flint, *The Cambridge History of Africa*, Cambridge: Cambridge University Press, Vol. II, 1979.

16. John E. Flint, *The Cambridge History of Africa*, Cambridge: Cambridge University Press, Vol. III, 1977.

17. John E. Flint, *The Cambridge History of Africa*, Cambridge: Cambridge University Press, Vol. IV, 1975.

18. John E. Flint, *The Cambridge History of Africa*, Cambridge: Cambridge University Press, Vol. IX, 1986.

19. John E. Flint, *The Cambridge History of Africa*, Cambridge: Cambridge University Press, Vol. V, 1977.

20. John E. Flint, *The Cambridge History of Africa*, Cambridge: Cambridge University Press, Vol. VI, 1985.

21. John E. Flint, *The Cambridge History of Africa*, Cambridge: Cambridge University Press, Vol. VII, 1986.

22. John E. Flint, *The Cambridge History of Africa*, Cambridge: Cambridge University Press, Vol. VIII, 1984.

23. John M'Biti, *Religion et Philosophie Africaine*, Ed. CLE, Yaoude, 1972.

24. John Mbiti, *African Religions and Philosophy*, London: Heinemann, 1969.

25. John Middleton, *Editor in Chief*, *Encyclopedia of Africa: South of the Sahara, Volume I*, New York: Simon & Schuster Macmillan, 1997.

26. Joseph S Nye Jr. , *Hard and Soft Power in a Global Information Age*, Mark Leonard: Reordering the World, 2002, P2 – 10.

27. Khapoya Vincent B, Khapoya, Vincent B. , *The African Experience* (*2nd ed.*), New Jersey: Prentice Hall, 1994.

28. Leften Stavrianos, *A Global History: From Prehistory to the 21st Century* (*7th Edition*), London: Pearson, 1998.

29. Legum, Colin, *Pan-Africanism*, London: Pall Mall Press, 1962.

30. Maurice Ahanhanzo Glele, *Religion, Culture et Politique en Afrique Noire*, Paris: Presence Africanine, 1981.

31. Mudimbé, Vumbi Yoka, *Tales of faith: religion as political performance in Central Africa*, London: Bloomsbury Publishing, 2016.

32. Nelson Kasfir, *Civil Society and Democracy in Africa*, Abingdon on Thames: Routledge, 2013.

33. Obi Kelvin Ezenyili, *Democracy and Good Governance in Nigeria: A Survey of Indices of Transparency and Accountability*, Bloomington: Author House, 2012.

34. Onah, Godfrey Igwebuike, *The meaning of peace in African traditional religion and culture*, Rome: Pontifical Urban University, 2008.

35. Placide Tempels, *Bantu Philosophy*, Paris: Presence Africanine, 1959.

36. Roger, *A concise history of France 2nd ed.*, Shanghai: Foreign Language Education Press, 2006.

37. Shillington Kevin, *History of Africa (2nd ed.)*, New York: St. Martin's Press, 1995.

38. Sinisa Malesevic, *Identity as ideology: Understanding Ethnicity and Nationalism*, New York: Springer, 2006.

39. William H. Worger, Nancy L. Clark, *Africa and the West: A Documentary History*, *Volume* 1: From the Slave Trade to Conquest, 1441 – 1905, Oxford: Oxford University Press, 2010.

40. William H. Worger, Nancy L. Clark, *Africa and the West: A Documentary History*, *Volume* 2: From Colonialism to Independence, 1875 to the Present, Oxford: Oxford University Press, 2010.

（五）外文论文：

1. Robert Cooper, Hard Power, Soft Power and the Goals of Diplomacy, *American Power in the 21st Century*, 2004, pp. 167 – 180.

2. Africa Union: Call for Papers, The Fifth Annual High Level Dialogue on Democracy, Human Rights and Governance in Africa: Trends, Challenges and Prospects, Yaoundé, Cameroon, *Political Affairs*, 发表时间：2016 年 6 月 21 日, 上网时间 2017 年 5 月 10 日。

3. Alexander L. Vuving, How Soft Power Works, *American Political Science Association Annual Meeting*, September 3, 2009, pp. 1 – 20.

4. Ali A. Mazrui: Pan – Africanism: From Poetry to Power, *A Journal of Opinion*, Vol. 23, No. 1, 1995, pp. 35 – 36.

5. Andrei P. Tsygankov, If not by Tanks, then by Banks? The Role of Soft Power in Putin's Foreign Policy, *Europe – Asia Studies*, Vol. 58, No. 7, November 2006, pp. 1079 – 1099.

6. Bokamba, E, French Colonial Language Policies and Its Legacies, *Studies in Linguistic Sciences*, Vol. 14, 1984, pp. 1 – 37.

7. Clair Mercer, Performing Partnership: Civil Society and the Illusions of Good Governance in Tanzania, *Political Geography*, Vol. 22, 2003, pp. 741 – 763.

8. Clive Whitehead, Education Policy in British Tropical Africa: the 1925 Ehite Paper in Retrospect, *History of Education*, Vol. 10, No. 3. 1981, pp. 195 –

203.

9. Cobbah, Josiah AM. African values and the human rights debate: an African perspective, *Human Rights Quarterly*, Vol. 9, No. 3, 1987, pp. 309 – 331.

10. Damtew Teferra and Philip G. Altbach, African Higher Education: Challenges for the 21st Century, *Higher Education*, Vol. No. 1, 2004, pp. 21 – 50.

11. Giulio M. Gallarotti, Soft power: what it is, why it's important, and the conditions for its effective use, *Journal of Political Power*, Vol. 4, No. 1, 2011, pp. 25 – 47.

12. J. S. Coleman, Nationalism in Tropical Africa, *American Political Science Review*, Vol. 48, No. 1, 1954, pp. 404 – 26.

13. Joseph K. Adjaye, "Perspectives on Fifty Years of Ghanaian Historiography", *History in Africa*, Vol. 35, 2008, pp. 1 – 24.

14. Kempe Ronald Hope, Toward Good Governance and Sustainable Development: The African Peer Review Mechanism, *Governance*, Vol. 18, No. 2, Mar 2005, pp. 283 – 311.

15. Li Mingjiang, Soft Power in Chinese Discourse: Popularity and Prospect. http://hdl. handle. net/10220/4552.

16. Mbiti, John S, Christianity and traditional religions in Africa, *International Review of Mission* Vol. 236, No. 59, 1970, pp. 430 – 440.

17. OA Oyowe, An African Conception of Human Rights? *Comments on the Challenges of Relativism Human Rights Review*, Volume 15, Issue 3, September 2014, pp. 329 – 347.

18. P. O. Bodunrin, The Question of African Philosophy, *Philosophy*, Vol. 216, No. 56, 1981, pp. 161 – 179.

19. Paul Gifford, Chiluba's Christian Nation: Christianity as a Factor in Zambian Politics 1991 – 1996, *Journal of Contemporary Religion*, Vol. 13, No. 3, 1998, pp. 363 – 381.

20. Paul Tiayambe Zeleza, Africa's Struggle for Decolonization: From Achebe to Mandela, *Research in African Literatures*, Vol. 45, No. 4, 2014, pp. 121 – 139.

21. R. Hunt Davis, Interpreting the Colonial Period in African History, *African Affairs*, Vol. 72, No. 289, 1973, pp. 383 – 400.

22. Remi P. Clignet and Philip J. Foster, French and British Colonial Education in Africa, *Comparative Education Review*, Vol. 8, No. 2, 1964, pp. 191 – 198.

23. Rose, Richard. Language, Soft Power and Asymmetrical Internet Communication, *Social Science Electronic Publishing*, 2008.

24. Sesanti, Simphiwe. Ancestor-reverence as a Basis for Pan-Africanism and the African Renaissance's Quest to Re-humanise the World: An African Philosophical Engagement, *International Journal of Social Science Studies*,

Vol. 5, No. 1, 2016, pp. 63 – 72.

25. Toshi Yoshihara, James R. Holmes, China's Energy-Driven 'Soft Power', *Orbis* 1, 2007, pp. 123 – 137.

附录1　非洲各国成为殖民地年份表[①]

利比里亚	1461 年(葡萄牙)1824 年(美国)
埃及	1517 年(土耳其)1882 年(英国)
利比亚	16 世纪中叶(土耳其)1912 年(意大利)
南非	1806 年或 1814 年(英国)
摩洛哥	1912 年(法国)
苏丹	1821 年(埃及、英国)
突尼斯	1881 年(法国)
加纳	1481 年(荷兰)1896 年(英国)
几内亚	1890 年(法国)
喀麦隆	1884 年(德国)1919 年(法国、英国)
多哥	1884 年(德国)1916 年(法国、英国)
马达加斯加	1895 年(法国)
刚果民主共和国	1906 年(比利时)
索马里	1840 年(英国)1889 年(意大利)
贝宁	1894 年(法国)
尼日尔	1897 年(法国)

---

① 资料来源:王成家:《各国概况(非洲)》,北京:世界知识出版社,2002 年版。

布基纳法索(上伏塔)	1919 年(法国)
科特迪瓦	1893 年(法国)
乍得	1900 年(法国)
中非共和国	1894 年(法国)
刚果共和国	1880 年(法国)
加蓬	1885 年(法国)
塞内加尔	1850 年代(法国)
马里	1880 年(法国)
毛里塔尼亚	1912 年(法国)
尼日利亚	1914 年(英国)
塞拉利昂	1808 年(英国)
阿尔及利亚	17 世纪(土耳其)1830 年(法国)1905 年(法国完全占领)
布隆迪	1899 年(德国)1916 年(比利时)
卢旺达	1907 年(德国)1916 年(比利时)
乌干达	1894 年(英国)
肯尼亚	1895 年(英国)1920 年(正式成为英国殖民地)
坦桑尼亚	1880 年(德国)1919 年(英国)
马拉维	1891 年(英国)
赞比亚	1895 年(英国公司)1924(英国)
冈比亚	1888 年(英国)
博茨瓦纳	1885 年(英国)
莱索托	1806 年(英国)
赤道几内亚	1499 年(葡萄牙)1778 年(西班牙)
毛里求斯	1638 年(荷兰)1715 年(英国)1814 年(正式成为英国殖民地)
斯威士兰	1850 年代(英国)
几内亚比绍	1915 年(葡萄牙)

续　表

安哥拉	1575 年(葡萄牙)
佛得角	1462 年(葡萄牙发现)16 世纪(葡萄牙)
科摩罗	1841 年(法国)
莫桑比克	1505 年(葡萄牙)
圣多美普林西比	1493 年(葡萄牙)
塞舌尔	1770 年(法国)
吉布提	1883 年(法国)
津巴布韦	1888 年(英国)
纳米比亚	1884 年(德国)1915 年(南非)
厄立特里亚	1890 年(意大利)1962 年(埃塞俄比亚)
南苏丹	1899 年(埃及、英国)1956 年(苏丹)
埃塞俄比亚	1890 年(意大利保护国)
马约特	1843 年(法国)
留尼汪	1649 年(法国)
休达	1415(葡萄牙)1668 年(西班牙)
加那利群岛	1495 年(西班牙)
马德拉	1420 年(葡萄牙)
梅利利亚	1497 年(西班牙)
圣赫勒拿岛	1645 年(荷兰)1659 年(英国)
佩雷希尔岛	1415 年(葡萄牙)1640 年(西班牙)
格洛里厄斯群岛	1880 年(法国)
特罗姆兰岛	1722 年(法国)

附录 2　基督教进入非洲国家年份表[①]

基督教传播年表	
100 年	摩洛哥、阿尔及利亚出现第一名基督教徒
420 年	酋长彼特·艾斯百特率领一个北非部落皈依
1448 年	毛里塔尼亚出现第一名基督徒
1486 年	多明我会在西非渐趋活跃,尤其在塞内冈比亚的沃洛夫人之中
1489 年	沃洛夫国王在塞内加尔受洗
1491 年	第一批传教士抵达刚果
1557 年	耶稣会抵达埃塞俄比亚
1577 年	多明我会进入莫桑比克并渗入内陆,一路上烧毁清真寺
1670 年	耶稣会在委内瑞拉建立传教团
1674 年	遣使会在马达加斯加传教工作
1801 年	约翰狄奥多西范德肯普迁往格拉夫内特,向非洲霍屯督人传教。1798 年,他去了南非向科萨传教
1823 年	殖民地和大陆教会协会成立
1891 年	传教士威廉·雷瑟姆森和海伦·查普曼前往刚果

---

① Anderson, Gerald H. (ed.). Biographical dictionary of Christian missions, New York: Simon & Schuster Macmillan, 1998; Tucker, Ruth. From Jerusalem to Irian Jaya. Zondervan, 2004.

基督教传播年表	
1893 年	尼亚科学院毕业生罗宾·汉姆创立苏丹内地会
1895 年	史考特成立内地会
1901 年	穆德·卡里前往摩洛哥
1913 年	美籍非裔传教士艾力扎·乔治从纽约前往利比里亚
1916 年	礼贤会传教士在安哥拉南部扩展
1930 年	宣道会在科特迪瓦的部落中工作;浸信会进入利比里亚
1947 年	浸信会在科特迪瓦的塞努福人中开始传教

附录3 欧洲列强占领非洲年代表

欧洲列强	非洲殖民地及占领年代	占领面积	占非洲面积百分比
英国	圣赫勒拿岛（1659年）、莱索托（1806年）、塞拉利昂（1808年）、南非（1814年）、毛里求斯（1814年）、苏丹（1821年）、斯威士兰（1850年）、埃及（1882年）、博茨瓦纳（1885年）、津巴布韦（1888年）、冈比亚（1888年）、马拉维（1891年）、乌干达（1894年）、加纳（1896年）、南苏丹（1899年）、尼日利亚（1914年）、喀麦隆东部（1919年）、多哥西部（1919年）、坦桑尼亚（1919年）、纳米比亚（1919）、肯尼亚（1920年）、赞比亚（1924年）	10 897 703 平方公里（1914年 9 021 000 平方公里[1]；坦噶尼喀 937 000 平方公里 多哥面积的 1/3,19 000 平方公里；喀麦隆东部喀麦隆面积的 1/5,95 088 平方公里；西南非即纳米比亚，825 615 平方公里[2]）	36.1
法国	留尼旺（1649年）、特罗姆兰岛（1722年）、塞舌尔（1770年）、科摩罗（1841	11 279 551 平方公里（法属黑非洲面积	37.3

---

① 吴秉真、高晋元：《非洲民族独立简史》，北京：世界知识出版社，1993年版，第15页。

② 高晋元：《英国——非洲：关系史略》，北京：中国社会科学出版社，2008年版，第151页。

续 表

欧洲列强	非洲殖民地及占领年代	占领面积	占非洲面积百分比
	年)、马约特(1843 年)、塞内加尔(1859 年)、刚果共和国(1880 年)、格洛里厄斯群岛(1880 年)、马里(1880 年)、突尼斯(1881 年)、吉布提(1883 年)、加蓬(1885 年)、几内亚(1890 年)、科特迪瓦(1893 年)、中非共和国(1894 年)、贝宁(1894 年)、马达加斯加(1895 年)、乍得(1900 年)、阿尔及利亚(1905 年)、摩洛哥(1912 年)、毛里塔尼亚(1912 年)、喀麦隆西部(1919)、布基纳法索(1919 年)、多哥东部(1919 年)、尼日尔(1922 年)	8 284 200 平方公里①。法属北非包括:摩洛哥 450 000 平方公里;阿尔及利亚 2 381 741 平方公里;突尼斯 163 610 平方公里)	
葡萄牙	马德拉(1420 年) 佛得角(1462 年) 圣多美和普林西比(1493 年) 莫桑比克(1505 年) 安哥拉(1575 年) 几内亚比绍(1915 年)	2 080 550 平方公里(佛得角 4 033 平方公里安哥拉 1 247 000 平方公里几内亚比绍 26 125 平方公里莫桑比克 801 590 平方公里圣多美和普林西比 1 001 平方公里马德拉 801 平方公里)	6.9
西班牙	赤道几内亚(1778 年) 休达(1668 年) 加纳利群岛(1495 年) 梅利利亚(1497 年) 佩雷希尔岛(1640 年)	35 588.8 平方公里(赤道几内亚 28 050 平方公里休达 18.5 平方公里加纳利群岛 7 493 平方公里梅利利亚 12.3 平方公里佩雷希尔岛 15 平方公里)	0.1

① 高晋元:《英国——非洲:关系史略》,北京:中国社会科学出版社,2008 年版,第 88 页。

欧洲列强	非洲殖民地及占领年代	占领面积	占非洲面积百分比
比利时	刚果民主共和国(1906 年) 布隆迪(1916 年) 卢旺达(1916 年)	2 399 172 平方公里 (刚果民主共和国 2 345 000 平方公里 布隆迪 27 834 平方公里 卢旺达 26 338 平方公里)	7.9
意大利	索马里(1889 年) 厄立特里亚(1890 年) 埃塞俄比亚(1890 年)	1 859 257 平方公里 (索马里 637 657 平方公里 厄立特里亚 117 600 平方公里 埃塞俄比亚 1 104 000 平方公里)	6.1

附录4　英属和法属非洲各国独立年份表[①]

1910 年	南非联邦(英国)
1922 年	埃及(英国)
1956 年	摩洛哥(法国)、苏丹(英国)、突尼斯(法国)
1957 年	加纳(英国)
1958 年	几内亚(法国)
1960 年	喀麦隆(法国、英国)、多哥(法国、英国)、马达加斯加(法国)、索马里(英国)、贝宁(法国)、尼日尔(法国)、上沃尔特(法国)、科特迪瓦(法国)、乍得(法国)、中非(法国)、刚果(布)(法国)、加蓬(法国)、塞内加尔(法国)、马里(法国)、毛里塔尼亚(法国)、尼日利亚(英国)
1961 年	塞拉利昂(英国)
1962 年	阿尔及利亚(法国)、乌干达(英国)
1963 年	肯尼亚(英国)、坦桑尼亚(英国)
1964 年	马拉维(英国)、赞比亚(英国)
1965 年	冈比亚(英国)
1966 年	博茨瓦纳(英国)、莱索托(英国)
1968 年	毛里求斯(英国)、斯威士兰(英国)

---

① 资料来源：王成家：《各国概况(非洲)》，北京：世界知识出版社，2002年版。

1975 年	科摩罗（法国）
1976 年	塞舌尔（法国）
1977 年	吉布提（法国）
1980 年	津巴布韦（英国）

附录5 2012—2017 年非洲国家反腐败指数^①

2017 年全球排名	国名	2017 年	2016 年	2015 年	2014 年	2013 年	2012 年
34	博茨瓦纳	61	60	63	63	64	65
36	塞舌尔	60	N/A	N/A	N/A	N/A	N/A
48	佛得角	55	59	55	57	58	60
48	卢旺达	55	54	54	49	53	53
53	纳米比亚	51	52	53	49	48	48
54	毛里求斯	50	54	53	54	52	57
64	圣多美和普林西比	46	46	42	42	42	42
66	塞内加尔	45	45	44	43	41	36
71	南非	43	45	44	44	42	43
74	布基纳法索	42	42	38	38	38	38
74	莱索托	42	39	44	49	49	45
81	加纳	40	43	47	48	46	45
85	贝宁	39	36	37	39	36	36

---

① CORRUPTION PERCEPTIONS INDEX 2017，https://www. transparency. org/news/feature/corruption_perceptions_index_2017.

2017 年全球排名	国名	2017 年	2016 年	2015 年	2014 年	2013 年	2012 年
85	斯威士兰	39	N/A	N/A	N/A	N/A	N/A
96	赞比亚	37	38	38	38	38	37
103	科特迪瓦	36	34	32	32	27	29
103	坦桑尼亚	36	32	30	31	33	35
107	埃塞俄比亚	35	34	33	33	33	33
112	尼日尔	33	35	34	35	34	33
117	加蓬	32	35	34	37	34	35
117	多哥	32	32	32	29	29	30
122	吉布提	31	30	34	34	36	36
122	利比里亚	31	37	37	37	38	41
122	马拉维	31	31	31	33	37	37
122	马里	31	32	35	32	28	34
130	冈比亚	30	26	28	29	28	34
130	塞拉利昂	30	30	29	31	30	31
143	肯尼亚	28	26	25	25	27	27
148	科摩罗	27	24	26	26	28	28
148	几内亚	27	27	25	25	24	24
148	尼日利亚	27	28	26	27	25	27
151	乌干达	26	25	25	26	26	29
153	喀麦隆	25	26	27	27	25	26
153	莫桑比克	25	27	31	31	30	31
155	马达加斯加	24	26	28	28	28	32
156	中非共和国	23	20	24	24	25	26
157	布隆迪	22	20	21	20	21	19
157	津巴布韦	22	22	21	21	21	20

续　表

2017 年全球排名	国名	2017 年	2016 年	2015 年	2014 年	2013 年	2012 年
161	刚果民主共和国	21	21	22	22	22	21
161	刚果共和国	21	20	23	23	22	26
165	乍得	20	20	22	22	19	19
165	厄立特里亚	20	18	18	18	20	25
167	安哥拉	19	18	15	19	23	22
171	赤道几内亚	17	N/A	N/A	N/A	N/A	N/A
171	几内亚比绍	17	16	17	19	19	25
179	南苏丹	12	11	15	15	14	N/A
180	索马里	9	10	8	8	8	8

图书在版编目（CIP）数据

软权力构建路径之探讨:以英法在非洲软权力构建为例/杨
鸿柳著.—上海:上海三联书店,2019.12
ISBN 978 - 7 - 5426 - 6936 - 0

Ⅰ.①软… Ⅱ.①杨… Ⅲ.①国际关系—研究—英国、非洲
②国际关系—研究—法国、非洲 Ⅳ.①D856.1②D856.5③D84

中国版本图书馆 CIP 数据核字(2019)第 286508 号

软权力构建路径之探讨:
以英法在非洲软权力构建为例

著　者 / 杨鸿柳

责任编辑 / 张大伟
装帧设计 / 徐　徐
监　制 / 姚　军
责任校对 / 王有钧

出版发行 / 上海三联书店
　　　　(200030)中国上海市漕溪北路 331 号 A 座 6 楼
邮购电话 / 021 - 22895540
印　刷 / 上海惠敦印务科技有限公司

版　次 / 2019 年 12 月第 1 版
印　次 / 2019 年 12 月第 1 次印刷
开　本 / 640×960　1/16
字　数 / 320 千字
印　张 / 23.25
书　号 / ISBN 978 - 7 - 5426 - 6936 - 0/D·442
定　价 / 70.00 元

敬启读者,如发现本书有印装质量问题,请与印刷厂联系 021 - 66366565